하루에 한 장 뜯어 먹는

교육과정 기초 다지기

한경화 · 김동인 지음

교육과학사

머리말

많은 것이 빠르게 변하는 시대입니다. 그리고 많은 것을 요구하는 시대입니다. 그것은 개인이 살아가는 모습을 살펴보면 어렵지 않게 알 수 있습니다. 학교도 마찬가지입니다. 변화를 알아채고 또한 예측하여 학생들에게 의미 있는 배움을 선사해야 합니다.

배움의 중심에는 학생들이 있습니다. 가르침의 중심에는 교사가 있습니다. 교사는 배움의 주체가, 배워야 하는 것을, 잘 배울 수 있게 하는 역할을 합니다. 특수교육도 동일합니다. 특수교육 대상 학생이 배워야 하는 것을 잘 배울 수 있게 특수교사가 그 역할을 해야 하는 것입니다. 여기에 한 가지를 더 고려해야 합니다. 장애 특성과 수준, 교육적 요구 등을 충분히 반영해야 한다는 것입니다.

교육현장에 있는 교사 대부분은 이와 같은 역할을 충분히 잘해 오고 있다고 생각합니다. 그렇게 충분히 잘해 오고 있음에도 어떤 변화와 요구가 있었을 때 교사 스스로 의심하는 모습을 보았습니다.

'내가 지금까지 해 왔던 것은 이것과 다른 것인가? 내가 지향하는 방향이 맞는 것인가? 이렇게 하는 것이 맞는 것인가?'

충분히 잘하고 있음에도 그것이 무엇인지 명확하게 알지 못해서 하지 않았다고 생각합니다. 지금, 여기, 우리에게 필요한 것과 앞으로 필요할 것을 바람직하게 예측하고 있음에도 틀렸다고 의심합니다. 조금의 시행착오가 있었지만 성실하게 연구하고 실천했음에도 완주하지 못하고 포기합니다.

이 책은 현장 교사들이 명확함과 확신을 가지고, 끝내 해내고 마는 성공의 과정에 도움을 드리고자 집필하였습니다.

1장 '뭐지?'에서는 '교육과정, 알면 쉽고 모르면 답답하다!'를 주제로 다루었습니다. 시대적 변화가 일어나고 교육과정이 개정되면서 여러 가지 용어와 개념이 사라지고 생겨납니다. 1장에서는 교육과정에 등장하는 다양한 용어에 대한 정의와 통용되는 여러 가지 개념에 대해 구체적이면서 쉽게, 그리고 명확하게 다루었습니다.

2장 '왜 해?'에서는 '이유를 알면 마음이 생긴다!'를 주제로 다루었습니다. 교육과정 업무를 담당하지 않았다 하더라도 교육과정 운영의 주체로서 알아야 하고, 할 수 있어야 하는 것들이 있습니다. 2장에서는 그것이 왜 필요한지, 왜 알아야 하는지, 왜 할 수 있어야 하는지 설명하였습니다.

3장 '어떻게 해?'에서는 '방법을 알면 답이 보인다!'를 주제로 다루었습니다. 개념을 알고, 이유를 알았다 하더라도 방법을 모르면 시행착오를 거치게 되고, 그에 따라 중요한 시간을 소비하게 됩니다. 3장에서는 교육과정을 읽고, 적용하고, 해석하여 다양한 맥락에 효과적으로 활용할 수 있는 방법을 제시하였습니다.

이 책은 그날의 날짜를 기록하며 하루에 한 주제씩 공부하여 30일 만에 교육과정의 기초를 다질 수 있게 구성하였습니다. 목차에 제시된 순서대로 공부할 수 있고, 필요에 따라 선택적으로 공부할 수도 있습니다. 혼자서 공부할 수도 있고 다 같이 함께 공부할 수도 있습니다. 얽매이지 말고 자유롭게 활용하시기 바랍니다.

중요한 것은 끝까지 해내는 것입니다. 그렇게 하기 위해 항상 곁에 두고 필요할 때마다 들춰보는 것이 필요합니다. 이 책은 선생님의 곁을 차지하기 위해 만들어졌습니다. 선생님이 답답할 때, 고민될 때, 알고 싶을 때 가장 먼저 찾아보는 책이 이 책이 되길 기대해 봅니다.

'강한 사람이 아니어도 괜찮습니다. 우리는 서로 도울 거니까요. 품고 있는 것들을 잃지 마십시오.'

\- 드라마 스토브리그 중에서

2024년 6월 한경화, 김동인

목 차

1장 뭐지? 교육과정, 알면 쉽고 모르면 답답하다!

2장 왜 해? 이유를 알면 마음이 생긴다!

3장 어떻게 해? 방법을 알면 답이 보인다!

부록

1장 뭐지?

교육과정, 알면 쉽고 모르면 답답하다!

다산 정약용 선생님은 "재빠른 천재보다는
미욱한 둔재의 노력이 훨씬 무섭다."라고 하셨다.
나에게 무엇이 이득이 되는지, 내가 과연 할 수 있는지
고민하다 보면 시작조차 할 수 없다.
활을 쏘지 않으면 명중할 확률이 0%인 것처럼
때로는 무작정 시작해 보자.
그것이 당신에게 기회가 될 수도 있으며
인생에서 Turning-Point가 될 수도 있을 것이다.

하루에 한 장 뜯어 먹는 교육과정 기초 다지기

1일, 교육과정의 의미에 대해 알아볼까요?
2일, 교육과정과 교육과정 자료를 구분해 볼까요?
3일, 교육과정 재구성은 무엇일까요?
4일, 성취기준은 무엇을 의미하나요?
5일, 성취기준 고유코드 번호의 의미를 알아볼까요?
6일, 교육과정 스펙트럼은 무엇을 의미하나요?
7일, 교육과정 문해력의 의미를 알아볼까요?
8일, 과정중심평가는 무엇을 의미하나요?
9일, 교사 교육과정은 무엇을 의미하나요?
10일, 이해 중심 교육과정과 백워드 설계는 뭐가 다른가요?
11일, 이해 중심 교육과정과 개념 기반 교육과정은 뭐가 다른가요?

교육과정의 의미에 대해 알아볼까요?

1일 (　　)월 (　　)일

‘교육과정’ 하면 무엇이 떠오르는지 잠깐 생각해 볼게요. 국가 교육과정 ‘총론’이 떠오를 수도 있고, ‘국어’, ‘사회’, ‘수학’ 같은 교과가 떠오를 수도 있어요. 때로는 수업 장면이 떠오를 수도 있어요.

교육 현장에서 ‘교육과정’이라는 용어는 교과 수업이 아니라 할지라도 다양한 상황에서 빈번하게 사용된답니다. 현장학습, 수학여행, 체육대회, 졸업식 등 학교에서 이루어지는 교육활동을 모두 교육과정이라고 말합니다.

오늘은 우리가 익히 알고 있는 교육과정(curriculum)의 의미에 대해 살펴보겠습니다.

‘교육과정’이라는 용어는 라틴어 ‘쿠레레(currere: 달린다, 뛴다)’에서 비롯된 것으로 ‘경주로’라는 명사적 의미와 동사적 의미의 달리는 ‘경주 행위’를 포함하고 있어요. 어원으로부터 교육과정의 의미를 살펴보자면 ‘경주로’는 ‘도달해야 할 결과’와 결과에 도달하기 위한 ‘학습 코스’로 이해할 수 있어요. 즉 가르쳐야 할 ‘주제별 항목(교수요목)’과 선정된 주제별 항목을 어떻게 가르칠지에 대한 ‘학습 계획’을 교육과정이라고 말할 수 있습니다.

‘경주 행위’는 교사와 학생이 상호작용하는 ‘교수・학습 과정 자체’를 교육과정으로 이해할 수 있어요. 수업 속에서 교사와 학생이 창출해 내는 경험과 경험의 과정을 교육과정이라고 말할 수 있는 것이지요.[1)]

위 내용을 바탕으로 교육과정의 의미를 정리해 볼까요?

첫째, 교육계획으로서의 교육과정입니다. 교육계획으로서의 교육과정은 학생을 교육하기 위해 학교 안팎에서 미리 세워 놓은 모든 교육계획을 의미해요.

둘째, 교과목이나 교과목의 내용으로서의 교육과정으로 학교에서 가르치는 국어, 외국어, 사회, 수학, 과학, 기술, 예술, 체육 등의 교과목을 의미해요.

1) 이유훈, 김형일, 정동영, 정희섭(2018). 특수교육 교육과정(2판). 교육과학사.

셋째, 수행할 과업으로서의 교육과정으로, 특정 목적 달성을 위한 필요 기능을 숙달하기 위해 수행해야 할 일련의 과업을 의미해요. 예를 들어 곱셈과 나눗셈을 하기 위해 수행해야 할 과업은 가르기와 모으기부터 시작해서 덧셈과 뺄셈, 묶음 등의 개념을 익히고 숙달하는 것이 된답니다.

넷째, 의도한 학습의 결과로서의 교육과정으로, 학습의 결과는 학생들이 실제 배운 것을 의미해요. 교육과정은 학교 교육을 통해 달성해야 할 학습 수준을 사전에 정해 놓은 것으로 성취기준들의 집합체를 의미해요.

다섯째, 교사와 학생의 상호작용 자체로서의 교육과정입니다. 여기에서 교육과정은 학생들이 수업 현장에서 교사와 상호작용하면서 겪게 되는 경험을 의미한답니다.

여섯째, 학생이 학교에서 겪는 온갖 경험으로서의 교육과정입니다. 즉 학생과 교사가 일정한 학교 및 지역사회 환경, 사회문화 속에서 상호작용한 결과들의 총합을 의미해요.

이를 볼 때 교육과정은 단순히 국가 교육과정과 같이 계획된 교육과정으로만 이해하기보다 교사가 설계하는 교수・학습 계획, 교사와 학생의 상호작용을 통해 이루어지는 교수・학습의 과정, 결과 또한 교육과정으로 이해할 필요가 있어요.

우리나라의 경우 국가 교육과정을 '고시'하고 있어요. 따라서 학교 현장에서는 국가 교육과정에서 제시한 일반적인 기준을 근거로 지역사회 또는 학교 특성, 학생의 특성을 고려해서 교육과정을 편성・운영해야 한답니다.[2)]

교사들이 설계한 교수・학습 계획도 마찬가지예요. 앞서 살펴본 바와 같이 교수・학습 계획도 '교육과정'이라고 말할 수 있어요. 그러나 이것 또한 국가 교육과정을 근거로 이루어져야 해요. 가령, 생태환경을 주제로 '미세플라스틱 줄이기 프로젝트 수업'을 설계했다면 교사는 관련 교과의 성취기준을 제시할 수 있어야 해요. 즉 교사가 설계한 교수・학습으로서의 교육과정도 국가 교육과정을 근거로 설계되어야 한답니다.

똑같은 '교육과정'이라는 용어를 쓰지만 교육 활동의 근거가 되는 교육과정과 교수・학습 계획으로서의 교육과정으로 구분이 된다는 것을 기억하세요.

---

2) 권요한(2016). 특수교육 기본 교육과정의 편성·운영 지침에 대한 학교 현장 적합성 연구. 특수교육저널: 이론과 실천, 17(4), 395-419.

동쌤과 Step Up

교사 교육과정에서 '교육과정'의 의미를 알아보아요

교사 교육과정에서 '교육과정'은 어떤 의미일까요?

2022 개정 특수교육 교육과정에서는 '학교 교육과정 설계'라는 개념을 도입하고 있어요. 거기에서는 교육과정의 최종 실천자일 뿐 아니라 교육과정 개발자·설계자인 교사의 교육과정 전문성을 강조하고 있답니다. 그러면 자연스럽게 생각나는 용어가 있을 겁니다.

'교사 교육과정'

오늘 알아본 교육과정의 의미에 비추어 생각해 보았을 때 교사 교육과정에서 '교육과정'은 어떤 의미로 이해하면 좋을까요? 교육 활동의 근거가 되는 교육과정? 아니면 교수·학습 계획으로서의 교육과정?

맞습니다! 교수·학습 계획으로서의 교육과정으로 이해하는 것이 적절할 것입니다. 다시 말해 '교사 교육과정'은 교사가 설계한 교수·학습 계획으로 이해할 수 있고, 교사가 설계한 교육과정이기에 '교사 교육과정'이라고 부를 수 있는 것이지요.

교육과정과 교육과정 자료를 구분해 봅시다.

2일 (　　)월 (　　)일

한 가지 질문을 던져 보고자 합니다. '교과서'는 교육과정일까요, 아닐까요? 이 질문에는 정답이 있어요. 정답은, '교과서는 교육과정이 아니다!'입니다. 교과서는 교육과정이 아니에요. 그러면 교과서는 무엇일까요?

교육과정과 교육과정 자료를 구분해 볼까요?

교과서는 국가 교육과정이 개발・고시된 이후 개발된 자료로 교사들이 교육과정을 반영하여 적절한 교육을 할 수 있게 도움을 줍니다. 따라서 교과서는 교육과정이 아니라 교육과정 자료로 보는 것이 적절해요.

그런데 현장 교사들이 교육과정을 운영하는 데 더 포괄적인 영향을 미치는 것은 교육과정보다 교과서에요.[3] 다시 말해 교과서를 중심으로 교수・학습 계획을 수립하거나, 다양한 형태로 수정하여 교육과정 운영에 활용한다는 것이에요. 그러다 보니 교과서를 교육과정으로 오해하는 경우가 많은데 교과서는 '교육과정'이 아니라 교육과정 운영을 위한 '자료'라는 것을 기억해야 해요.

우리가 교육과정이라고 말하는 '문서'로서의 교육과정, 즉 '교육과정 문서'는 국가 교육과정과 지역 교육과정, 학교 교육과정을 말해요. 교육과정 문서는 법령에 의해 작성된 문서로 교사 수준에서 임의로 수정이 불가해요. 그래서 국가 교육과정과 지역 교육과정은 '고시'를 하게 되고 학교 교육과정은 지역 교육과정에 따라 설계해야 합니다.

반면 교육과정 자료는 교육과정 문서를 기초로 교육과정 운영에 활용하기 위하여 가공된 자료로서 교사 수준에서 선택적으로 사용할 수 있고, 수정・보완 가능해요. 그러면 교육과정 자료에는 어떤 것들이 있을까요? 교육과정 문서와 교육과정 자료를 구분하면 다음과 같습니다.[4]

3) 김현규, 정광순(2018). 교육과정 자료 사용자로서 교사와 교육과정 자료 개발로서 교사 개념 탐색. 통합교육과정연구, 12(3), 49-72.

4) 경기도교육청(2016). 교사의 교육과정 문해력 신장. 교육과정정책과 제2017-15호.

〈교육과정 문서와 교육과정 자료 구분〉

구분		종류
문서	국가 수준	• 2022 개정 특수교육 교육과정의 총론, 각론
	지역 수준	• 시 · 도 교육과정의 총론, 각론
	학교 수준	• 학교 교육과정 편성 · 운영 계획
자료	국가 수준	• 교육과정 해설서, 교과서, 교사용 지도서 등
	지역 수준	• 지역화 교과서, 인정 도서, 학생 지도용 자료 등
	학교 수준	• 교수 · 학습 지도안, 교수 · 학습 자료, 활동지, 평가지 등

교육과정 자료는 교과서(국정, 인정 포함)뿐 아니라 국립특수교육원, 시 · 도교육청, 특수교육지원센터 등에서 개발한 자료, 시중에 판매 중인 자료 등 교육과정 운영과 관련된 자료는 모두 교육과정 자료로 볼 수 있어요. 따라서 교사가 교육과정 운영을 위해 자체 제작한 학습지, 활동지, 평가지도 교육과정 자료가 될 수 있는 것이지요. 만약 교사가 교과 수업을 위해 '그림책'을 활용했다면 '그림책'이 교육과정 자료가 되는 것이고, ○튜브 영상, 아이스○림에 올라와 있는 학습지를 활용했다면 그것도 교육과정 자료가 될 수 있습니다.

정리하면 교육과정 자료는 교사가 교육과정 운영을 위해 활용한 것, 제작한 것 모두를 교육과정 자료라고 말할 수 있어요. 바꾸어 생각해 보면 교사는 수업에 활용하고자 하는 자료가 교육과정과 관련성이 있는지, 수업 내용에 적절한 것인지 교육과정을 근거로 판단해야 해요.

결국 교육과정 운영에 교과서를 주로 활용하든, 다른 자료를 활용하든 교사는 교육과정 문서에 대한 이해 수준이 높아야 합니다. 무엇보다 교육과정의 성취기준을 읽고 해석하여 적절한 교육과정 자료를 선택할 수 있어야 해요. 또한 이를 활용하여 우리 학생들에게 가장 적합한 수업을 설계할 수 있는 역량을 갖추는 것이 필요합니다.

동쌤과 Step Up

교과서 사용?
교과서 적용?

교과서 사용과 교육과정 적용을 구분해 봅시다

수업을 위해 교사들이 가장 많이 활용하고 있는 것은 무엇일까요? 당연히 교과서일 것입니다. 마찬가지로 특수학교나 특수학급에서도 수업을 위해 적극적으로 사용되는 것이 교과서일 텐데요, 만약 일반학교 특수학급에서 수업을 위해 '기본 교육과정의 교과서'를 활용하고 있다고 가정했을 때 해당 특수학급은 '기본 교육과정'을 '적용'하고 있는 것일까요?

정답은 '아니요'입니다. 교과서는 교육과정 '자료'이기 때문에 기본 교육과정 교과서를 활용한다고 해서 '기본 교육과정'을 적용하고 있다고 말하기는 어렵습니다. 단지 수업을 위해 수업 자료로서 기본 교육과정의 교과서를 사용한 것으로 볼 수 있는 것이지요.

반대의 상황도 마찬가지입니다. 만약 기본 교육과정을 운영하는 특수학교에서 수업을 위해 공통 교육과정의 교과서의 일부를 활용한다고 해서 '공통 교육과정'을 적용하고 있다고 말하기 어렵습니다. 단지 수업을 위해 수업 자료로서 공통 교육과정의 교과서를 사용한 것입니다.

결론! 교과서는 '적용'하는 것이 아니라 '사용'하는 것이다.

교육과정 재구성은 무엇일까요?

3일 (　　)월 (　　　)일

질문 한 가지를 던져 보겠습니다. '선생님은 이번 학기 교육과정 재구성을 하셨나요?' 어떤 선생님은 자신 있게 하고 있다고 답하겠지만 어떤 선생님은 명쾌하게 답변을 못 할 수도 있어요. 그 이유는 교육과정 재구성을 하지 않고 있다고 생각해서일 수도 있고, 교육과정 재구성이 무엇인지 명확하게 알지 못해서일 수도 있습니다. 우리가 일상에서 자연스럽게, 자주 사용하는 교육과정 재구성이 어떤 의미를 담고 있는지 아래 국가 교육과정 사용 방식을 기준으로 정리해 봅시다.

단계		국가 교육과정 사용 방식		교사
교과서	0단계	교육과정 ×	• 교과서	교과서 전달자
교사 교육과정	1단계	교과서(자료) 재구성	• 교과서 내용의 순서, 비중, 방법 재구성	교육과정 사용자
	2단계	교육과정 재구성	• 성취기준 재구조화: 통합, 압축, 수정 등	
	3단계	교육과정 개발	• 성취기준 삭제, 생성 등	교육과정 개발자

출처: 박수원 외(2020). 교사 교육과정을 디자인하다. 테크빌교육.

교육과정 재구성의 의미를 명확하게 이해하기 위해 먼저 '국가 교육과정'을 어떤 관점에서 이해해야 하는지 정리할 필요가 있어요. 우리나라는 국가 교육과정을 고시하고 있기에 대한민국의 교사라면 교육과정 사용자, 개발자로서 국가 교육과정을 따라야 할 의무가 있어요.

만약 교과서에 제시된 내용과 활동을 어떠한 수정 없이 있는 그대로 사용하고 있다면 교육과정을 사용하고 있다고 말하기 어려울 것입니다. 이런 경우 교사를 교육과정 사용자 또는 개발자라고 하지 않고 '교과서 전달자'라고 말합니다.

다음으로 1단계, 교과서(또는 자료) 재구성입니다. 교육과정을 재구성할 때 교사들의 60~80%가 교과서의 내용 전개 순서 변경, 내용 추가 등을 통해 교육과정을 재구성합니다.[5] 뭔가 이상한 점을 발견하셨나요? 맞습니다. 교과서는 교육

5) 서경혜(2009). 교사들의 교육과정 재구성 실천 경험에 대한 사례연구. 교육과정연구, 27(3), 159-189.

과정이 아닌 교육과정 운영을 위해 2차적으로 개발된 '교육과정 자료'이기 때문에 교육과정 재구성이라고 말하기에는 개념적으로 어색한 부분이 생기게 됩니다.

그러나 현재 교육 현장에서는 교과서를 활용한 재구성 또한 교육과정 재구성이라고 통용하고 있기에 **교육과정 재구성이라는 용어 안에는 '교과서 재구성' 또는 '교육과정 자료의 재구성'이 포함되어 있다고 이해하는 것**이 필요합니다.

그러면 우리가 교육과정 재구성이라고 말하는 개념에 가장 가까운 것은 무엇일까요? 2단계에 해당하는 성취기준 재구조화입니다. 성취기준 재구조화에 대한 근거는 초·중·고등학교 학교생활기록부 기재요령에 다음과 같이 제시되어 있습니다.

> '성취기준의 재구조화'는 교육과정 성취기준을 실제 평가의 상황에서 준거로 사용하기에 적합하도록 보다 구체적이고 명료하게 하는 것을 의미한다. 다만, 성취기준을 통합하거나 일부 내용을 압축하여 재구조화할 경우, 성취기준의 내용요소 일부가 임의로 삭제되지 않도록 유의해야 하며, 일부 내용요소를 추가해야 하는 경우에는 학생의 학습 및 평가 부담이 가중되지 않도록 학년(군), 학교급 및 교과(군) 간의 연계성을 충분히 고려해야 한다.
>
> 출처: 2024학년도 학교생활기록부 기재요령(초등학교) 104쪽

성취기준 재구조화에도 유의해야 할 사항이 있어요. 성취기준을 공식적으로 재구조화할 수 있다고 해서 교사가 임의로 수정하거나 삭제할 수는 없어요. 특히 성취기준의 내용요소 일부가 임의로 삭제되지 않아야 하기 때문에 성취기준을 재구조화할 때는 성취기준에 대한 충분한 분석과 교사 간 협의가 필요하다고 볼 수 있습니다. 이것은 위의 표 3단계와도 연결이 될 수 있어요. 즉 학습 및 평가에 대한 부담이 가중되지 않는 범위에서 성취기준을 생성하는 것은 가능합니다. 그러나 임의로 성취기준을 삭제할 수는 없습니다.

정리해 보겠습니다. 교육 현장에서 통용하고 있는 교육과정 재구성은 '성취기준 재구조화'와 같은 교육과정 재구성을 포함하며, '교과서 재구성' 또는 '교육과정 자료의 재구성' 또한 포함한다고 정리할 수 있습니다.

동쌤과 Step Up

알아두면 너~무 좋은 관련 법과 지침

1. 교육기본법

교육기본법은 교육에 관한 국민의 권리・의무 및 국가・지방자치단체의 책임을 정하고 교육제도와 그 운영에 관한 기본적 사항을 규정하고 있어요. 교육기본법 안에는 기본적인 권리, 의무교육, 학교교육 등에 대한 근거와 학습자, 보호자, 교원에 관한 내용을 담고 있어요. 대한민국의 모든 교사라면 숙지하고 있어야 합니다.

2. 초・중등교육법

여기에는 초등교육과 중등교육에 관한 사항을 담고 있어요. 학교의 유형과 구분, 의무교육, 교직원의 구분과 임무, 자격, 교육과정, 학교생활기록 등 학교의 설립부터 교육활동에 이르기까지 학교 교육에 관한 여러 가지 사항을 담고 있어요.

3. 학교생활기록부 기재요령

학교생활기록부 기재요령은 초・중등교육법, 초・중등교육법 시행규칙, 학교생활기록 작성 및 관리지침을 근거로 매해 발간되어 현장에 배포해요. 학교생활기록부 기재요령에는 인적사항, 학적사항, 출결처리, 교과학습 발달상황 작성, 행동 특성 및 종합의견 작성 등을 위한 구체적인 방법이 제시되어 있어요. 따라서 생활기록부를 작성할 때 항목 하나하나 꼼꼼하게 확인해 가면서 작성하는 것이 필요합니다.

성취기준은 무엇을 의미하나요?

4일 (　　)월 (　　)일

교육과정 이야기를 하면 꼭 따라오는 단어가 있지요? 바로 성취기준이에요. 일반적으로 성취기준의 의미는 다음과 같이 정의된답니다.

> 성취기준이란, 학생들이 교과를 통해 **배워야 할 내용**과 이를 통해 수업 후 **할 수 있거나 할 수 있기를 기대하는 능력**을 결합하여 나타낸 수업 활동의 기준을 의미한다. 성취기준은 교수・학습 및 평가의 실질적인 근거로 교사가 무엇을 가르치고 평가해야 하는지 학생이 무엇을 학습하고 성취해야 하는지에 관한 실질적인 지침이 된다.
>
> 출처: 학생평가 지원 포털 성취기준 자료실

한마디로 말해서, 성취기준은 국가가 제시하는 "교사가 학생에게 가르쳐야 할 기준", "학생이 학습을 통해서 성취하여야 할 기준"이라고 생각하면 이해가 쉬울 것 같아요. 일반적으로 「지식+기능, 지식+태도, 지식+기능+태도」로 구성되어 있어요. 2022 개정 교육과정에서는 지식을 지식・이해로, 기능을 과정・기능으로 구체화하였으며, 태도는 2015 개정 교육과정과 동일하게 가치・태도로 표현하고 있어요. 2015 개정 교육과정 성취기준은 영역을 대표하는 핵심 개념을 중심으로 학년(군)별 내용과 기능을 결합한 문장 형태로 진술하였어요. 그런데, 2022 개정 교육과정에서는 「지식・이해」, 「과정・기능」, 「가치・태도」, 3가지 차원별 진술 혹은 두 차원 이상을 통합하여 진술하는 것도 가능해졌어요.

그래서, 교육과정 과목별 체계표만 보아도 그 구성을 한눈에 파악할 수 있어요.

다음은 [2022 개정 특수교육 교육과정]-[기본 교육과정]-[사회]-[나의 삶] 영역의 체계표예요. 가로 범주에 지식・이해, 과정・기능, 가치・태도가 제시되어 있지요? 세로 범주에는 학년(군)별 내용 요소가 제시되어 있답니다. 성취기준은 바로 내용 요소 내 범주들의 결합으로 만들어졌어요. 예를 들어, 성취기준 "[4사회01-01] 나의 여러 모습을 살펴보고 나를 좋아하는 마음을 가진다."는 3~4학년(군)의 지식・이해의 "나의 모습" 요소와 과정・기능의 "나의 모습 살펴보기"

요소와 가치・태도의 "나를 좋아하는 마음"을 결합해서 만들었답니다.

어때요? 성취기준 별거 아니지요? 이렇게 만들어진 성취기준을 해석해서 교사는 교수학습설계를 하게 되는 것이랍니다. 교과서도 이러한 원리로 제작되는 것이고요. 성취기준을 해석해서 교수학습설계하는 방법은 3장에서 구체적으로 배워보도록 해요.

<[2022 개정 특수교육 교육과정]-[기본 교육과정]-[사회]-[나의 삶] 영역의 체계표>

핵심 아이디어		• 사람들은 자신을 바르게 이해하고 일상에서 자기 결정과 자기 옹호를 실천하며 주체적인 삶을 살아간다.			
범주		내용 요소			
		초등학교		중학교	고등학교
		3~4학년	5~6학년	1~3학년	1~3학년
자율성	지식・이해	• 나의 모습	• 나의 특징 • 생활 속 선택	• 자기 인식 • 나의 선택과 결정	• 자아 존중 • 나의 권리와 자기 결정
	과정・기능	• 나의 모습 살펴보기	• 나의 특징 표현하기 • 원하는 활동이나 물건 선택하기	• 나의 특성 파악하기 • 나의 결정 실행하기	• 나의 가치 평가하기 • 상황에 맞게 주장하기
	가치・태도	• 나를 좋아하는 마음	• 나를 소중히 하는 마음 • 선택을 중요하게 여기는 태도	• 나를 존중하는 태도 • 자기 결정 실천 의지	• 내 삶을 긍정적으로 인식하는 태도 • 자기 옹호 실천 의지

[4사회01-01] 나의 여러 모습을 살펴보고 나를 좋아하는 마음을 가진다.

[6사회01-01] 나의 특징을 다양한 방법으로 표현하고 나를 소중히 여긴다.
[6사회01-02] 일상생활에서 활동이나 물건을 선택하고 나의 선택을 중요하게 여기는 태도를 기른다.

[12사회01-01] 자신의 소중함과 가치를 발견하여 자신을 긍정적으로 인식한다.
[12사회01-02] 자신의 요구와 권리를 상황에 맞게 표현하며 자기 결정을 생활화한다.

[9사회01-01] 나의 특성을 파악하고 자신을 존중하는 태도를 기른다.
[9사회01-02] 일상에서 여러 가지를 선택하고 결정하여 자기 결정력을 기른다.

한쌤과 Step Up

2022 개정 교육과정에서 달라지는 교육과정 용어

2015 개정 교육과정		2022 개정 교육과정
교육과정 성취기준	→	성취기준
평가준거 성취기준	→	삭제
평가기준	→	성취수준 (성취기준별 성취수준/영역별 성취수준)
단원/영역별 성취수준	→	삭제

2015 개정 교육과정에는 있지만 2022 개정 교육과정에는 없다?

2022 개정 교육과정에서는 현장의 혼란을 최소화하기 위해 2015 개정 교육과정에서 사용하던 '평가준거 성취기준'과 '단원/영역별 성취수준'이라는 용어가 삭제되었어요. 대신 평가 기준을 성취수준이라는 용어로 변경하면서, 성취수준을 성취기준별 성취수준과 영역별 성취수준으로 구분하여 제시하였어요. 이 두 용어 모두 평가 기준의 역할을 한다고 볼 수 있어요. 자세한 의미를 살펴볼까요?

성취수준: 학생들이 각 교과(목) 성취기준(들)에 도달한 정도를 나타낸 것, 이러한 도달 정도는 몇 개의 수준으로 구분하고 각 수준에 속한 학생들이 무엇을 알고 할 수 있는지를 기술

- **성취기준별 성취수준:** 성취기준 단위 성취수준으로, 성취기준들의 특성에 따라 3~5수준(A~E)으로 구분하여 진술
- **영역별 성취수준:** 영역 단위 성취수준으로, 영역 내 성취기준들을 포괄하는 전반적인 특성을 5수준(A~E)으로 구분하여 진술

Q. 고교학점제에서 적용되는 「최소 성취수준 보장 지도」에서의 성취수준은 어느 것인가요? A) 2015 개정 교육과정과 동일하게 '영역별 성취수준'입니다.

성취기준 고유코드 번호의 의미를 알아볼까요?

5일 (　　)월 (　　)일

성취기준 고유코드 번호는 2015 개정 교육과정에서 처음 도입되었어요. 처음에는 생소했지만 이제는 익숙해지셨죠? 2022 개정 교육과정에서도 성취기준 고유코드 번호는 그대로 적용된답니다.

성취기준 고유코드 번호 어떻게 해석하고 적용되는지
자세히 살펴볼까요?

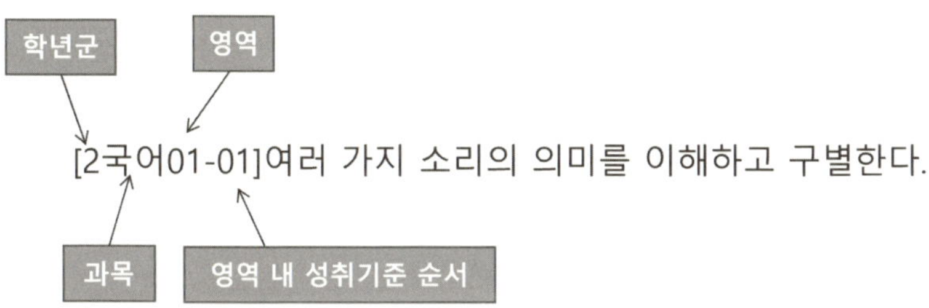

[2국어01-01]에서 첫 숫자는 학년(군)을 의미해요. **2**는 초등학교 1~2학년(군), **4**는 초등학교 3~4학년(군), **6**은 초등학교 5~6학년(군)이에요. 중학교(군)를 7, 8, 9학년으로, 고등학교(군)를 10, 11, 12학년으로 보고, 제일 큰 숫자를 적용해서 **9**는 중학교 1~3학년, **12**는 고등학교 1~3학년을 의미한답니다. 공통 교육과정과 기본 교육과정에서 모두 동일하게 적용돼요. 다만, 선택 중심 교육과정에서는 공통과목은 **10**으로 시작하고 선택과목은 **12**로 시작하는 점에서 주의하셔야 해요.

설명을 덧붙이면,[6] 특수교육 교육과정은 유치원 교육과정, 기본 교육과정, 공통 교육과정 및 선택 중심 교육과정으로 편성돼요. 3~5세 유아를 위한 유치원 교육과정, 초등학교 1학년부터 중학교 3학년까지 적용되는 공통 교육과정, 고등학교 1학년부터 3학년까지 적용되는 학점 기반 선택 중심 교육과정, 특수학교에 재학

6) 교육부 고시 제22-34호(2023.12.22.) '2022 개정 특수교육 교육과정 총론 p.19'

중인 초등학교 1학년부터 고등학교 3학년까지의 학생을 대상으로 편성・운영되는 기본 교육과정으로 구분해요.

그럼, 기본 교육과정인지 공통 교육과정인지 성취기준 고유코드 번호로 구분할 수 있을까요?

성취기준 고유코드 번호는 학년(군) 코드 다음에는 교과목이 제시되어 있어요. 이때, 공통 교육과정(초・중학교)은 교과목을 1개 글자인 '국', '수', '사' 등으로 제시하고 기본 교육과정은 교과목을 2개 글자인 '국어', '수학', '사회' 등으로 제시하고 있어 교과목만으로도 구분이 가능해요. 선택 중심 교육과정에서도 교과목의 2개 글자를 제시하는데 예를 들어 화법과 작문은 '화작'으로 표기해요. 단, 로마자가 있는 경우에는 3개 글자를 제시해요.(예: 심화수학 Ⅰ 은 심수 Ⅰ)

그다음 번호는 01, -02 등으로 영역 내 순서를 의미해요. 아래 표에 [2국어01-01], [4국어01-01], [6국어01-01], [9국어01-01], [12국어01-01]의 01은 모두 듣기・말하기 영역을 의미해요. 국어 교과에서 02는 읽기를 03은 쓰기를 의미하죠. 다음 숫자의 의미는 영역 내 번호를 의미하는 것으로 영역 내 성취기준에 순서대로 번호를 붙인 것이라 이해하면 된답니다.

<2022 개정 특수교육 교육과정-기본 교육과정 국어>

영역	학년	성취기준
듣기・말하기	초1-2	[2국어01-01] 말소리와 생활 주변의 소리를 듣고 구별한다.
	초3-4	[4국어01-01] 한 글자 낱말이나 자주 사용하는 낱말을 소리 내어 발음한다.
	초5-6	[6국어01-01] 비슷한 발음을 듣고 발음의 차이를 구별한다.
	중1-3	[9국어01-01] 다양한 문장 유형을 사용하여 상대방과 대화한다.
	고1-3	[12국어01-01] 어법에 맞는 말을 찾고, 틀린 문장을 바르게 고쳐 말한다.

한쌤과 Step Up

성취기준 고유코드 번호는 왜 만들어졌을까요?

만들게 된 의도는?

우리나라는 그동안 국가 교육과정의 취지와는 별도로 학교 현장에서 분과적 수업이 이루어져 학생들의 지식 편중 현상이 초래되고 교과서 중심의 진도 나가기 강의식 수업으로 수용적 · 수동적 태도가 형성되는 측면이 있었어요.

2015 개정 교육과정에서 이러한 학교 교육을 개선하기 위해 교과 간 연계 · 융합을 모색하게 되었어요. 실제 교과 교육과정에서 핵심 개념을 제시하여 교과 간 연결성을 도모하고자 하였으며, 모든 성취기준에 코드를 부여하여 **교과 간 연계 · 융합 수업을 도모할 수 있는 기반**을 마련하게 된 것이죠.

-출처: 2015 개정 교육과정에 따른 성취기준 코딩 체계 구축을 통한 교과 간 연계 · 융합 학습 강화 방안 연구(2016, 교육과정평가원)

어떻게 활용되나요?

성취기준의 내용을 일일이 대응하지 않아도 고유코드 번호만으로도 교과와 영역 등 핵심 정보를 파악할 수 있어요. 그리고 다음과 같이 활용된답니다.

첫째, 교과 간, 교과 내 성취기준 연계 파악을 통한 교사의 교육과정 재구성 및 교실 수업 개선의 기제로 활용할 수 있어요.

둘째, 성취기준의 핵심어를 중심으로 각 교과를 관통하는 주제별, 소재별 연계 · 융합 교육 실천을 위한 토대를 구축할 수 있어요.

- 출처: 2015 개정 교육과정 시안 개발의 각론 조정연구(이광우 외, 2015b)

교육과정 스펙트럼은 무엇을 의미하나요?

6일 (   )월 (   )일

교육과정 스펙트럼 들어 보셨나요? 스펙트럼의 사전적 의미는 "일반적으로 빛은 여러 파장의 빛이 합쳐져 있는데(중첩), 파장에 따른 성분의 분포를 스펙트럼이라고 한다."로 설명되어 있어요. 이를 교육과정 측면에서 살펴보면, 교육과정 스펙트럼은 학년군간에 중첩되는 부분이 있어 학년군이 높아질수록 점차 교육과정 파장이 확장되어 가는 것을 의미해요. 설명이 좀 어렵게 느껴지시나요? 예를 들어 설명해 볼게요.

다음은 2022 개정 특수교육 기본 교육과정 [사회과-나의 삶]영역의 교육과정 체계표와 각 학년군의 첫 번째 성취기준을 제시한 그림이에요.

3~4학년군부터 고등학교군 성취기준을 살펴보면 지식 · 이해 측면에서 나의 모습 → 나의 특징 → 자기 인식 → 자아 존중으로 지식이 점차 심화되어 감을 알 수 있어요. 다시 말해서 자아 존중은 자기 인식을 바탕으로 학습되고, 자기 인식은 나의 특징을 잘 파악해야 할 수 있으며, 나의 특징은 나의 모습을 알고 있어야 파악할 수 있지요? 즉 하위의 지식이 상위의 지식으로 중첩되어 포함되고 있음을 알 수 있을 거예요.

핵심 아이디어		• 사람들은 자신을 바르게 이해하고 일상에서 자기 결정과 자기 옹호를 실천하며 주체적인 삶을 살아간다.			
범주		내용 요소			
		초등학교		중학교	고등학교
		3~4학년	5~6학년	1~3학년	1~3학년
자율성	지식 · 이해	• 나의 모습	• 나의 특징 • 생활 속 선택	• 자기 인식 • 나의 선택과 결정	• 자아 존중 • 나의 권리와 자기 결정
	과정 · 기능	• 나의 모습 살펴보기	• 나의 특징 표현하기 • 원하는 활동이나 물건 선택하기	• 나의 특성 파악하기 • 나의 결정 실행하기	• 나의 가치 평가하기 • 상황에 맞게 주장하기
	가치 · 태도	• 나를 좋아하는 마음	• 나를 소중히 하는 마음 • 선택을 중요하게 여기는 태도	• 나를 존중하는 태도 • 자기 결정 실천 의지	• 내 삶을 긍정적으로 인식하는 태도 • 자기 옹호 실천 의지

[4사회01-01] 나의 여러 모습을 살펴보고 나를 좋아하는 마음을 가진다.

[6사회01-01] 나의 특징을 다양한 방법으로 표현하고 나를 소중히 여긴다.

[9사회01-01] 나의 특징을 파악하고 자신을 존중하는 태도를 기른다

[12사회01-01] 자신의 소중함과 가치를 발견하여 자신을 긍정적으로 인식한다.

[2022 개정 특수교육 기본 교육과정 사회과 나의 삶 영역 체계표]

과정・기능도 마찬가지예요. 살펴보기→표현하기→파악하기→평가하기로 상위 학년군으로 갈수록 심화되어 가는 것을 알 수 있어요. 이처럼 중첩을 포함해서 파장이 넓어지는 형태를 「교육과정 스펙트럼」이라고 해요.

교육과정 문서에서는 「나선형 교육과정」이라고도 한답니다. 가장 하위 성취기준을 바탕으로 한 단계 한 단계 경험하고 성취해가는 과정을 거쳐 핵심 아이디어를 습득할 수 있게 된다고 보는 거지요.

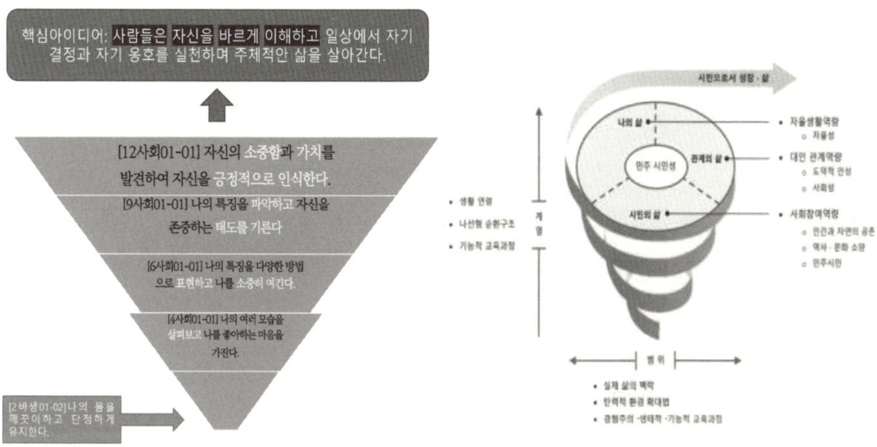

[교육과정 스펙트럼과 나선형 교육과정]

교육과정에서는 「교육과정 스펙트럼」이 매우 중요한 의미와 역할을 하게 돼요. "성취기준은 타 학년군의 성취기준으로 대체하거나 적용할 수 없지만 교육 내용은 타 학년군 내용과 연계하거나 대체할 수 있다"라는 말 들어 보셨지요? 바로 「교육과정 스펙트럼」 때문에 가능한 거예요. 특수학급에 소속된 학생들도 마찬가지예요. 편제와 시간 혹은 학점 배당은 해당 학년군의 교육과정을 따르지만 교육 내용은 특수교육 교육과정의 교과(군) 내용과 연계하거나 대체하여 운영할 수도 있답니다. 교과 내용을 생활기능, 진로와 직업교육, 현장 실습 등으로도 운영할 수 있어요. 여기서 꼭 기억할 점은 교육과정 적용과 활용을 구분해서 본인이 소속된 학교 교육과정에 맞게 실천해야 한다는 점이에요. 이 모든 것은 교육과정을 해석하고 조망하는 과정에서 해결될 수 있으니 천천히 교육과정 문해력을 키워보세요.

한쌤과 Step Up

초·중등학교 교육과정의 교과(군)의 내용을 특수교육 교육과정 교과(군)의 내용과 연계하여 운영하거나 교과 내용을 대체하는 것의 의미를 더 알아볼까요?

바로 이 문장이 현장에서 혼란을 야기하고, 간혹 오개념을 가지게 하는 '논란의 주인공'입니다. 그리고 실제 어떻게 적용하고 활용하라는 뜻인지 도무지 알 수가 없기도 하고요.

2024년 1월에 발표된 **「2022 개정 특수교육 교육과정 편성·운영 톺아보기」 35쪽**에 이 부분에 대한 예시와 방법이 자세히 설명되어 있어요.

<내용 연계 및 대체 예시>

유형	예시
특수교육 교육과정 교과(군)의 내용과 연계	초·중등학교 교육과정 사회과 초등학교 3~4학년군 성취기준 도달에 필요한 "생활 주변의 주요 장소"에 관한 내용을 기본 교육과정 사회과 초등학교 3~4학년군의 "동네의 모습 살펴보기"에서 찾아 내용의 전체 또는 일부를 연계하여 운영함.
특수교육 교육과정 교과(군)의 내용으로 대체	초·중등학교 교육과정 수학과 중학교 1~3학년군의 '도수분포표와 상대도수'의 내용을 대체하여 기본 교육과정 중학교 1~3학년군 '간단한 그래프' 등의 내용으로 운영함. 단, 내용 대체가 필요한 영역과 내용은 개별화교육지원팀 협의를 거쳐 학교장의 승인을 통해 운영할 수 있다.
교육 내용을 생활기능, 진로와 직업교육, 현장 실습으로 대체	초·중등학교 교육과정 초등학교 국어과의 내용을 대체하여 국어과와 관련된 생활기능의 '의사소통' 영역으로 운영함. 여기서 생활기능은 일상생활 활동 영역뿐만 아니라 생활에 필요한 모든 기능을 의미한다. 내용 대체가 필요한 영역과 내용은 개별화교육지원팀 협의를 거쳐 학교장의 승인을 통해 운영할 수 있다.

출처: 2022 개정 특수교육 교육과정 편성·운영 톺아보기 p.35에서 발췌

교육과정 문해력의 의미를 알아볼까요?

7일 (　　)월 (　　)일

교사의 교육과정 전문성을 판단할 때 강조되는 용어가 있어요. 바로 '교육과정 문해력'입니다. 교사의 교육과정 문해력 수준에 따라 교사가 교육과정을 재구성하는 양상과 수준이 달라져요.

예를 들어 똑같은 성취기준을 가르친다고 가정했을 때 교육과정 문해력 수준이 높은 교사는 교육적 효과가 가장 높다고 판단되는 수업을 위해 교육과정을 재구성할 것입니다. 성취기준을 해석하여 교육과정을 재구성할 수도 있고 주제를 중심으로 여러 성취기준을 통합하거나, 여러 교과를 통합하여 교육과정을 재구성할 수도 있어요. 교과서가 적절하다면 교과서를 적극적으로 활용하여 교육과정을 재구성할 수도 있어요. 즉 가장 효과적인 수업을 위해 다양한 형태로 교육과정을 재구성할 수 있는 것이지요.

그러나 교육과정 문해력 수준이 낮은 교사는 해당 교과서의 내용이나 활동이 현재 담당하고 있는 학생들의 수준에 적합하지 않음을 알고도 교과서를 중심으로 수업을 운영해 가요. 왜냐하면 교과서를 활용하지 않고는 교수・학습 계획을 설계하기 어려워 교과서에 많은 의존을 하고 있기 때문이지요.

그만큼 교사의 교육과정 전문성을 판단할 때 교육과정 문해력은 핵심적인 역할을 한다는 것입니다. 그러면 교육과정 문해력이란 무엇일까요?

교육과정 문해력의 의미를 알아봅시다.

'문해력'은 글을 읽고 이해하는 능력을 의미해요. 그러면 교육과정 문해력은 교육과정을 읽고 이해하는 능력 정도로 그 의미를 단순하게 해석해 볼 수 있겠지요. 여기에서 조금 더 깊이 들어가 보겠습니다.

교육과정 문해력은 교육과정을 읽고 이해하는 것으로 끝나는 것이 아니라 쓸 수 있는 능력까지를 의미해요. 다시 말해 **교육과정 문서를 읽고 해석하여 교실 상황에 적절하게 교육과정 기준에 부합하는 수업을 설계하고, 실행하고, 평가할 수 있는 상용능력**을 말해요.

국가 교육과정과 시·도 교육과정을 기반으로 교실 상황, 학생 특성, 맥락 등을 반영하여 교사가 주체적으로 교육과정을 운영해야 한다는 점을 고려할 때 교육과정 문해력의 중요성은 더욱 강조되겠지요.

교육과정 문해력은 특수교사에게 더욱 요구되는 역량이라고 말할 수 있어요. 그 이유는 특수교육 기본 교육과정 성취기준의 의미에서 찾아볼 수 있습니다. 2022 개정 특수교육 교육과정은 공통 교육과정, 선택 중심 교육과정, 기본 교육과정으로 구성되어 있어요. 공통 교육과정과 선택 중심 교육과정에서의 성취기준은 도달해야 할 기준이기 때문에 가르쳐야 할 학습 요소와 도달시켜야 할 목표가 명확하다고 볼 수 있는 것이지요. 그러나 기본 교육과정에서의 성취기준은 도달해야 할 기준이 아닌 경험해야 할 것을 의미해요. 경험이라는 것은 지역사회, 학교, 가정, 학생 특성 등에 따라 매우 다양하게 해석될 수 있어요.

2022 개정 특수교육 교육과정의 교과 교육과정에서는 성취기준 해설을 통해 성취기준 설정 이유와 학습 요소를 제시해 주었어요. 그렇지만 교사가 성취기준을 어떻게 해석하느냐에 따라 가르칠 내용과 교수·학습 계획은 매우 다양하게 나타날 수 있는 것이지요.

이번 달에 아래의 성취기준을 가르쳐야 한다고 가정해 볼게요.

[6국어01-05] 바르고 고운 말을 사용하여 대화한다.

선생님은 어떤 내용을 선정해서 가르치실 건가요? 2022 특수교육 기본 교육과정 성취기준 해설에서는 학습 내용으로 **'공손하게 말하기, 감정을 조절하며 말하기, 상황에 맞는 말하기, 상대방이 기분 좋은 말하기'**를 제시하고 있어요. 그런데 이 내용만으로는 교수·학습 설계를 위한 학습 요소를 선정해 내기에 어려움이 있어요. 여기에서 한 단계 더 나아가야 합니다. 학습 특성 또는 학생들의 특성을 반영하여 학습 요소를 해석해 내는 것입니다.

예를 들어 우리 학급 학생들이 자존감이 낮고 적극성이 부족하며 부정적인 자아인식과 언어표현을 하는 특성을 갖는다고 가정해 볼게요.

다음의 예시에서는 이와 같은 학급 특성을 반영하여 '감정을 조절하며 말하기'라는 학습 내용을 해석해 '부정적·긍정적 단어 알기, 긍정적인 말하기, 나의 감정 표현하기'와 같은 내용으로 학습 내용을 상세화했어요. 그리고 상세화한 학습 내용을 바탕으로 교사는 교수・학습 설계 시 필요한 만큼 수업 차시를 구성할 수 있어요.

즉 똑같은 성취기준이지만 학급 특성, 학생들의 교육적 요구, 교사의 교육철학 등에 따라 다양한 학습 내용을 상세화하여 가르칠 내용을 선정할 수 있어요.

<성취기준 학습 내용 상세화 예시>

성취기준	[6국어01-05] 바르고 고운 말을 사용하여 대화한다.
성취기준 해설의 학습 내용	감정을 조절하며 말하기
상세화	부정적・긍정적 단어 알기, 긍정적인 말하기, 나의 감정 표현하기

교육과정 문해력은 단순히 교육과정 문서를 읽고 이해하는 것으로 생겨난다고 보기 어렵습니다. 연습과 실천이 필요해요. 가르쳐야 할 성취기준을 분석하고, 해석하여 내가 맡은 학생들에게 적합한 학습 내용을 선정해 낼 수 있어야 합니다. 그것을 바탕으로 우리 학생들이 가장 효과적으로 배우고 일반화할 수 있는 교수・학습 계획을 설계하여 평가까지 해낼 수 있을 때 교육과정 문해력은 획득되는 것입니다.

결국 교육과정 문해력 또한 실천을 통한 경험, 성찰의 누적이 이루어졌을 때 성장한다고 말할 수 있는 것이에요. 연습할지 말지, 실천할지 말지 고민할 필요가 없습니다. 바로 연습하고 실천해야 합니다.

동쌤과 Step Up

교육과정 문해력은 어떻게 개발될 수 있을까?

교육과정 문해력 개발 단계를 알아볼까요?

교육과정 문해력을 개발하는 과정은 연들에 따라 약간의 차이는 있으나 크게 교육과정 읽기(찾기 포함), 교육과정 조망도(또는 지도) 만들기, 교육과정 상용하기 단계로 구분됩니다. 각 단계와 단계별 실천 내용은 아래 표에서 살펴봅시다.

단계	실천 내용
1단계: 교육과정 읽기	• 교육과정 문서와 자료 구별하기 • 문서와 자료 찾아 소지하기 • 교육과정 읽고 해석하기
2단계: 교육과정 조망도 만들기	• 총론 조망도 갖기 • 교과 각론 조망도 갖기 • 학교 학년 조망도 갖기
3단계: 교육과정 상용하기	• 교육과정 계획하기 • 수업 만들기 • 교육과정 실천 및 피드백

출처: 교육과정디자인연구소(2020). 교사교육과정을 디자인하다

과정중심평가는 무엇을 의미하나요?

8일 ( )월 ( )일

과정중심평가는 2015 개정 교육과정 시기부터 새로운 평가의 방향을 제시하기 위해 사용된 용어로 2022 개정 교육과정에서 또한 강조하고 있답니다. 그래서 현장 교사들에게 친숙한 용어지만 학문적 개념이 아닌 정책적 성격[7]을 지니고 있다 보니 뭔가 명확하지 않아 보이는 것도 사실이에요.

과정중심평가의 의미를 알아볼까요?

한국교육과정평가원 연구 자료를 보면 과정중심평가의 의미를 '교육과정의 성취기준에 기반한 평가 계획에 따라 교수・학습 과정에서 학생의 변화와 성장에 대한 자료를 다각도로 수집하여 피드백을 제공하는 평가'로 설명하고 있어요. 의미를 천천히 생각해 볼게요.

과정중심평가는 결과중심평가가 가지는 단점을 보완하기 위한 것으로 학생평가의 질적 혁신과 수업과 연계한 수행평가 실시, 학생의 성장을 돕는 피드백 제공, 총합적인 평가에 목적을 두고 도입되었어요. 단순히 평가 결과에 따라 학생을 서열화하는 도구로만 평가를 사용하는 것이 아니라 학습의 과정을 평가하여 학습 목표에 도달할 수 있도록 피드백을 제공하는 것이지요. 그래서 학생이 학습목표에 도달할 수 있도록 돕고자 하는 평가가 과정중심평가입니다.

〈평가 분류〉[8]

구분	내용
평가목적	진단평가 l 형성평가 l 총괄평가
평가유형	지필평가 l 수행평가
평가시기	정시평가 l 상시평가
평가주체	일제평가 l 교사별평가
평가관점	과정중심평가 l 결과중심평가

7) 유영식(2017). 교육과정-수업-평가를 일체화하는 과정중심평가. 즐거운학교.
8) 강대일, 정창규(2018). 과정중심평가란 무엇인가. 에듀니티.

과정중심평가의 의미를 선명하게 하기 위해서는 평가를 분류하는 과정이 필요해요. 앞의 표는 평가와 관련하여 목적, 유형, 시기, 주체, 관점 등 범주에 따라 평가를 분류한 것이에요.

과정중심평가는 평가관점에 따라 분류되는 평가로 과정중심평가와 결과중심평가로 구분할 수 있어요. 즉 과정중심평가는 특정한 평가 방법이 아니라 어디에 목적을 두고 평가하느냐에 따라 과정중심평가가 되기도 하고 결과중심평가가 되기도 해요.

예를 들어, 대표적인 수행평가 방법인 '논술'의 경우 학습의 과정을 평가하고 피드백을 제공하기 위해 사용되었다면 과정중심평가가 될 수 있을 것입니다. 그러나 학습 결과를 평가하고 서열화하기 위해 사용되었다면 '논술'이라 할지라도 결과중심평가가 되는 것이지요.

즉, 과정중심평가는 특정 평가 방법에 따라 결정되기보다 어떤 목적을 가지고 평가를 활용하였는지에 따라 '지필평가'도 과정중심평가가 될 수 있고, '구술평가'도 결과중심평가가 될 수 있어요. 이를 보면 과정중심평가와 결과중심평가는 좋은 평가, 나쁜 평가로 나누기보다 평가목적에 따라 구분되는 상호보완적인 평가로 이해하는 것이 적절하겠지요.

이런 궁금증이 생길 수 있어요. '과정중심평가는 모든 과정을 다 평가해야 하는 건가?' 학생 수가 적다 하더라도 학생의 학습 과정 모두를 교사가 확인하는 것은 불가능해요. 따라서 전체 학습 과정을 놓고 학습의 다음 단계나 추후 학습 내용에 영향을 미칠 수 있는 차시에서 평가를 하는 것이 적절할 것입니다.

그래서 과정중심평가는 평가계획이 중요해요. 가르칠 성취기준에 따라 교수・학습 계획을 수립할 때 어떤 평가 기준에 따라, 어느 시점에서, 어떤 방법으로, 어떤 과제를 제시하여 평가할 것인지 평가계획을 반영하여 교수・학습 계획이 수립되어야 해요. 만약 평가계획이 명확하지 않다면 교수・학습 과정의 적절성에 대한 통찰이 어려워질 수 있어요. 또한 학생의 학습 과정에서 보충이 필요한지, 확장과 심화가 필요한지, 판단과 피드백이 필요할 때 활용할 수 있는 정보가 제한적일 수 있어요.

그렇기 때문에 학생의 배움과 성장을 위해 교사는 학습의 과정과 함께 구체적인 평가계획을 수립하고 이를 반영한 교수・학습을 설계할 수 있는 전문성이 필요하다고 말할 수 있는 것이지요.

동쌤과 Step Up

과정중심평가, 결과중심평가.

과정중심평가와 결과중심평가의 차이를 알아볼까요?

과정중심평가는 다음의 특징을 가지고 있어요.

첫째, 교육목표, 교육과정, 수업이 하나 되는 평가

둘째, 배움의 과정을 중시하는 평가

셋째, 모든 학생의 배움을 도와주는 평가

넷째, 학생의 참여와 협력을 중시하는 평가

다섯째, 한 개의 정답만이 아닌 다양한 가능성을 열어주는 평가

결과중심평가와 비교하면 과정중심평가의 특징을 더욱 선명하게 이해할 수 있답니다.

<결과중심평가와 과정중심평가 비교>

구분	결과중심평가	과정중심평가
평가의 목적	• 학습자의 최종적인 성취기준 달성 정도를 평가	• 다양한 평가를 통해 학생에 대한 정보를 다각도로 수집하여 학생에게 적절한 피드백을 제공함으로 학생의 학습을 적극적으로 지원
평가의 시점	• 교수・학습이 끝나는 시점	• 교수・학습 과정에서 교사가 평가가 필요하다고 판단되는 시점
평가의 유형	• 총괄평가 • 교사 중심 평가 • 선다형, 단답형 중심의 지필평가	• 수시평가 • 학생의 학습과정을 파악할 수 있는 수행평가 • 교사평가, 동료평가, 자기평가 등 평가 주체의 다양화
평가 내용	• 인지적 영역 중심 • 성취기준과 관련한 단편적 지식이나 개념	• 인지적 영역 외에 정의적, 심동적, 사회적 영역도 평가 • 성취기준 내용의 도달 정도를 지속적으로 평가

출처: 한국교육과정평가원(2018). 초・중학교 교사별 과정중심평가 연수 프로그램 개발 및 강사연수

교사 교육과정은 무엇을 의미하나요?

9일 (　　)월 (　　)일

교사 교육과정을 왜 해야 하는지 알기 위해서는 교사 교육과정이 무엇인지 알아야 하겠지요? 실체를 알고 이유를 알아야겠다는 생각이 들 것 같아요.

교사 교육과정은 교사가 교육과정 문해력을 바탕으로 학생의 삶을 중심으로 국가, 지역, 학교 교육과정의 기반 위에 학교 공동체의 철학을 담아 계획하고 실천하면서 만들어가는 교육과정을 말해요. 앞서 살펴본 교육과정 재구성, 성취기준 재구조화 등은 교사 교육과정을 실행하기 위한 계획 단계에 포함되는 개념이라 본다면 교사 교육과정은 이와 함께 실천까지 포함하는 현재 진행형을 의미해요.

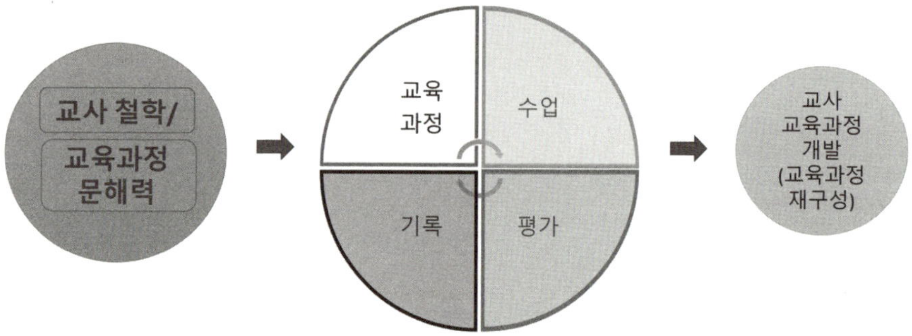

교-수-평(기) 일체화

위 그림처럼 교사 교육과정은 교사의 철학과 교육과정 문해력이 바탕이 돼요. 똑같은 학급 구성원을 대상으로 국어 수업을 할지라도 교사의 철학에 따라 협력적 소통 역량을 강조할 수도 있고, 심미적 감성 역량을 강조할 수도 있어요. 또한 교사의 교육과정 문해력 수준에 따라 교육과정을 재구성하는 형태와 수준이 달라질 수도 있어요.

이를 바탕으로 교사는 교육과정을 분석하여 가르칠 내용을 선정하고 평가계획을 포함한 교수・학습 계획을 설계해요. 여기까지는 교육과정을 재구성한 것으로 아직 수업과 평가는 이루어지지 않았어요. 교사 교육과정은 교수・학습 계획에 따라 학생들과 실제 수업과 평가, 기록이 이루어지는 과정을 통해 만들어진다고 볼 수 있어요. 특정 교수・학습 계획이 교사 교육과정이라기보다 교육과정 재구성을 통한 수업, 평가, 기록까지 마무리되었을 때 교사 교육과정이 개발되는 것이지요. 그래서 교사 교육과정은 '학생'과 함께 '만들어 가는 교육과정'이라고 말해요.

교사 교육과정은 교육과정, 수업, 평가, 기록 등과 함께 생활지도, 진로진학지도 등도 포함되는 보다 포괄적인 개념이라 할 수 있어요.

특수교육 관점에서 본다면 교사 교육과정 전반에 걸쳐서 학생의 개별화교육적인 측면이 반영되어야 하겠지요.

그렇다면 왜 교사 교육과정일까요?

'10년이면 강산도 변한다.'라는 말은 옛말이 되었어요. 자고 일어나면 강산이 변하는 현대 사회에서 주도적인 삶을 살아갈 수 있는 사람을 길러 내는 것이 현 교육과정의 과제가 되었지요. 이러한 시대적 흐름을 반영하여 2015 개정 교육과정부터 교육과정이 대강화되기 시작하였어요. 즉, 내용 중심의 교육과정에서 기준 중심의 교육과정으로 전환된 것이지요. 그 의미는 무엇일까요? 바로 국가 수준에서는 가르칠 기준만 제시하고 가르칠 내용은 학생 실태와 삶을 반영하여 교사가 만들어야 한다는 의미예요. 국가 수준에서 교사에게 교육과정 운영의 자율성을 부여한 대신 전문성과 책무성을 요구하게 된 것이지요.

2022 개정 교육과정은 교육과정이 더 대강화되고 유연성과 자율성이 더 확대되었어요. 이제 전국 공통기준으로 개발된 교육과정을 우리 학교, 우리 반 학생들을 위해 맞춤형으로 설계해야 하는 시기가 된 것이지요. 그래서 교사 교육과정은 교사 수만큼 다양하다고 말해요. 이렇듯 교사 교육과정은 학생들의 배움과 삶을 가꾸는 데 결정적인 역할을 하며 교사의 교육과정 문해력에서 시작돼요. 어때요? 교육과정에 대해 궁금하고 더 알고 싶은 마음이 생기셨나요? 30일 동안 열심히 공부해 보아요.

한쌤과 Step Up

교육과정 실행에서의 교사 교육과정 유형[9)]

「우리, 학교 교과서 만들자」 저자 이윤미 선생님은 교육과정 실행의 원천을 어떤 방식으로 가져와 사용하느냐에 따라 '소비형', '소비-생산형', '생산형'으로 범주화하였어요.

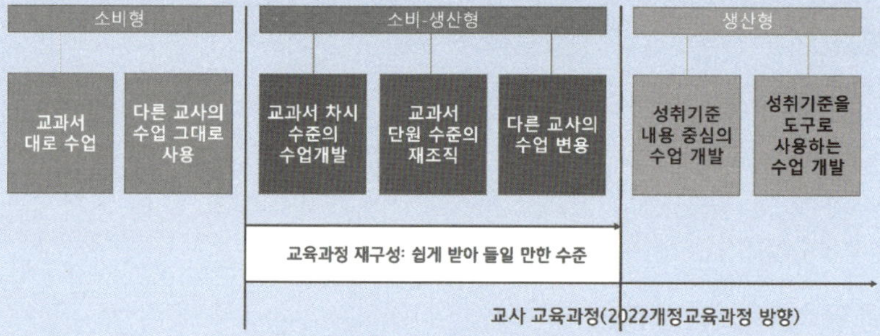

출처: 이윤미(2021). 우리, 학교 교과서 만들자. p.264

소비형 교사 교육과정

소비형은 교과서를 비롯하여 다른 사람이 만든 교육과정을 가져다가 변화 없이 사용하는 유형을 의미해요. 가르칠 내용이 이미 주어졌다고 생각하고, 주어진 내용을 어떻게 가르칠 것인가에 집중해요. 이 유형에는 교과서대로 수업, 다른 교사의 수업 그대로 사용하는 형태가 해당된답니다.

소비-생산형 교사 교육과정

이 유형은 다른 사람이 만든 교육과정을 가져다 사용하되 자신의 의도에 맞게 수정하거나 재조직하여 사용하는 것을 의미해요. 교과서 차시 수준의 개발과 교과서 단원 수준의 재조직, 다른 교사의 수업 변용이 해당된답니다.

생산형 교사 교육과정

자신이 직접 교육과정을 창조하는 행위를 의미해요. 가르칠 내용을 자신이 정할 수 있다고 생각하는 유형으로 이 범주에는 '성취기준 내용 중심의 수업 개발', '성취기준을 도구로 사용하는 수업 개발' 형태가 해당된답니다.

9) 이윤미(2021). 우리, 학교 교과서 만들자. 도서출판 기역.

이해 중심 교육과정과 백워드 설계는 뭐가 다른가요?

10일 (　　)월 (　　)일

교육과정을 공부할 때 이해 중심 교육과정, 역량 중심 교육과정, 개념 기반 교육과정 등 여러 용어들이 등장하는데 다른 것 같기도 하고 비슷한 것 같기도 하고 어렵게 느껴집니다. 그래서 오늘은!

이해 중심 교육과정과 백워드 설계를 구분해 볼게요.

이해 중심 교육과정은 백인과 유색 인종의 학력 격차가 심화되면서 그에 대한 대안으로 2000년대 초반 미국 부시 정부가 발표한 낙오학생방지법(NCLB: No Child Left Behind)과 연간 학력 향상 계획(AYP: Adequate Yearly Progress)의 영향을 받았어요. 여기에서 평가전문가로 유명한 Wiggins와 McTighe가 등장합니다. 이들은 성취기준을 기반으로 한 교육과정과 수업 설계에 관심을 갖고 이해 중심 교육과정 설계 모형을 개발했어요. 다음 그림을 보면서 이해 중심 교육과정을 이해해 볼게요.

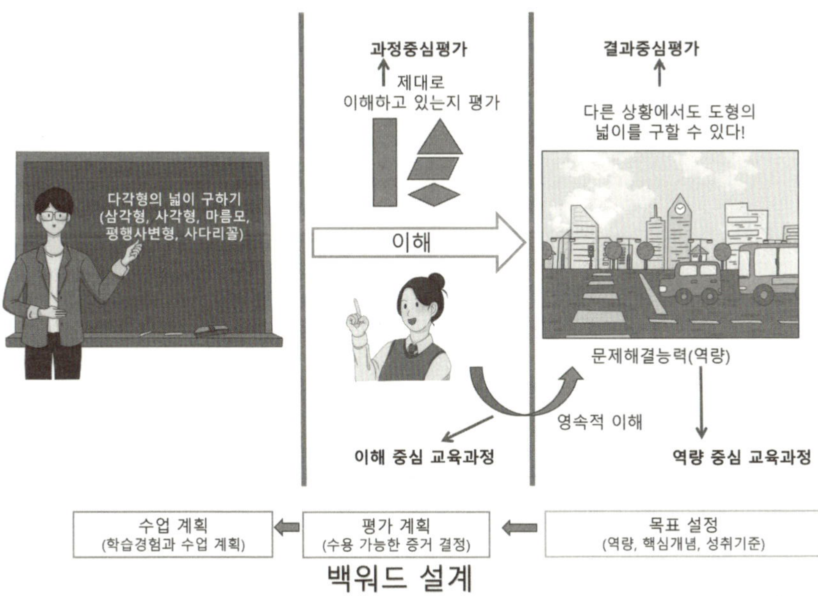

그림: 효애

[이해중심 교육과정과 백워드 설계]

이해 중심 교육과정에서 '교육과정'은 일반적인 문서로서의 교육과정이 아니라 교수·학습 설계를 의미해요(홍후조 외, 2021).[10] 이해 중심 교육과정은 단순한 지식 습득에만 목표를 두지 않아요. 습득한 지식과 기능을 일상생활과 주변 상황, 문제 상황에서 자유롭게 활용할 수 있는 것을 추구해요. 그래서 핵심개념을 중심으로 한 '이해'를 강조해요. 여기에서의 '이해'는 그때만 잠깐 아는 이해가 아니라 다른 문제 상황에서도 이해한 내용을 활용하여 문제를 해결할 수 있는 '이해'를 말해요.

예를 들어 그림과 같이 도형의 넓이를 구하는 공식(핵심개념)을 배웠다면 다른 상황에서도 도형의 넓이를 구할 수 있을 때 학생이 '이해'했다고 말할 수 있어요. 이와 같은 이해를 '영속적 이해(또는 영속한 이해)'라고 해요.

학생이 이해를 바탕으로 다양한 문제 상황에서 문제를 해결할 수 있는 능력이 생겼다면 학생은 문제해결 능력, 즉 '역량'을 갖추게 된 것이지요. 다양한 문제상황과 변화에 대해 학생이 유연하게 대응하고 문제를 해결해 갈 수 있는 역량을 길러주고자 하는 것이 바로 역량 중심 교육과정이에요.

2015 개정 교육과정은 이해 중심 교육과정과 역량 중심 교육과정을 이론적 배경으로 두고 있어요(홍후조 외, 2021). 그래서 우리에게 익숙한 핵심역량이 총론에서 제시되었고 교과 교육과정의 내용 체계에는 핵심개념, 내용(일반화된 지식), 내용 요소, 기능이 포함되어 있는 것이지요.

또한 이해 중심 교육과정에서 강조되는 것이 평가입니다. 이해해야 하는 '핵심개념'이 있다면 이해의 과정을 수시로 평가하고, 결국에 학생이 문제를 해결할 수 있는 역량을 갖출 수 있도록 가르쳐야 하는 것이지요. 즉 과정중심평가를 포함한 평가계획을 수립하고, 이를 반영하여 수업 계획이 설계되어야 하는 것입니다.

이와 같은 관점에서 이해 중심 교육과정을 효과적으로 설계할 수 있도록 개발된 교육과정 설계 모형이 백워드 설계(Backward Design)입니다. 목표(바라는 결과의 확인)를 설정하고, 목표를 평가할 수 있는 구체적인 평가계획(수용 가능한 증거 결정)을 수립하여 평가계획을 반영한 수업계획(학습경험과 수업 계획)을 설계하는 모형인 것이지요. 그래서 이해 중심 교육과정과 백워드 설계가 함께 이야기되는 것입니다.

10) 홍후조 외(2021). 교실로 ON 최신 교육과정 재구성의 이론과 실제. 박영스토리.

동쌤과 Step Up

백워드 설계, 포워드 설계

왜 백워드 설계인지 알아볼까요?

목표 설정
↓
수업 계획
↓
평가 계획
↓
포워드 설계 접근 방법

바라는 결과의 확인(목표 설정)
↓
수용 가능한 증거 결정(평가 계획)
↓
학습경험과 수업 계획(수업 계획)
↓
백워드 설계 접근 방법

[포워드 설계와 백워드 설계 비교]

보편적으로 사용하는 교수・학습 설계 방식은 포워드 설계로 「목표 설정-수업 계획-평가 계획」의 절차를 따르지요. 백워드 설계는 목표 설정 후 평가 계획을 수업 계획보다 먼저 수립해요. 즉 뒤에 있는 평가 계획을 먼저 수립하고 앞에 있는 수업 계획을 다음에 수립하기에 백워드 설계 모형(또는 역행 설계 모형)이라고 말합니다.[11]

11) 한경화, 김동인 외(2022). 개념 기반 교사교육과정 실천편. 교육과학사.

이해 중심 교육과정과 개념 기반 교육과정은 뭐가 다른가요?

11일 (　　)월 (　　)일

2022 개정 교육과정의 교과 교육과정 구성은 개념 기반 교육과정을 이론 바탕으로 하고 있다고 해요. 개념 기반 교육과정은 지식의 가장 낮은 수준인 사실이나 이해를 습득하는 것을 넘어 개념을 바탕으로 통합적인 사고 과정을 통해 다른 지식으로 전이, 나아가 실제 생활에서 필요한 지식과 기능을 학습하는 교육과정 설계 방법이에요.

그런데 개념 기반 교육과정이 이해 중심 교육과정과 어떤 차이가 있는지 구별하는 것이 어려울 수 있어요. 오늘은!

이해 중심 교육과정과 개념 기반 교육과정을 구분해 볼게요.

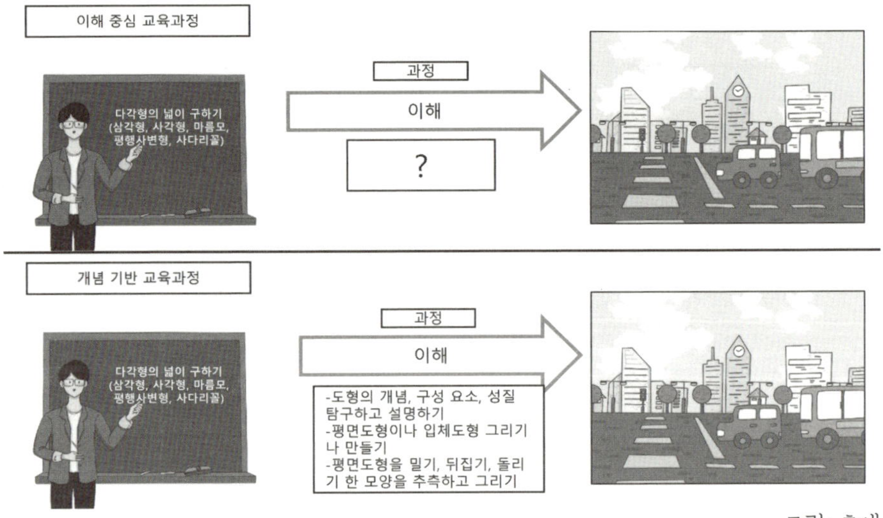

그림: 효애

[이해 중심 교육과정과 개념 기반 교육과정]

이해 중심 교육과정은 영속한 이해를 통한 문제해결 능력, 즉 일반화를 강조해요. 개념 기반 교육과정 또한 개념적 이해를 바탕으로 일반화에 이르는 것을 강조한다는 점에서 많이 닮아 있어요.

이해 중심 교육과정은 앞서 살펴본 바와 같이 2015 개정 교육과정에 영향을 주었어요(홍후조 외, 2021). 그런데 여기에 비판이 있었습니다. 핵심개념 또는 원리, 지식이 어떤 과정을 통해 습득되는지 모호하다는 점이었지요.

예를 들어 앞 그림처럼 도형에 대한 내용을 가르친다고 했을 때, 어떤 과정으로 가르쳐야 학생들이 도형에 대한 개념을 이해할 수 있는지 명확하지 않다는 비판이 있었던 것이지요. 즉 이해 과정이 모호하다는 것이었어요.

반면 개념 기반 교육과정은 개념의 습득 과정을 구체적으로 제시했습니다. 앞의 그림과 같이 도형을 이해하기 위해 도형의 개념과 구성요소, 성질 탐구와 설명하는 과정, 평면도형이나 입체 도형 그리기나 만들기 등의 과정을 거쳐야 해요.

즉 개념 기반 교육과정은 개념을 습득하는 과정이 구체적으로 제시되어 있는 것이지요. 이와 같은 차이는 교과 교육과정 내용체계를 보면 더욱 명확하게 확인할 수 있어요.

<기본 교육과정 수학과 「도형」 영역 내용체계 구성 비교>

2015 개정 특수교육 교육과정		
영역	기능	
도형	• 관찰하기 • 탐색하기 • 찾기 • 옮기기 • 만들기 • 표현하기 • 분류하기	• 정리하기 • 구성하기 • 이해하기 • 구별하기 • 꾸미기 • 쌓기 • (개수) 세기

2022 개정 특수교육 교육과정			
범주	내용요소		
	1~2학년	3~4학년	5~6학년
과정 · 기능	• 사물의 모양 관찰하고 찾기 • 위치외 방향, 거리를 구분하기 • 평면 모양 만들거나 그리기 • 여러 가지 모양으로 만들기와 꾸미기 • 대상의 위치, 방향, 거리 나타내기 • 직관적 비교로 모양 분류하기 • 도구를 사용하여 모양 그리기		

위의 표와 같이 2022 개정 특수교육 교육과정은 2015 개정 특수교육 교육과정과 비교하였을 때 '과정 · 기능' 범주가 새로 구성되었고 이에 해당하는 내용요소가 구체적으로 제시되어 있는 것을 확인할 수 있어요. 즉 개념의 습득과정이 구체적이라는 것이지요.

이와 같이 이해 중심 교육과정과 개념 기반 교육과정의 차이와 목적을 알고 교과 교육과정을 공부하면 더 넓게, 더 깊이 있게 교육과정을 볼 수 있는 안목이 생긴답니다.

동쌤과 Step Up

지식의 구조, 과정의 구조

지식의 구조와 과정의 구조를 알아볼까요?

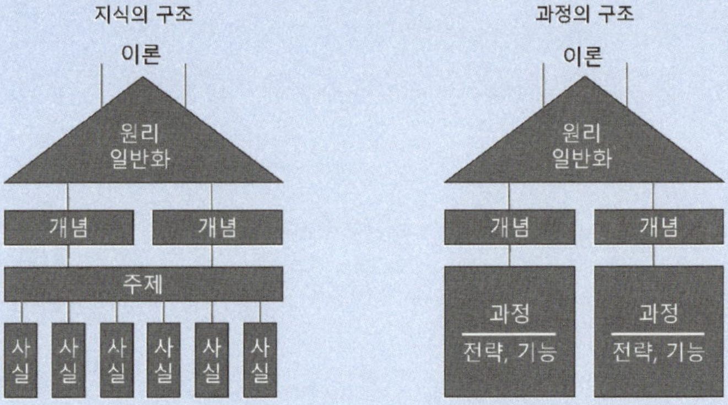

[지식의 구조와 과정의 구조(Erickson, Lanning, 2014)]

출처: 김영미 외(2023). 특수교육 교육과정 재구성에서 발췌함

개념 기반 교육과정은 배워야 할 사실부터 개념, 일반화에 이르기까지의 교수·학습 과정을 구체적으로 제시해요. '지식의 구조와 과정의 구조'처럼 하나의 사실을 알고, 개념적으로 이해해서 능숙하게 문제를 해결할 수 있는 상태, 즉 일반화가 되는 수준까지를 설계하는 것이지요.

이를 바탕으로 학생은 사실 수준의 내용에서 개념적 수준까지 점점 심화되는 과정으로 학습하게 됩니다. 그러면 교사는 어떻게 교육과정을 설계해야 할까요? 학생이 아래에서 위로 학습해 간다면 교사는 위에서 아래로 교육과정을 설계해야 해요. 즉 일반화되어야 하는 수준과 목표를 먼저 설정하고 그것을 달성하기 위한 내용과 과정을 구체적으로 설계하는 것이지요.

잠깐 쉬어가세요

11일 동안 하루에 한 장 교육과정과 친해지기 위해 노력하신 선생님, 남은 19일도 지치지 말고 뚜벅뚜벅 걸어가세요. 선생님을 응원합니다.

2장 왜 해?

이유를 알면 마음이 생긴다!

하루하루가 새로운 날이 아닌가. 물론 운이 따른다면 더 좋겠지.
하지만 나로서는 그보다는 오히려 빈틈없이 해내고 싶어.
그래야 운이 찾아올 때
그걸 받아들일 만반의 준비를 갖추고 있게 되거든.
-어니스트 헤밍웨이(1952). 「노인과 바다」 중에서

아이들은 매일 봐도 새롭다.
나에게 언제, 어떤 아이가 찾아올지 모른다.
우리의 배움을 위해
빈틈없는 만반의 준비를 갖추고 있어야 한다.

하루에 한 장 뜯어 먹는 교육과정 기초 다지기

교사 교육과정, 왜 갑자기 강조되는 건가요?

12일 (　　)월 (　　)일

최근에 교사 교육과정이 교육 현장에 Hot Issue지요? 교사 교육과정은 갑자기 생겨난 용어는 아니에요. 교사 교육과정은 교육과정 재구성의 연장선 또는 확장된 개념으로 이해하시면 쉬워요. 교육과정 재구성, 교육과정 재구조화, 성취기준 재구조화, 교사 교육과정 등 이러한 용어는 교육과정과 밀접한 연관성이 있어요.

교육과정은 시대를 반영하여 개정되고 변화하게 되죠. 최근 교육과정에 있어 큰 변화를 꼽으라고 한다면 2015 개정 교육과정이라고 할 수 있어요. 왜냐하면 2015 개정 교육과정 이전의 교육과정은 내용을 상세하게 담은 내용형 교육과정이었기 때문이에요. 내용형 교육과정이다 보니 교육 내용에 있어 가르쳐야 할 내용이 구체적으로 제시되어 있었고, 구체적으로 세분화하다 보니 성취기준의 수가 많았어요. 아래 표와 같이 가르칠 내용이 많다 보니 그중 핵심적인 내용을 추출하는 연구가 활발히 진행되었어요.

가. 내용 체계

학교급 / 학년군 / 영역	초등학교 1~2학년	초등학교 3~4학년	초등학교 5~6학년	중학교 1~3학년	고등학교 1~3학년
지리	• 바른 생활 습관 • 우리 학교 • 학교에서 지켜야 할 일 • 우리 가족 • 사이좋은 친구 • 바른 인사 예절 • 안전한 생활 • 정다운 이웃	• 스스로 하는 생활 • 친구 간의 우정과 예절 • 이웃 간에 지켜야 할 예절 • 화폐의 이용 • 나라 사랑하는 마음 • 깨끗한 환경 • 우리 지역의 모습 • 우리 지역의 교통수단 • 사람들 간의 소통 • 사람들이 모이는 곳 • 우리 지역과 가까운 지역	• 지도의 종류와 기능 • 도시의 생활 • 촌락의 생활 • 사회생활 속의 예절과 규칙	• 우리나라의 여러 지역 • 환경과 국토 • 세계의 여러 나라 • 우리 이웃 나라의 환경과 생활 모습	• 우리나라의 영역 • 우리의 땅 독도 • 내가 사는 세계 • 세계 여러 나라의 자연환경과 생활 모습
일반 사회			• 우리 지역의 주민 자치 • 합리적인 소비 생활 • 우리나라의 생활 • 다양한 사회 변화	• 우리 생활과 경제 • 우리 생활과 민주주의 • 민주주의를 실현하는 기관 • 우리 생활과 법 • 정보화와 세계화 시대	• 개인과 사회생활 • 민주주의와 정치 생활 • 경제생활의 이해 • 생활 속의 법 • 인권과 인권 보호
역사			• 조상들의 슬기와 멋 • 자랑스러운 우리 문화 • 우리나라를 빛낸 위인들	• 우리 민족과 국가의 발전 • 우리 문화의 우수성 • 나라를 지키기 위한 노력	• 유구한 우리 역사 • 외세의 침략과 민족 운동 • 우리나라 대한민국 • 세계의 역사

(5) 나라 사랑하는 마음

우리나라의 이름, 국기, 국가, 국화를 바르게 알고 나라 사랑하는 마음을 가지도록 하기 위해 설정하였다. 나라 사랑하는 마음과 태도를 가지는 것은 국민의 한 일원으로서 국가관에 기초한 사회생활을 하는 데 중요한 요소이다. 따라서 우리나라를 상징하는 태극기, 애국가, 무궁화에 대해 알고 나라 사랑하는 마음과 태도를 갖도록 지도한다.

[성취기준]
(가) 우리나라의 이름과 상징을 안다.
(나) 태극기의 모양을 알고, 태극기에 대한 예절을 익힌다.
(다) 애국가를 바르게 부른다.
(라) 무궁화를 아끼고 사랑하는 마음을 가진다.

출처: 2011 개정 특수교육 기본 교육과정 「사회과」

[2011 개정 특수교육 기본 교육과정 사회과 내용 체계 및 관련 성취기준 예시]

이 시기에 중심이 되었던 교육과정 재구성 용어가 바로 핵심 성취기준이에요. 왜 이 용어가 나오게 되었는지 아시겠지요?

2015 개정 교육과정은 **OECD 교육 2030 DeSeCo(Definition and Selection of Competencies) 1주기(2015~2018), 2030년의 사회로 나아갈 학생에게 필요한 핵심역량과 프레임 재설정**에 따라 역량 중심의 교육과정으로 개정되었어요. 이러한 변화로 인해 기존의 내용형 교육과정으로는 시시각각 변하는 사회에 적응할 수 있는 역량을 교육하기에는 한계가 있었고 교육과정 대강화를 통해 **기준형 교육과정으로 변화**되었어요. 즉, 복잡하게 변화하는 사회 환경에 유연하게 대처하고 삶을 영위하기 위해 필요한 핵심적인 능력을 지식, 기능, 가치 · 태도로 구체화하여 성취기준으로 제시하였어요. 그리고 구체적인 교육 내용은 교육청, 학교, 교사 차원에서 재구조화하여 지도할 수 있게 하였답니다. 이 것이 바로 교사 교육과정이 강조 된 배경이에요. 교사에게 교육과정 실행에 관한 자율권과 유연성을 부여한 대신 전문성을 요구하게 된 것이지요. 이전에도 교사 교육과정이 존재했지만, 기준형 교육과정으로 변화하면서 교사 교육과정이 더 강조되고 그 연장선상에서 2022 개정 교육과정으로 이어지고 있답니다.

[6사회02-01] 어떤 일을 위해 노력해 본 경험을 발표하고 노력하는 생활 태도를 가진다.
[6사회02-02] 일상생활에서 지켜야 하는 여러 가지 생활 예절을 알고 실천한다.

영역	핵심 개념	내용 (일반화된 지식)	내용 요소				기능
			초 3~4학년	초 5~6학년	중 1~3학년	고 1~3학년	
나의 삶	자율성	자조기술을 갖추고 자기 결정과 자기 옹호 생활을 하며 자신의 미래를 긍정적으로 설계하는 것은 삶의 주체로서 살아가는 자율적인 삶의 모습이다.	• 기본적 자조 기술 • 나의 선택	• 일상적 자조 기술 • 생활 속의 선택과 결정	• 독립적인 일상생활 • 자기 결정 • 꿈과 희망	• 계획적인 생활 • 자기 옹호 • 나의 미래	• 관찰하기 • 비교하기 • 발표하기 • 반성하기 • 조사하기 • 적용하기 • 설명하기 • 표현하기 • 평가하기 • 참여하기 • 실천하기 • 경험하기 • 문제 해결하기 • 정보 수집하기 • 정보 활용하기 • 토의·토론하기 • 의사결정하기
관계의 삶	사회적·도덕적 인성	성실, 예절, 존중, 배려, 나눔의 태도를 갖고 실천하는 것은 민주 사회 구성원에게 필요한 사회적·도덕적 인성이다.	• 예의 바른 생활	• 노력하는 생활 • 생활 속 예의범절	• 최선을 다하는 태도 • 존중과 배려	• 성실한 태도 • 배려와 나눔	
	사회적 능력	다른 사람과 사회적 관계를 형성하고 사회적 맥락과 역할에 알맞게 행동하는 것은 사회의 구성원으로서 갖추어야 하는 사회적 능력이다.	• 가족의 화목 • 친구와의 우정	• 이웃 간의 정 • 친구관계의 형성과 유지	• 사람들의 사회적 관계 • 사람들의 생각과 행동	• 사회적 관계의 유형 • 사회적 역할 행동 • 사회적 관계에서의 갈등과 해결	

[9사회02-03] 주변 사람들에게서 나타나는 다양한 사회적 관계의 모습을 조사하고 비교한다.
[9사회02-04] 사회적 상황에서 사람들의 생각, 감정, 행동 변화의 모습을 관찰하고 의미를 설명한다.

출처: 2015 개정 특수교육 기본 교육과정 「사회과」

[2015 개정 특수교육 기본 교육과정 사회과 내용 체계 및 관련 성취기준 예시]

한쌤과 Step Up

발달장애 특수학교에 교과서가 언제 만들어졌을까요?

2008 개정 특수학교 교육과정-3수준의 교과서

발달장애 특수학교에서 교과서 형태를 갖춰서 만들어진 시기는 2008 개정 특수학교 교육과정 시기부터예요. 초등학교 1학년부터 고등학교 3학년까지 1, 2, 3수준의 교과서를 학생 수준에 맞게 선택하여 활용하였어요. 이 시기의 교육과정은 학년(군) 없이 무학년제로 운영되었답니다.

2008 개정 특수학교 교육과정 내용이 궁금하지 않으세요?

생활기능 중심 교육 내용

2008 개정 특수학교 교육과정의 내용 체계와 성취기준을 살펴보면 현재의 교육과정과 다소 차이가 있다는 것을 알 수 있어요. 어때요? 2022 개정 특수교육 기본 교육과정의 일상생활 활동이 떠오르지 않나요? 특수교육 교육과정 참 많이 변화되었지요?

3. 내 용

가. 내용 체계

단계 / 영역	Ⅰ 단 계	Ⅱ 단 계	Ⅲ 단 계
개인 생활	• 바른 생활 습관 기르기	• 내 일 스스로 하기	• 스스로 계획하고 실천하기
공동 생활	• 기본 예절과 규칙 지키기 • 가족과 이웃의 생활 모습 알기	• 예절과 규칙 지키기 • 우리 지역의 생활 모습 알기 • 나라 사랑하는 마음 갖기	• 사회 질서와 규칙 지키기 • 여러 지역의 생활 모습 알기 • 나라 사랑 실천하기
경제·문화 생활	• 물건 구입하기 • 절약 생활 실천하기 • 문화 활동 참여하기	• 화폐 사용하기 • 절약과 자원 재활용 실천하기 • 다양한 문화 활동과 이웃을 위한 활동하기	• 물건의 생산과 유통 과정 알기 • 바람직한 소비 절약 생활하기 • 여가 시간 활용하기

1) 개인 생활
• 신변 문제는 스스로 처리하는 바른 생활 습관을 기른다.
가) 바른 생활 습관 기르기
(1) 식사 도구를 바르게 사용하여 바른 자세로 음식 먹기
(2) 화장실의 바른 사용법을 알고 용변 처리하기
(3) 스스로 몸 깨끗이 하기
(4) 몸이 불편하거나 아플 때 의사 표현하기
(5) 스스로 옷을 입고 벗어 정리하기

출처: 2008 개정 특수학교 교육과정 「사회과」

시수를 왜 알아야 할까요?

13일 ( )월 ( )일

'2022 개정 특수교육 기본 교육과정 개정에서는 교과(군), 창의적 체험활동, 일상생활 활동 간 50% 범위 내에서 시수를 조정할 수 있습니다.'

교육과정과 관련된 연수를 들을 때 심심치 않게 나오는 용어가 있어요. 바로 '수업 시수'라는 용어입니다. 오늘은 '수업 시수'를 왜 알아야 하는지에 대해 알아볼게요.

수업 시수는 '수업 시간 수'를 의미하는 말로 국가 교육과정에서는 학년군별로 이수해야 할 총 수업 시간 수를 제시하고 있어요. 학교 교육과정에서는 **1년 동안의 수업 일수**와 학년군별 총 수업 시간 수, 즉 **학년군별 총 수업 시수**에 맞게 **학교 교육과정을 편성**해요. 다음 표를 보고 수업 시수에 대해 더 자세히 알아볼게요.

<2022 개정 특수교육 기본 교육과정 초등학교 기준>

<table>
<tr><th colspan="2">구분</th><th>1~2학년</th><th>3~4학년</th><th>5~6학년</th></tr>
<tr><td rowspan="6">교과(군)</td><td>국어</td><td rowspan="6">국어 352
수학 204
바른 생활 116
슬기로운 생활 180
즐거운 생활 320</td><td>340</td><td>340</td></tr>
<tr><td>사회</td><td>204</td><td>204</td></tr>
<tr><td>수학</td><td>204</td><td>204</td></tr>
<tr><td>과학/실과</td><td>204</td><td>272</td></tr>
<tr><td>체육</td><td>170</td><td>170</td></tr>
<tr><td>예술(음악/미술)</td><td>238</td><td>238</td></tr>
<tr><td colspan="2">소계</td><td>1,172</td><td>1,360</td><td>1,428</td></tr>
<tr><td colspan="2">창의적 체험활동</td><td>272</td><td>306</td><td>408</td></tr>
<tr><td colspan="2">일상생활 활동</td><td>300</td><td>306</td><td>340</td></tr>
<tr><td colspan="2">학년군별 총 수업 시간 수</td><td>1,744</td><td>1,972</td><td>2,176</td></tr>
</table>

수업 시수를 계산할 때 중요한 내용이 있어요.

첫째, 기준 수업 시수와 최소 수업 시수를 구분해야 합니다. 위의 표에서 교과(군), 소계, 창의적 체험활동, 일상생활 활동 시수는 기준 수업 시수예요. **기준 시**

수는 학년군별로 운영해야 할 시수로, 이 시수를 기준으로 학생・교사・학부모의 요구, 학교의 비전・교육목표・중점・특색 활동 등을 반영해서 증감하여 편성・운영할 수 있어요. 다시 말해 학교의 자율성이 발휘되는 것이지요. **최소 수업 시수는 학교에서 반드시 그 이상을 이수**해야 하는 시수로 '학년군별 총 수업 시간 수'가 이에 해당합니다.

둘째, **시수의 증감을 계산할 때의 기준은 각 학년이 아닌 '학년군'을 기준**으로 계산해야 합니다. 예를 들어 초등학교 3~4학년군 국어 시수를 10% 감축하여 편성한다고 가정하면 「340시간×0.1=34시간」, 총 34시간을 감축하여 306시간으로 편성할 수 있어요.

그러면 수업 시수를 왜 알아야 할까요? 교과 수업을 기준으로 생각해 보겠습니다. 수업 시수를 계산할 수 있으면 학생들에게 더 중요하고 필요한 내용을 고려하여 수업 시간을 배분할 수 있어요.

학교는 수업 일수와 수업 시수가 한정되어 있어요. 그러나 우리 학생들에게 필요한 내용과 배워야 하는 내용은 너무 많습니다. 교사는 연간 또는 학기별 수업 시수를 계산하여 어떤 내용에 더 많은 시간을 할애할지, 어떤 내용을 간단하게 다루고 넘어갈지 판단할 수 있어요. 그러면 한정적인 수업 시간을 효과적으로 운영할 수 있게 된답니다.

> [4사회02-01] 우리 가족의 화목한 모습을 살펴보며 우리 가족을 소중히 여기는 마음을 가진다.
> [4사회02-02] 가족 간에 서로 존중하는 모습을 보며 가족에게 예의 바르게 행동한다.
>
> - 2022 개정 특수교육 기본 교육과정 초등 사회과 기준

예를 들어 4주간 운영 가능한 사회 교과의 수업 시수가 20시간이라고 가정했을 때, 교사의 의도가 '예의 있는 행동'을 강조하는 것이면 위에 제시된 성취기준 중 [4사회02-01]은 6시간을 배정하고, [4사회02-02]는 14시간을 배정할 수 있어요. 즉 학생들의 학습 수준 및 교육적 요구 등에 따라 필요한 만큼의 수업 시수를 배정하여 효과적으로 운영할 수 있게 되는 것이지요.

수업 시수를 계산하고 파악할 수 있다면 타 교과와 연계할 때에도 수업 시수를 효율적으로 사용할 수 있어요. **수업 시수를 숫자로만 보지 말고, 의도와 목적을 가지고 수업 시수를 조정해 본다면 교육과정이 더 친근하게 다가올 것입니다.**

동쌤과 Step Up

기준 수업 시수, 최소 수업 시수의 변화

특수교육 교육과정 개정에 따른 기준 수업 시수와 최소 수업 시수의 변화를 살펴볼까요?

<교과와 창의적 체험활동 간의 수업 시수 증감 지침에 따른 수업 시수 의미>

개정 시기	교육과정 지침	국가 교육과정 시간 배당 기준의 수업 시수 의미 변화				
		교과(군)별 시수	교과(군) 소계	창의적 체험활동 시수	일상생활 활동 시수	학년군별 총 수업 시간 수
2015 개정 특수교육 기본 교육과정	교과(군) 내에서 수업 시수의 30% 시수 조정 가능	기준 시수	최소 시수	최소 시수	-	최소 시수
2022 개정 특수교육 기본 교육과정	교과(군)뿐만 아니라 창의적 체험활동, 일상생활 활동 간 수업 시수의 50% 시수 조정 가능	기준 시수	기준 시수	기준 시수	기준 시수	최소 시수

출처: 2022 개정 특수교육 교육과정 총론 해설

2022 개정 특수교육 기본 교육과정에서 편제 간 수업 시수 증감 지침이 바뀌면서 수업 시수의 의미 또한 바뀌게 되었어요. 2015 개정 특수교육 기본 교육과정에서 최소 수업 시수에 해당했던 '교과(군) 소계'와 '창의적 체험활동 시수'가 최소 수업 시수에서 기준 수업 시수로 바뀌게 되었습니다. 용어가 바뀌었으니 계산하는 것도 달라지겠지요?

성취기준 분석은 왜 필요할까요?

14일 (　　)월 (　　)일

교육과정 재구성을 위해서는 교사의 교육과정 문해력이 중요하다고 말해요. 또한 교육과정 문해력은 교사의 교육과정에 대한 지식과 함께 교육과정을 분석하고 활용하여 교수・학습 과정을 설계할 수 있는 역량을 강조합니다.[12)]

성취기준은 교육과정 문해력을 바탕으로 교육과정을 재구성하는 모든 과정에서 중요한 역할을 하게 돼요.

오늘은 교육과정 재구성에서 성취기준 분석이 왜 필요한지 알아볼게요.

성취기준 분석의 필요성을 생각해 보기에 앞서, 먼저 성취기준의 성격에 대해 알아볼게요. 특수교육 교육과정은 유치원 교육과정 외에, 공통 교육과정, 선택 중심 교육과정, 기본 교육과정으로 구성되어 있어요. 공통 교육과정과 선택 중심 교육과정에서의 성취기준은 학생들이 교과를 통해 배워야 할 내용과 이를 통해 수업 후 할 수 있거나 할 수 있기를 기대하는 능력을 결합하여 나타낸 수업 활동의 기준을 의미해요. 즉 성취기준은 수업을 통해 달성해야 할 목표가 되는 것이지요. 따라서 교사는 학생들이 해당 성취기준에 도달할 수 있게 성취기준 해설을 참고하여 교수・학습을 설계해야 해요.

<2022 개정 교육과정 공통 교육과정 「사회과」>

성취기준	[4사03-01] 최근 사회 변화의 양상과 특징을 파악하고, 그로 인해 나타난 생활모습의 변화를 탐색한다.
성취기준 해설	사례를 통해 저출산, 고령화, 지능정보화 등 최근 사회 변화가 가져온 현상과 특징을 파악하고, 그로 인해 우리의 생활 모습이 어떻게 변화되는지 분석하도록 설정한 것이다. 이를 통하여 사회 변화에 대응할 수 있는 역량을 기르는 데 초점을 맞추도록 한다.

기본 교육과정의 성취기준은 이와 성격이 달라요. 반드시 달성해야 할 목표가

12) 김동인(2022). 특수교사의 교사 수준 교육과정 역량 평가도구 개발 및 연수 프로그램 구성과 효과. 조선대학교일반대학원. 박사학위 논문.

아니라 학생들이 경험해야 하는 것을 의미해요. 따라서 기본 교육과정의 경우 교사가 해당 성취기준을 어떻게 이해하고 해석하느냐에 따라 학생들이 경험하는 내용과 수준, 범위가 달라진다고 볼 수 있어요.

아래 제시한 성취기준과 성취기준 해설을 살펴보며 성취기준 분석의 필요성을 생각해 볼게요.

<2022 개정 특수교육 기본 교육과정 「사회과」>

성취기준	[4사회03-01] 우리 동네의 모습을 살펴보고 이웃들이 살아가는 모습에 관심을 가진다.
성취기준 해설	이 성취기준은 주된 생활공간인 집, 학교, 동네를 중심으로 자신과 연관 있는 환경에 대한 이해와 관심을 이끄는 것에 중점을 둔다. **우리 집 또는 학교의 위치와 모습 살펴보기, 우리 동네의 자연환경과 인문환경 살펴보기, 동네 사람들이 이용하는 장소와 시설물 확인하기, 디지털 영상 지도를 활용하여 우리 동네의 여러 가지 모습 살펴보기** 등에 관한 내용을 다룬다. …(이하 생략)

내용 체계를 바탕으로 성취기준의 내용요소를 분석해 보면, 지식 • 이해: '우리 동네 모습', 과정 • 기능: '동네 모습 살펴보기', 가치 • 태도: '이웃의 생활 모습에 관심 갖기'로 분석할 수 있어요. 또한 성취기준 해설에서 제시된 학습 내용을 확인할 수 있어요.

만약 선생님께서 이 성취기준으로 교수 • 학습을 설계하신다면 성취기준 해설에서 제시된 학습 내용만으로도 충분하신가요? 그렇지 않을 것입니다. 내가 가르치는 학생들의 장애 특성, 교육적 요구, 학교 및 지역사회 특성, 시대적 변화 등에 따라 맞지 않는 내용이 있고 또는 추가해야 할 내용이 있을 수 있어요.

예를 들어 대도시에 사는 학생들과 농산어촌에 사는 학생들이 관찰할 수 있는 '우리 동네와 이웃이 살아가는 모습'은 많이 다르겠지요. 즉 교사는 성취기준 분석을 통해 시간과 장소, 대상이 갖는 특성을 반영하여 교수 • 학습을 설계할 수 있어야 해요. 결국 성취기준 분석이 이루어졌을 때 우리 학생들에게 딱 맞는 수업이 설계될 수 있는 것이지요.

성취기준 분석은 교사가 교육과정을 설계하고 운영하기 위해 갖춰야 하는 필수 역량이라고 말할 수 있습니다!

동쌤과 Step Up

평가에서 성취기준 분석이 왜 중요할까요?

성취기준과 평가의 관계를 알아보자!

평가에서는 무엇을 평가하나요? 수업을 통해 배운 내용을 평가하게 됩니다. '교육과정-수업-평가의 일관성을 강화'한다는 것은, 배워야 할 내용을 수업을 통해 가르치고, 수업에서 가르친 내용을 평가한다는 의미입니다. 다시 말해 수업에서 가르칠 내용이 수업이 끝나고 난 이후에는 평가할 내용으로 변해요.

아래 그림처럼 성취기준은 '수업 운영'을 중심으로 수업 설계에서는 가르칠 내용으로서의 기준이 되고, 수업 이후에는 평가활동의 판단 기준이 돼요. 그래서 성취기준을 분석하는 것은 수업 설계뿐 아니라 평가와도 밀접하게 관련된다고 말할 수 있어요.

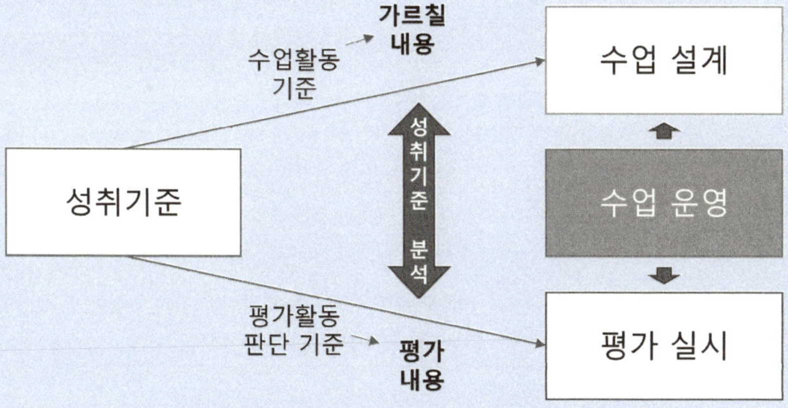

[성취기준 분석과 평가의 관계]

성취기준 중심의 교과서 맵핑은 왜 필요할까요?

15일 (　　)월 (　　)일

오늘은 성취기준과 교과서 맵핑의 필요성에 대해 알아보고자 해요.

교육과정 재구성은 재구성 목적에 따라 교과서, 성취기준, 주제, 내용 요소 등을 중심으로 다양한 형태로 이루어질 수 있어요. 그러나 교육과정 재구성에서 주로 활용되는 자료는 여전히 교과서일 것입니다.

교과서 중심의 교육과정 재구성도 다양한 형태로 이루어질 수 있습니다. 시기에 따라 단원 순서를 조정하는 방식, 단원 차시를 압축하거나 늘리는 방식, 활동이나 매개체를 수정 또는 대체하는 방식 등 의도에 따라 다양하게 활용할 수 있는 것이지요. 특히 성취기준을 중심으로 교육과정을 재구성할 때도 교과서는 유용하게 활용될 수 있습니다.

다시 말해 가르칠 단원을 먼저 정하는 것이 아니라 가르칠 성취기준을 먼저 결정하고, 이후 성취기준과 관련된 교과서의 단원과 제재, 활동을 선택하여 교육과정을 재구성하는 것이지요. 이 과정에서 필요한 것이 성취기준을 중심으로 교과서를 맵핑하는 것입니다.

<2015 특수교육 기본 교육과정 중학교 '국어 가' 교과서>

단원	제재명(중단원)	차시	주요 학습 주제	성취기준
1. 즐거운 대화	1) 안녕하세요	1	• 상황에 어울리는 인사말 알기	[9국어01-03] 상황과 상대방에 따라 적절하게 내용을 구성하여 말한다.
		2-3	• 다양한 인사말 알기	
		4-5	• 축하 인사말 알기	
		6-9	• 바르고 고운 말 알기	
	2) 나를 소개해요	10	• 자기를 소개한 경험 말하기	
		11-13	• 친구들 앞에서 자기소개 하기	
	3) 여보세요	14-15	• 전화 대화 듣고 내용 파악하기	
		16-18	• 전화 대화 예절 알기	

위 자료는 현장에서 쉽게 볼 수 있는 교과서 내용을 분석한 자료예요. 각 단원의 제재와 차시, 학습 주제 등이 제시되어 있어요. 여기에 해당 단원이 반영하는 성취

기준이 맵핑되어 있습니다. 이러한 형태의 맵핑 자료는 교과서 내용을 파악하고 단원 내에서의 차시 활동을 중심으로 재구성하기에는 적절할 수 있어요. 하지만 교과서 단원을 중심으로 성취기준을 맵핑했기 때문에 다른 성취기준과의 관련성, 연계성을 한눈에 조망하기에는 어려움이 많아요.

<2015 특수교육 기본 교육과정 중학교 '국어' 교과서>

영역	성취기준	내용 요소	관련 단원	
			가	나
듣기 · 말하기	[9국어01-01] 다양한 문장 유형을 사용하여 상대방과 대화한다.	• 다양한 문장 유형을 사용하여 대화하기	5. 듣는 기쁨, 나누는 즐거움 8. 꾸며 주는 말, 바른 표현	
	[9국어01-02] 상대방의 이야기를 듣고 주요 내용을 파악한다.	• 이야기 듣고 흐름 파악하기	2. 바른 소리 10. 우리들 이야기	21. 이야기와 삶 23. 짧은 글 중심 생각
	[9국어01-03] 상황과 상대방에 따라 적절하게 내용을 구성하여 말한다.	• 상황과 상대방에 맞게 말하기	즐거운 대화	

반면 성취기준을 중심으로 교과서를 맵핑하게 되면 위와 같은 형태로 정리할 수 있어요. 교과서 단원이 순서대로 제시되지는 않지만 성취기준을 한눈에 볼 수 있기에 **성취기준 간의 관련성과 연계성을 파악**하기에 편리하지요. 또한 성취기준과 관련된 단원들이 모여 있기 때문에 가르칠 성취기준이 결정되었다면 교과 내 재구성도 수월하게 해낼 수 있어요.

주제를 중심으로 교과 간 재구성을 할 때도 동일합니다. 교과별로 주제와 관련한 성취기준을 추출하고, 해당 성취기준을 반영한 교과서 단원들을 뽑아내어 재구성을 할 수 있는 것이지요.

결국 교과서를 중심으로 교육과정을 재구성할 때에도 성취기준이 먼저 고려되어야 한다는 점을 반드시 기억해야 해요. 교과서는 교육과정이 아닌 '교육과정 자료'로서 성취기준에 따라 선택하고 활용할 수 있는 자료라는 관점이 중요합니다. 따라서 성취기준과 교과서 맵핑 또한 교과서 중심이 아닌 성취기준 중심의 교과서 맵핑이 필요한 것입니다. 기억하세요!

'교사가 가르치는 것은 교과서가 아닌 성취기준이다.'

동쌤과 Step Up

도전! 성취기준 중심 교과서 맵핑

성취기준 중심 교과서 맵핑을 실습해 봅시다.

만들어진 자료를 사용하는 것도 좋아요. 하지만 '내'가 직접 자료를 만들 때는 공부까지 되지요. 「성취기준 중심 교과서 맵핑」을 실습하며 공부의 깊이를 더해 봅시다.

교과명:

영역	성취기준	교과서 관련 단원	
		가	나

성취기준 재구조화는 왜 하는 걸까요?

16일 (　　)월 (　　)일

성취기준 재구조화는 코로나19 이후 매년 발간되는 「학교 생활기록부 기재요령」에 '성취기준 재구조화'가 공식적으로 들어오면서 적극적으로 활용되기 시작했어요.

특히 2022 개정 특수교육 기본 교육과정의 교과 교육과정 「성취기준 적용 시 고려 사항」에서는 장애 정도가 심한 학생의 교육적 요구에 따라 '성취기준을 재구성하여 적용할 수 있다'고 제시하고 있고, 공통 교육과정과 선택 중심 교육과정의 교과 교육과정 「성취기준 해설」에서도 성취기준을 재구성하여 사용할 수 있다고 말하고 있어요.

성취기준 재구성은 '성취기준 재구조화'라는 용어로 사용되고 있는데요, 오늘 **성취기준 재구조화**에 대해 알아보겠습니다.

성취기준 재구조화의 의미는 앞서 '3일 교육과정 재구성은 무엇일까요?'에서 다루었기 때문에 다시 다루지 않을게요. 그러나 다시 한번 강조하는 것은 성취기준 재구조화를 위해 교사는 성취기준에서 내용요소를 분석해 낼 수 있는 전문성이 있어야 하고 또한 신뢰도를 높이기 위해 교사 간 협의가 필요하다는 것이에요.

그러면 성취기준 재구조화는 왜 필요할까요?

첫째, 학습량을 줄여 교과 수업 시수에 여유 공간을 만들 수 있어요. 학교마다 연간 교과별 수업 시수가 결정되어 있어요. 교사는 결정되어 있는 수업 시수 안에서 성취기준을 모두 다뤄야 해요. 즉 성취기준이 많으면 많을수록 필요한 수업 시수가 많아진다는 의미인 것입니다.

그런데 성취기준 수가 줄어든다면 어떨까요? 필요한 수업 시수가 줄어드니 나머지 수업 시수는 여유 공간이 되는 것이지요. 예를 들어 다음과 같이 두 개의 성취기준으로 국어과 수업을 설계한다고 가정해 볼게요.

각각의 성취기준마다 15시수가 필요하다고 가정 했을 때 총 30시수가 필요해요. 두 성취기준을 분석해 보면 '읽기' 영역에 해당하고, '매체 자료를 통한 읽기'가 공통적으로 다뤄지고 있다는 것을 확인할 수 있어요.

두 개의 성취기준을 통합하여 하나의 성취기준으로 재구조화했어요. 이로 인해 기존 성취기준을 다루는 데 필요한 시수보다 5시수가 줄었으니, 그만큼의 여유가 생긴 것입니다.

<성취기준 재구조화의 예>

기존 성취기준	필요 수업 시수
[6국어02-02] 여러 가지 매체 자료에서 단어의 의미를 파악한다.	15
[6국어02-05] 다양한 매체 자료와 글에 흥미를 느끼고, 올바른 읽기 습관을 기른다.	15
총 필요 수업 시수	30

⇩

성취기준 재구조화	필요 수업 시수
여러 가지 매체 자료와 글에서 단어의 의미를 파악하여 흥미를 느끼고, 읽기 습관을 기른다.	25

<기준: 2022 개정 특수교육 기본 교육과정 국어과>

둘째, 학생의 특성을 고려한 교수・학습을 실현할 수 있어요. 학교마다의 특성과 지역사회의 여건에 차이가 있어요. 학생들마다의 특성과 교육적 요구도 다르지요. 그러나 성취기준은 보편성을 바탕으로 개발되었기에 각각의 특성을 모두 반영하기에 어려움이 있어요. 성취기준 재구조화는 학습요소를 추가하거나 대체하는 방식 등으로 이와 같은 특성을 반영할 수 있습니다.

셋째, 시대적 변화에 대응하여 가르칠 수 있어요. 성취기준은 그 당시를 기준으로 개발되었기에 미래사회를 예측하였다 하더라도 내용이 시기적으로 맞지 않을 수 있어요. 이런 경우 성취기준 재구조화를 통해 시대적 변화에 적합한 내용으로 가르칠 수 있는 근거를 마련할 수 있어요.

넷째, 교사의 전문성을 발휘할 수 있어요. 교사는 자신의 철학과 역량, 가치를 실현하기 위해 항상 노력해요. 그러나 국가 교육과정을 근거로 해야 한다는 조건을 지켜야 하지요. 성취기준 재구조화는 교사가 교육과정 개발자로서 '내'가 맡은 학생들에게 가장 필요한 내용을, 가장 효과적인 수업으로 가르칠 수 있는 근거를 마련하는 데 활용될 수 있어요.

이외에 성취기준 재구조화가 필요한 이유는 무엇이 있을까요? 생각해 봅시다.

동쌤과 Step Up

성취기준 재구조화의 유형과 사례를 알아볼까요?

성취기준 재구조화 유형을 알아봅시다.

유형1. 성취기준을 연결하거나 학습요소 추가하기

유형2. 성취기준의 일부분을 덜어내거나 대체하기

유형3. 성취기준을 적극적으로 수정변형하여 최적화된 성취기준 구성하기

유형4. 성취기준의 내용을 압축하거나 분할하기

성취기준 재구조화 사례를 살펴보세요.[13]

유형	기존 성취기준		재구조화된 성취기준
연결하기	[4국01-03] 원인과 결과의 관계를 고려하며 듣고 말한다. [4국02-01] 문단과 글의 중심 생각을 파악한다.	▶	• 원인과 결과의 관계를 고려하여 문단과 글의 중심 생각을 파악하고 말한다.

유형	기존 성취기준		재구조화된 성취기준
대체하기	[2수05-01] 분류한 자료를 표로 나타내고, 표로 나타내면 편리한 점을 말할 수 있다.	▶	• 분류한 자료를 표로 나타내고, 표로 나타내었을 때, 쉽게 알 수 있는 점을 말할 수 있다.

유형	기존 성취기준		재구조화된 성취기준
수정변형	[4사01-02] 디지털 영상 지도 등을 활용하여 주요 지형지물들의 위치를 파악하고, 백지도에 다시 배치하는 활동을 통하여 마을 또는 고장의 실제 모습을 익힌다.	▶	• 디지털 영상 지도 등을 활용하여 우리 고장의 주요 지형지물의 위치를 파악하고 답사한 후 우리 동네 입체 지도를 제작하여 우리 고장을 아끼고 사랑하는 마음을 갖는다.

유형	기존 성취기준		재구조화된 성취기준
분할하기	[2수01-04] 하나의 수를 두 수로 분해하고 두 수를 하나의 수로 합성하는 활동을 통하여 수 감각을 기른다.	▶	• 하나의 수를 두 수로 분해하는 활동을 통하여 수 감각을 기른다. • 두 수를 하나의 수로 합성하는 활동을 통하여 수 감각을 기른다.

13) 옥진엽, 김진선, 김현우, 박미연, 백준호(2022). 수업의 폭과 깊이를 더하는 성취기준 재구조화. 서울: 하움출판사.

평가용어는 왜 알아야 할까요?

17일 (　　)월 (　　)일

2022 개정 교육과정은 이전 교육과정과 동일하게 학습의 향상과 학생의 성장을 지원하는 평가의 역할을 강조하고 있어요. 평가를 단순히 학습의 결과를 확인하기 위한 수단으로만 보는 것이 아니라 학습자의 배움을 촉진하는 역할과 기능을 부여한 것이라 할 수 있는 것이지요. 따라서 교육과정에서 강조하는 평가를 실현하기 위해 평가에 대한 이해뿐 아니라 평가를 계획하고 실행할 수 있는 평가에 대한 교사의 전문성이 더욱 강조될 수밖에 없어요. 이와 같은 흐름은 특수교육에서도 동일하다고 볼 수 있습니다.

오늘은 '평가용어'에 대해 알아보고자 해요.

평가용어는 교육과정이 개정될 때 계속적으로 변화해 왔어요. **동일한 용어가 다른 의미로 사용되기도 하고, 같은 의미를 다른 용어로 표현하기도 했어요.** 2015 개정 교육과정에서는 아래 그림과 같이 새로운 평가용어가 등장하고 세부적으로 구분되었어요.

	국가 교육과정	국가 교육과정에 따른 성취기준	개별 성취기준 달성 정도	단원별/영역별 성취기준 달성 정도
제 7차 교육과정에 근거한 평가기준 개발 연구	내용	성취기준	평가기준	
2007 개정 교육과정에 근거한 평가기준 개발 연구	중영역	성취기준	평가기준	
2009 개정 교육과정에 근거한 평가기준 개발 연구	교육과정 내용	성취기준	성취기준	성취수준
2015 개정 교육과정에 근거한 평가기준 개발 연구	**교육과정 성취기준**	**평가준거 성취기준**	**평가기준**	**성취수준**

[평가기준 관련 용어의 변화][14]

14) 한국교육과정평가원(2016). 2015 개정 교육과정에 따른 초·중학교 교과 평가 기준 개발 연구(총론).

그런데 **교육과정에서 사용하는 평가와 관련된 용어들은 공통 교육과정과 선택 중심 교육과정을 기준으로 도입되고, 의미와 개발 사례 또한 일반교육을 기준으로 기술되었어요.** 그래서 특수교육 공통 교육과정과 선택 중심 교육에 이를 적용할 때에는 무리 없이 사용할 수 있지만 '기본 교육과정'에 적용하고자 했을 때에는 잘 맞지 않는 부분이 생길 수 있어요.

예를 들어 2022 개정 교육과정 공통 교육과정 선택 중심 교육과정에서의 '성취기준'은 '각 교과(목)에서 학생들이 학습을 통해 성취하기를 기대하는 지식・이해, 과정・기능, 가치・태도의 능력과 특성을 진술한 것'을 의미하지만 기본 교육과정에서의 성취기준은 '경험해야 할 것'을 의미해요. 따라서 **특수교사는 공통 교육과정과 선택 중심 교육과정에서의 평가용어와 기본 교육과정에서의 평가용어를 모두 알아야 해요. 왜냐하면 앞서 설명한 바와 같이 어떤 교육과정을 운영하느냐에 따라 동일한 용어를 사용하지만 다른 의미로 이해**될 수 있기 때문이지요.

가령, 특수학교만 하더라도 기본 교육과정만 운영하는 것이 아니라 어떤 학교는 공통 교육과정, 선택 중심 교육과정, 기본 교육과정을 병행하여 운영하는 학교가 있어요. 그리고 일반학교 특수학급의 경우 특수학급에 배치된 학생이라 할지라도 기본 교육과정은 적용할 수 없어요. 즉 해당 학년군의 교육과정을 따라야 하므로 평가 또한 공통 교육과정, 선택 중심 교육과정을 기준으로 이루어질 거예요.

결국 특수교사는 각각의 교육과정에서 사용하는 용어와 그 의미를 명확하게 이해하고, 사용할 수 있어야 해요. 기본 교육과정에서 사용하는 용어와 의미를 공통 교육과정과 선택 중심 교육과정에 적용해보고자 한다면 맞지 않는 부분들이 있을 거예요. 반대의 경우도 마찬가지입니다.

2022 개정 교육과정이 적용되면서 평가의 주요 용어에도 변화가 있어요. 예를 들어 2015 개정 교육과정에서 사용되었던 '평가준거 성취기준'과 '평가 기준'이라는 용어는 삭제되었어요. 반면 '성취수준'이라는 용어는 '성취기준별 성취수준'과 '영역별 성취수준'으로 구분되었어요.(4일차 step up 참고)

공부할 내용이 많고 복잡하나 다양한 교육과정을 운영하고 지원해야 하는 특수교사의 역할을 생각하며 차근차근 공부해 보면 좋겠습니다.

동쌤과 Step Up

2022 개정 교육과정
성취기준별 성취수준은 어떤 모습일까요?

2022 개정 공통 교육과정 '국어과 듣기 · 말하기 영역'

성취기준	성취기준별 성취수준	
[6국01-01] 대화에서 생략된 내용을 추론하며 듣는다.	A	대화에서 들은 내용에 담긴 정보와 맥락을 적극적으로 활용하여 드러나지 않거나 생략된 내용을 적절하게 추론하며 들을 수 있다.
	B	대화에서 들은 내용에 담긴 정보와 맥락을 활용하여 드러나지 않거나 생략된 내용을 추론하며 들을 수 있다.
	C	대화에서 들은 내용에 담긴 정보와 맥락을 제한적으로 활용하여 드러나지 않거나 생략된 내용을 부분적으로 추론하며 듣는다.
[6국01-02] 주장을 파악하고 이유나 근거가 타당한지 평가하며 듣는다.	A	상대의 주장, 이유, 근거를 정확하게 파악하고, 이유나 근거가 주장을 타당하게 뒷받침하는지 적극적으로 평가하며 들을 수 있다.
	B	상대의 주장, 이유, 근거를 파악하고, 이유나 근거가 주장을 타당하게 뒷받침하는지 평가하며 들을 수 있다.
	C	상대의 주장, 이유, 근거를 제한적으로 파악하고, 이유나 근거를 부분적으로 평가하며 듣는다.
[6국01-03] 주제와 관련하여 궁금한 내용을 질문하며 적극적으로 듣고 말한다.	A	듣기 목적에 맞게 주제와 관련하여 궁금한 내용에 대해 분명한 표현으로 질문하며, 적극적으로 듣고 말할 수 있다.
	B	듣기 목적에 맞게 주제와 관련하여 궁금한 내용에 대해 질문하며, 적극적으로 듣고 말할 수 있다.
	C	주제와 관련하여 궁금한 내용에 대해 제한적으로 질문하며 듣고 말한다.

출처: 에듀넷티클리어(2024). 2022 개정 교육과정에 따른 초등학교 5~6학년군 성취수준

주제 중심 교육과정 재구성은 왜 하나요?

18일 (　　)월 (　　)일

수업을 보는 관점이 변화되고 있어요.

유네스코 '교육의 미래 2050' 보고서에 따르면, **교육 방식**은 협력과 공동 작업, 연대의 원칙을 기반으로 조직되어야 하고, **교육과정**은 학생들이 지식을 얻고 생성하는 동시에 이를 비판하고 활용할 역량을 기를 수 있도록 돕는 생태적, 다문화적, 다학제적 학습에 중점을 두어야 함을 제시하고 있어요. **교수 행위**는 교사들이 지식 생산자이자 교육 및 사회 변혁의 핵심 주체로 참여하는 공동의 노력으로서, 보다 전문화되어야 함을 강조하고 있답니다.

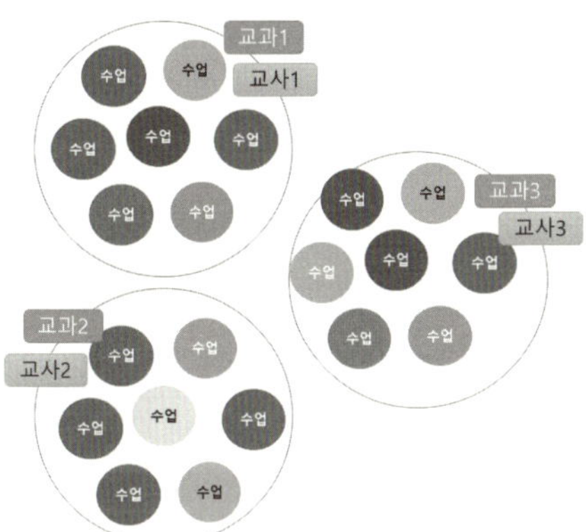

이러한 맥락을 이어받아, 2022 개정 교육과정에서는 교육과정 구성의 중점을 "교과 교육에서 깊이 있는 학습을 통해 역량을 함양할 수 있도록 교과 간 연계와 통합, 학생의 삶과 연계된 학습, 학습에 대한 성찰 등을 강화한다."로 명시하고 있어요. 즉, 교과별, 교사별로 수업을 계획하고 실행했던 전통적인 방식에서 교과 간, 교사 간 통합과 융합을 강조하는 수업 방식으로 변화하고 있는 것이지요.

주제 중심 교육과정 재구성은 각 교과에 흩어져 있는 동일한 내용의 요소들을 학생들의 삶과 연계하여 하나의 주제로 실을 꿰어 통합하고 융합하여 재구조화하는 방식이에요. 특히, 분절된 사고로 스스로 통합하여 사고하는 데 비교적 제한적인 장애학생들에게는 더 적합한 방식이며, 특수교육에서는 오랫동안 실행되어 왔던 교육 방식이기도 하지요.

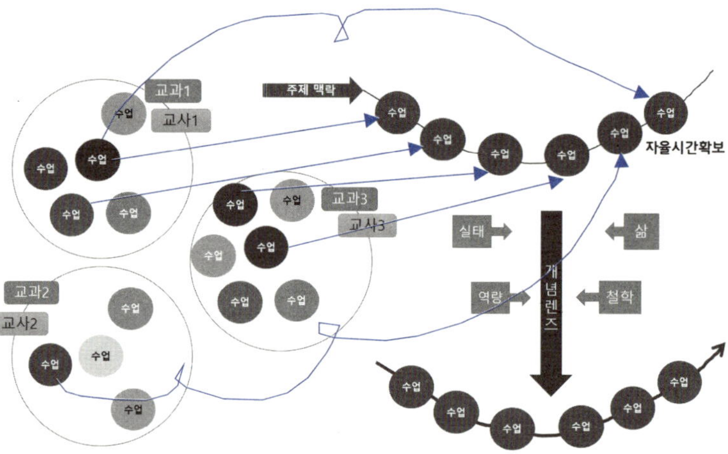

[주제 중심 수업 설계 과정]

이러한 교육적 흐름에 따라, 2022 개정 교육과정 모든 각론에 「교육과정 설계의 개요」가 신설되었어요. 주요 내용을 살펴보면, "각 교과의 내용 요소를 자유롭게 통합하여 학생의 생태학적 환경에 적합한 탈학문적 주제 중심 통합단원으로 재구성하여 운영할 수 있다. 또한 교육과정은 교사가 만들어가는 교육과정에 주안점을 두고 주어진 교육과정의 내용 요소를 학교 여건과 학생 요구 및 특성에 맞게 재구성하여 활용할 수 있도록 '내용 체계'를 설계하였다. 교과 내 단원 간, 교과 간 내용 연계 및 융합을 활성화하여 교수・학습 설계 및 평가를 계획하도록 한다." 이 내용은 5일에 학습한 성취기준 고유코드 번호 개발 이유와 일맥상통하므로 다시 살펴보아도 도움이 될 거예요.

구체적인 사례를 통해 주제 중심 교육과정 재구성의 장점을 살펴볼까요?

다음은 한 학기 동안 지도해야 할 국어, 수학, 과학, 사회 교과의 성취기준을 하나씩 추출한 것이에요(2022 특수교육 기본 교육과정).

[6국어01-03] 시간과 장소를 나타내는 낱말을 사용하여 경험한 일을 상대방에게 전달한다. [6수학05-03] 분류한 자료를 표로 나타낸다. [6과학04-03] 날씨에 영향을 미치는 여러 가지 기상 요소를 관찰하고, 우리 생활에 미치는 영향을 안다. [6사회03-05] 사람들이 지키는 생활 규범에 관심을 갖고 나의 일상 속에서 지킨다.

이 네 가지 성취기준을 분석하고 조망해서 주제 중심으로 교육과정을 재구성해 볼까요? 우선 학생들의 삶과 특성을 반영하여 주제를 선정하는 것이 가장 중요하겠지요? 주제를 선정할 때는 도구적인 성격을 가지는 국어, 수학 교과보다는 주제를 가지고 있는 과학과 사회 교과에서 추출하는 것이 용이하답니다. 다음으로 성취기준을 해석해서 주제가 될 만한 핵심 키워드를 뽑습니다. 제시된 성취기준에서 한번 뽑아 보시겠어요? 교사 교육과정이 교사마다 다르므로 정답은 없습니다. 저는 과학에서 '날씨', 사회에서 '생활 규범'을 뽑아 보았어요. 두 개의 키워드 중 하나를 선택해야 하는데, 이때 더 구체적인 단어를 선택하면 교수학습설계가 용이해요. 저는 '날씨'를 키워드로 선택한 다음 학생의 삶과 연계했을 때 '계절별 날씨'로 재구성하면 깊이 있는 학습에 도움이 될 것 같다는 결론을 내렸어요. 재구성한 내용 중 봄과 관련된 내용을 소개할게요.

[6국어01-03]시간이나 장소를 나타내는 낱말을 사용하여 경험한 일을 상대방에게 전달한다. (10)

[6수학05-02]분류한 자료를 표로 나타낸다. (10)

[6과학04-03]날씨에 영향을 미치는 여러가지 기상요소를 관찰하고 우리 생활에 미치는 영향을 안다. (10)

[6사회03-05]사람들이 지키는 생활 규범에 관심을 갖고 나의 일상 속에서 지킨다. (10)

↓ **3월 주제: 봄**

과학: 봄날씨에 영향을 미치는 요소와 우리 생활에 미치는 영향 조사하기 (2)

수학: 기온, 미세먼지 농도, 개화시기 기준으로 봄 분류 표 나타내기 (2)

사회: 환절기 봄날씨에 유의하여야 할 규칙을 알고 일상 속에서 지키기 (2)

국어: 시간이나 장소를 나타내는 낱말을 사용하여 가족 봄나들이 경험을 말하기 (2)

봄이 시작되는 3월에 3~4주쯤 수업을 시작해 볼게요. 우선, 과학 시간(2시간)에 봄 날씨에 영향을 미치는 요소와 우리 생활에 미치는 영향을 조사하며 학습해요. 과학 시간에 학습한 내용을 바탕으로 수학 시간(2시간)에는 봄의 기온, 미세먼지 농도, 개화 시기 등 봄 날씨에 영향을 미치는 요소와 우리 생활과 관련된 기준으로 봄 분류표를 나타내보아요. 이어 사회 시간(2시간)에는 환절기 봄 날씨에 유의하여야 할 규칙을 알고 일상 속에서 지키는 활동을 해봅니다. 마지막으로 배운 내용을 종합하여 국어 시간(2시간)에는 시간이나 장소를 나타내는 낱말을 사용하여 가족 봄나들이 경험 말하기 활동을 하게 됩니다. 이렇게 봄-여름-가을-겨울 동일한 루틴으로 수업이 계획(시즌 수업)되고 실행되는 거지요. 여기에서 적용한 수업 설계 방식은 시즌 수업과 과학-수학-사회-국어로 이어지는 릴레이 수업이에요. 이 부분은 30일에 더 자세히 배우도록 해요.

정리해 보면, 최초 한 개의 성취기준을 이수하고 경험하는 데 10시간이 소요된다고 본다면, 국어, 수학, 사회, 과학 교과 성취기준을 이수하고 경험하는 데 40시간이 소요된다고 할 수 있어요. 하지만 교과 간 주제 중심 교육과정 재구성 후 수업 시수는 봄 8시간, 여름 8시간, 가을 8시간, 겨울 8시간으로 총 32시간이 소요되며 8시간이 남게 되고, 이 8시간은 교사 자율시간으로 확보되어 학생들에게 꼭 필요한 활동을 추가하여 기획할 수 있게 되는 것이지요.

이상으로 살펴본 바와 같이 주제 중심 교육과정 재구성은 다음과 같은 장점이 있어요.

첫째, 잔여 시간 발생으로 교사 자율시간을 확보할 수 있어요. 이 부분은 정말 중요한 부분인데요. 우리가 13일에 배운 내용을 상기해 보아요. 2022 개정 교육과정, 특히 기본 교육과정에서는 교육과정 편성・운영에 자율성을 확대하였지요? 교과 시수 증감이 최대 50% 가능하게 되었어요. 교과 시수가 50% 줄더라도 교과 간 주제 중심 교육과정 재구성을 한다면 성취기준에 대한 부담은 줄일 수 있답니다.

둘째, 교과 간 연계와 통합으로 전 차시의 수업 내용이 다음 차시의 학습자료가 되므로 수업이 자연스럽게 이어지며 불필요한 설명을 반복해서 할 필요가 없게 되지요.

셋째, 주제를 학생의 삶에서 추출하므로 **삶과 연계된 학습**이 가능해져요.

넷째, 교사와 학생이 함께 만들어가는 수업으로 **역량을 함양하는 깊이 있는 학습**이 가능해져요.

한쌤과 Step Up

주제를 추출하는 방법을 알아볼까요?

성취기준 해석으로 주제 추출하기[15)]

성취기준 해석과 관련해서는 4일과 14일, 22일, 23일 학습 내용을 집중적으로 공부하시면 도움이 될 거예요. 지금은 성취기준 해석으로 주제를 추출하는 방법만 살펴볼게요. 동일 교과 내 단원 간이든 서로 다른 교과의 교과 간이든 방법은 같아요. 바로 성취기준 해석으로 공통성과 관련성을 분석하여 주제를 추출하는 방식이에요. 교과 간 방식은 18일 학습 내용에서 해보았으니 교과 내 단원 간 재구성을 위해 주제를 추출해 볼게요. 우선 한 학기 학습할 단원별 성취기준을 세로로 나열하여 조망하며 공통성과 관련성을 해석해요. 공통성과 관련된 키워드는 빨간색으로, 각 성취기준별 공통성과 관련된 하위 키워드는 파란색으로 표시해 보세요.

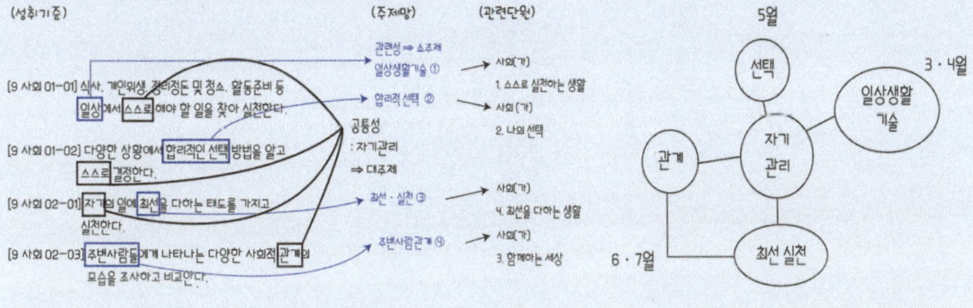

위에 제시된 4개의 성취기준에서 자기관리라는 공통성을 찾을 수 있겠지요? 다음으로 관련성을 가진 단어를 찾아보세요. 자기관리에서 일상생활기술, 합리적인 선택, 최선과 실천, 주변 사람과의 관계로 각 성취기준별로 하나의 키워드를 뽑아낼 수 있습니다. 그렇게 추출한 공통성과 관련성의 키워드를 활용하여 다음과 같이 주제망을 구성해요. 눈치채셨나요? 바로 공통성이 대주제, 관련성이 소주제로 구성된답니다. 다음 교수・학습 설계는 주제 중심으로 설계할 수 있겠지요?

15) 한경화 외(2020). 특수교사 수업을 요리하다! 설계편. 교육과학사.

학생들에게 꼭 필요한 주제를 선정한 후 교육 내용 구체화하기

학생의 장애 정도, 특성 등 실태를 반영하고 교사의 교육 철학을 담아 주제를 선정할 수 있어요. 아마도 일반적으로 교사들이 선호하는 방식이 아닐까 생각해요. 학생들에게 꼭 필요한 주제가 선정되면 관련 성취기준을 매칭하게 돼요. 다음 사례를 살펴볼게요.

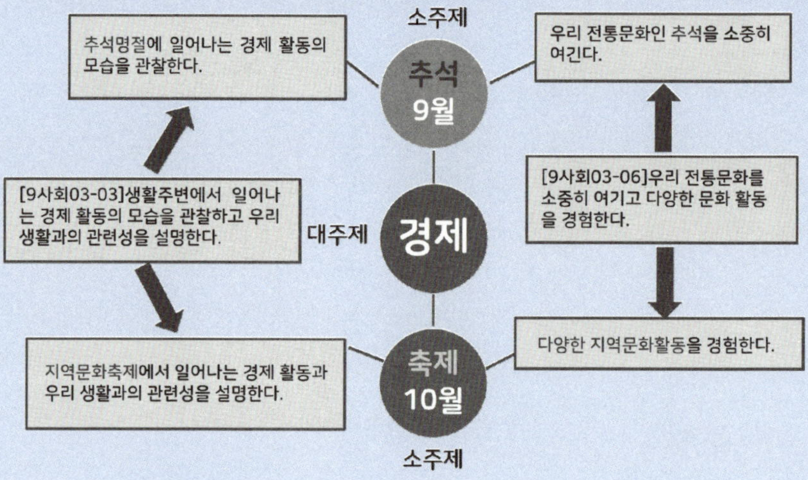

교사는 학생들에게 경제 개념과 경제 활동을 지도하기 위해 학생들의 삶과 연계하여 추석과 축제라는 소주제를 추출하였어요. 관련 성취기준을 추출하여 매칭한 후, 수업 내용을 구체화한 것을 알 수 있어요. '[9사회03-06] 우리 전통문화를 소중히 여기고 다양한 문화 활동을 경험한다.'는 9월에는 추석으로, 10월에는 다양한 지역 문화 활동으로 구체화된 것을 알 수 있어요. '[9사회03-03] 생활 주변에서 일어나는 경제활동의 모습을 관찰하고 우리 생활과의 관련성을 설명한다.'도 9월에는 추석명절의 경제활동, 10월에는 지역문화활동으로 구체화할 수 있답니다. 어때요? 여러분도 주제 중심으로 교육과정을 재구성할 수 있겠지요?

맥락과 수업 루틴은 왜 만들어요?

19일 (　　)월 (　　)일

맥락과 루틴이라는 단어를 들어 보셨나요?

맥락(脈絡)의 사전적 의미는 "사물 따위가 서로 이어져 있는 관계나 연관"이라고 해요. 수업 설계와 관련해서 "앎과 삶을 연결하여…"라는 말 많이 들어보셨죠? 바로 앎을 삶의 맥락으로 연결하여 학습하는 것을 의미해요.

맥락적 학습[16]이란 협력과 발전을 강조하고, 보다 실제적인 학생 참여 중심의 학습을 통해 구체적이고 직접적인 학습을 하는 관점을 의미해요. 수업의 형태로는 상황학습, 사례 기반 학습, 문제 기반 학습, 내러티브 기반 학습, 이야기 기반 학습 등이 포함되며, 학생과 학생, 교사와 학생이 상호작용하며 액션 러닝(행동을 통해 배우는 배움)으로 전개되는 수업을 말해요. 다소 거창한 이야기로 들릴지 모르겠지만 단순하게 해석해보면, 수업 내용은 실생활과 연계되고, 수업 방법은 학생과 학생, 교사와 학생과의 상호작용으로 전개되는 형태라 할 수 있어요. 평가 또한 이러한 연결선상에서 이루어져야 하겠죠. 즉, 수업은 단편적인 장면을 의미하는 것이 아니라 수업 내용-방법-평가가 맥락적으로 연결되어 전개되어야 한다고 보는 것이죠.

루틴(routine)의 사전적 의미는 "규칙적으로 하는 일의 통상적인 순서와 방법"이라고 해요. 유영식 선생님은 「수업 잘하는 교사는 루틴이 있다」[17]라는 책에서 수업 루틴을 강조하며 루틴을 만드는 방법을 소개해 주었어요. 수업 루틴이 있는 것과 없는 것을 한번 비교해볼까요? 우선, 루틴이 없는 수업은 수업과 수업 간에 주제가 끊어져 이어지지 않아요. 한 차시, 한 차시, 시간 때우기 바쁘다고 해서 '한 끼 때우기식 수업'이라 유영식 선생님은 표현하고 있어요. 그래서 외식과도 같죠. 매일 외식을 한다면 어떨까요? 저는 교사에서 장학사로 근무하면서 가장 아쉬웠던 부분이 바로 급식이 없다는 점이었어요. 매일 오늘 점심은 뭘 먹을까? 메뉴를

16) 앤드류, 헐, 디미스터(2013). 스토리텔링 수업 연구. 강현출판사.
17) 유영식(2021). 수업 잘하는 교사는 루틴이 있다. 테크빌교육.

고민해야 하는 것도 부담스러웠지만, 사 먹는 음식 자체가 질리더라고요. 오랫동안 여행을 할 때, 집밥이 그리워지는 경험을 한번씩 해보셨을 것 같아요. 반대로 루틴이 있는 수업은 집밥과 같이 질리지 않고, 일상 같은 수업을 의미하며, 주제가 이어지고 수업과 수업이 연계되는 맥락적 수업이라 할 수 있어요. 학교 식단표를 떠 올려볼까요?

루틴이 있는 것 VS 없는 것

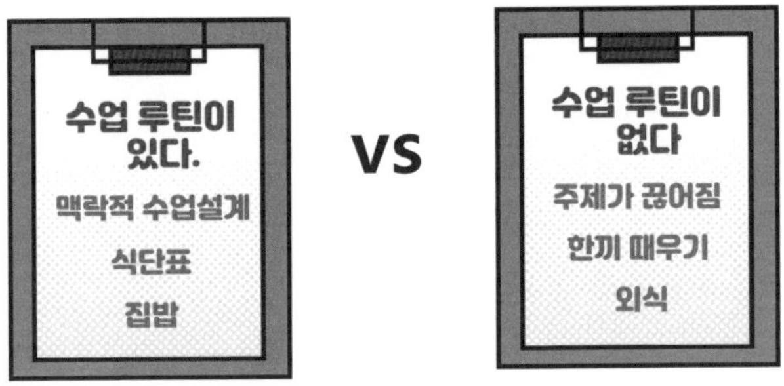

우리 학생들이 가장 궁금해하고 소중하게 생각하는 것, 바로 월별 식단표이지요? 식단표가 나오면, 출력해서 게시판에 붙여주기를 오매불망 기다리죠. 왜 그럴까요? 자신이 좋아하는 메뉴를 확인하고 그 메뉴가 나오는 날을 손꼽아 기다리죠. 루틴이 있는 수업도 식단표와 같아요. 학생들에게 수업 루틴을 만들어 주면, 예측 가능하기 때문에 학생들은 수업을 기다리게 돼요. 그 기다림은 수업이 다가올수록 설렘으로 발전하고 스스로 수업을 준비하도록 만들게 돼요. 실제로 맥락과 루틴이 있는 수업을 기획하고 실행해 보세요. 제가 경험한 것 그대로 선생님들도 경험하게 되실 거예요. 이제 수업에서 맥락과 루틴이 왜 중요한지 아셨나요?

그런데, 그거 아시나요? 모든 교사는 자신만의 수업 루틴을 가지고 있어요. 이제, 선생님 자신의 수업을 꼼꼼히 들여다보며, 그 루틴을 찾아서 체계적으로 실천해보세요.

한쌤과 Step Up

재구성카드 활용 안내

재구성 카드를 활용한 맥락과 루틴이 있는 수업 설계

특수교육 「교·수·평 일체화」를 위한 재구성 카드[18]로 맥락과 루틴이 있는 수업을 간편하게 설계할 수 있어요. 설계 방법은 QR 코드를 찍어 영상으로 확인해보세요. 아래 그림은 재구성 카드를 활용한 맥락과 루틴이 있는 한 학기 수업 설계도예요. 소주제는 대주제 맥락에서 추출되고 소주제 간은 위에서 아래로 월별 주제로 맥락이 연결돼요. 대주제 → 월별 소주제 → 매개체 → 핵심역량 → 수업방법 → 공유방법 → 평가 방법 → 형성평가가 동일한 패턴으로 연결되면서 수업루틴을 형성해요. 선생님들도 재구성 카드로 맥락과 루틴이 있는 수업설계에 도전해보세요. 반복과 시행착오는 선생님의 전문성을 향상시켜줄 거예요.

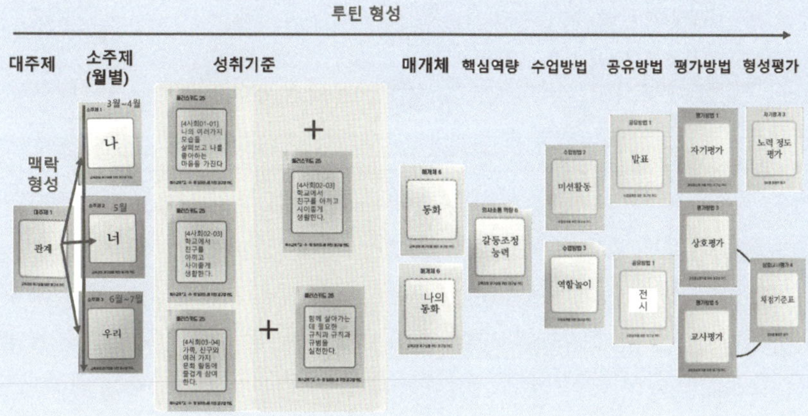

---

18) 한경화, 정명철(2023). 특수교육 「교·수·평 일체화」를 위한 재구성 카드. 교육과학사.

일상생활 활동이 왜 도입된 건가요?

20일 (　　)월 (　　)일

2022 개정 특수교육 교육과정 기본 교육과정에 일상생활 활동이 도입된 것은 교육과정의 혁신이라 할 수 있어요. 전통적으로 우리나라 교육과정은 초, 중, 고등학교, 특수학교 모두 교과(군)와 창의적인 체험활동 두 체계로 운영되어 왔어요. 이 체제를 흔드는 일상생활 활동의 도입은 쉽지 않았을 것이라 예상되죠. 일상생활 활동 도입은 특수교육의 특수성을 공식적으로 인정받았다는 의미도 있는 것 같아요.

<2022 개정 특수교육 기본 교육과정 초등학교 1~2학년 vs 2015 개정 특수교육 기본 교육과정 초등학교 3~6학년>[19]

교육과정 개정 시기		2022	2015	
구분		1~2학년	3~4학년	5~6학년
교과(군)	국어	국어 352 수학 204 바른 생활 116 슬기로운 생활 180 즐거운 생활 320	408	408
	사회		272	272
	수학		272	272
	과학/실과		238	340
	체육		204	204
	예술(음악/미술)		272	272
소계		1,172	1,666	1,768
창의적 체험활동		272	306	408
일상생활 활동		300	-	-
학년군별 총 수업 시간 수		1,744	1,972	2,176

일상생활 활동 교육과정은 의사소통, 자립생활, 신체활동, 여가활동, 생활적응(시각중복, 청각중복, 지체중복)으로 구성되어 있으며, 학년(군) 구분 없이 학생 장애 정도와 유형에 맞게 내용을 선택할 수 있지요. 학생 맞춤형, 기능 활동 중심의 모듈형 교육과정이라고 하고, 영역 간의 실제성과 통합성, 지속성을 추구해요.

여기서 질문 하나 할게요. 일상생활 활동 내용들은 그동안 특수교육에서 하지 않았던 새로운 내용일까요?

19) 경상남도교육청(2023). 경상남도 특수교육 교육과정 편성 · 운영 지침. p.19

답은 이미 알고 있지요? 멀리까지 갈 필요 없이 「2008 특수학교 교육과정」 내용을 살펴볼게요.

<2008 특수학교 교육과정-사회 교과 체계표 및 단계별 내용>

3. 내 용

가. 내용 체계

영역 \ 단계	Ⅰ 단 계	Ⅱ 단 계	Ⅲ 단 계
개인 생활	• 바른 생활 습관 기르기	• 내 일 스스로 하기	• 스스로 계획하고 실천하기
공동 생활	• 기본 예절과 규칙 지키기 • 가족과 이웃의 생활 모습 알기	• 예절과 규칙 지키기 • 우리 지역의 생활 모습 알기 • 나라 사랑하는 마음 갖기	• 사회 질서와 규칙 지키기 • 여러 지역의 생활 모습 알기 • 나라 사랑 실천하기
경제·문화 생활	• 물건 구입하기 • 절약 생활 실천하기 • 문화 활동 참여하기	• 화폐 사용하기 • 절약과 자원 재활용 실천하기 • 다양한 문화 활동과 이웃을 위한 활동하기	• 물건의 생산과 유통 과정 알기 • 바람직한 소비 절약 생활하기 • 여가 시간 활용하기

〈Ⅰ단계〉

1) 개인 생활

• 신변 문제는 스스로 처리하는 바른 생활 습관을 기른다.

가) 바른 생활 습관 기르기

(1) 식사 도구를 바르게 사용하여 바른 자세로 음식 먹기

(2) 화장실의 바른 사용법을 알고 용변 처리하기

(3) 스스로 몸 깨끗이 하기

(4) 몸이 불편하거나 아플 때 의사 표현하기

(5) 스스로 옷을 입고 벗어 정리하기

〈Ⅲ단계〉

1) 개인 생활

• 자신이 하는 일을 스스로 계획하고 실천하는 태도를 기른다.

가) 스스로 계획하고 실천하기

(1) 학교생활에 필요한 준비물 스스로 챙기기

(2) 내가 하는 활동에 필요한 준비 스스로 하기

(3) 학교와 가정에서 스스로 공부하는 습관 기르기

(4) 내가 해야 할 일을 계획하고 실천하기

<Ⅱ단계>

1) 개인 생활

• 자기의 할 일을 스스로 할 수 있다.

가) 내일 스스로 하기

(1) 스스로 학교 갈 준비하기

(2) 학교에서 내가 할 일 스스로 하기

(3) 가정에서 나의 일 스스로 하기

(4) 스스로 몸단장하고 깨끗이 유지하기

출처: 2008 특수학교 교육과정 「사회과」

어때요? 일상생활 활동의 자립생활과 유사하지 않나요? 2008 특수학교 교육과정까지만 해도 학년(군) 없이 학생의 장애 정도와 수준에 따라 Ⅰ, Ⅱ, Ⅲ 수준의 교육과정 내용을 선택하여 적용할 수 있었어요. 국어 교과 내용도 일상생활 활동의 의사소통과 유사한 내용이 많아요. 이후 2010(2011) 개정 특수교육 교육과정이 개정되면서 학년(군)이 도입되고 교육과정 내용과 성취기준의 수준이 상향 조정되었지요. 그럼, 이때부터 일상생활 활동 내용이 사라진 걸까요? 그런 것은 아니지요? 내용적인 측면에서 가장 유사한 교과를 찾으라면 아마도 선택과목 중 '재활 교과'라 할 수 있어요. 그리고 중도·중복장애 교육과정을 통해 창의적인 체험활동 시수 조정으로 지도할 수도 있었어요. 물론 교육과정에는 포함되어 있지 않지만, 발달장애 특수학교에서는 학생들이 등교해서부터 하교할 때까지 이러한 일상생활 활동들을 지속적으로 실행하고 있었다고 할 수 있죠.

그렇다면, 갑자기 2022 개정 특수교육 기본 교육과정에 일상생활 활동이 도입된 이유가 뭘까요? 물론, 학부모, 교사 등 현장의 지속적인 요구가 도입의 표면적인 배경이 되었겠지만, 자세히 살펴보면, 일상생활 지도가 교육과정에 포함되어 있지는 않지만, 실제 쉬는 시간부터 점심시간까지 학생이 학교에 머무르는 동안 교육과정의 연장선상에서 실행되어 왔어요. 특히, 특수학교의 중도・중복화가 심화되면서 학생 맞춤형 교육을 위해 공식적으로 교육과정에 포함될 필요가 있었던 것이지요. 결국, 일상생활 활동 도입으로 교과 시수가 줄어들면서 학생들에게 실제 필요한 교육 내용을 선정할 수 있어 가르칠 내용의 총량이 줄어들게 된 효과가 있다고 할 수 있어요.

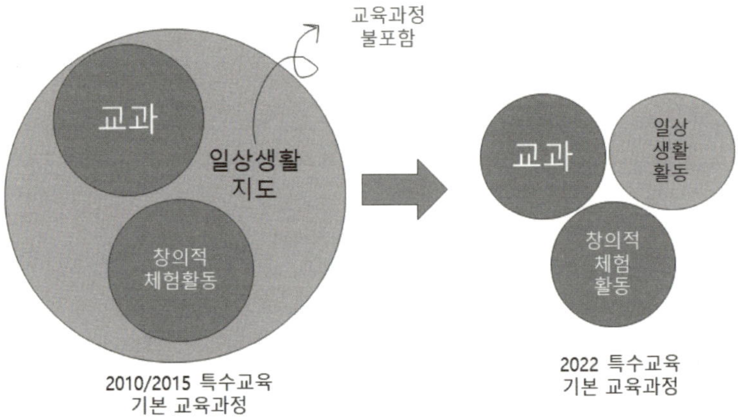

하지만, 이 부분에서 주의해야 할 사항이 있어요. 일상생활 활동을 잘못 편성・운영하게 되면 오히려 수업의 총량이 폭주할 수 있어요. 학교 구성원들이 학교 실태, 학생 실태 등을 분석하여 일상생활 활동의 시수와 편성할 영역을 선정하여야 해요.

가장 완벽한 것은 더 이상 더할 게 없는 것이 아니라
더 이상 뺄 것이 없는 것이기 때문이에요.

학교 차원에서 학교 교육과정을 설계하는 방법에 관한 연수를 체계적으로 받아 보는 것도 좋을 것 같아요. 2022 개정 교육과정이 완전히 적용되는 2027년 이전에 학교 교육과정의 체계를 잡아가는 것이 학생 맞춤형 교육과정 운영의 기반을 조성하는 지름길이 아닌가 생각해 봅니다.

한쌤과 Step Up

일상생활 활동 어떻게 운영하고 있나요?

우선 학교 특색 활동, 중점활동 등을 분석하여 일상생활 활동과 연계하여 학교 교육 내용의 총량을 줄여보세요.

예를 들어, 학교 특색 활동으로 아침마다 학교 둘레길 걷기를 한다면, 신체활동과 연계하여 운영할 수 있어요. 또, 학교 중점 활동으로 자연친화적 생태체험 프로그램이나 음악이 있는 학교 프로그램 등을 운영한다면 여가활동과 연계하여도 좋을 것 같아요.

일상생활 활동 주당 수업 시간 편성 어떻게 하셨나요?

일상생활 활동 영역과 시수는 학교급별로 동일할 필요는 없어요. 그리고 학교 중점 교육을 반영하여 학교 지정 영역과 교사 자율 영역을 다음과 같이 구분하여 운영할 수도 있어요. 운영 형태는 학교 규모, 학생 실태 등을 고려하여 학년(군)별 무학년제, 동학년별 무학년제, 반별 운영제(영역별 담당교사제/담임교사제) 등 다양하게 운영할 수 있어요.

구분	주당 수업 시간 편성					
학교급	초등학교		중학교		고등학교	
시간	4		5		5	
편성	학교 지정	자율	학교 지정	자율	학교 지정	자율
	3	1	3	2	3	2
	- 자립생활2 - 의사소통1	담임교사 또는 담당교사가 선택	- 자립생활2 - 의사소통1	담임교사 또는 담당교사가 선택	- 자립생활2 - 의사소통1	담임교사 또는 담당교사가 선택

3장
어떻게 해?

방법을 알면 답이 보인다!

'알아야 면장(面牆)을 하지'라는 말이 있다.
어떤 일이라도 그 일을 하려면
그것에 관련된 학식이나 실력을 갖추지 않으면
집의 정면에 쌓은 담벼락을 마주 대하고 선 것같이
앞이 내다보이지 않는다는 뜻이다.
담벼락 그 너머를 보기 위해 알아야 한다는 의미이다.
방법을 익히며 담벼락 너머의 해답을 찾아보자.

하루에 한 장 뜯어 먹는 교육과정 기초 다지기

21일, 교사 교육과정 어떻게 시작해요?

22일, 교과서 중심 재구성 어떻게 해요?

23일, 성취기준 분석은 어떻게 할까요?

24일, 성취기준 상세화는 어떻게 할까요?

25일, 성취기준별 성취수준은 어떻게 만들까요?

26일, 평가계획은 어떻게 수립할까요?

27일, 교과교육 평가와 개별화교육 평가를 어떻게 바라봐야 할까요?

28일, 다학년의 학생 대상 교사 교육과정은 어떻게 설계하나요?

29일, 다수준의 학생 대상 교사 교육과정은 어떻게 설계하나요?

30일, 시즌 수업과 릴레이 수업은 어떻게 기획하나요?

교사 교육과정 어떻게 시작해요?

21일 (　　)월 (　　)일

최근에 교사 교육과정이 교육 현장에 Hot Issue지요? 김현우 선생님은 「교사 교육과정을 DIY하라」[20]에서 교사 교육과정은 아이들이 살아갈 집을 설계하고 인테리어하는 일과 유사하다고 하였어요. 편안하고 따뜻한 교사 교육과정을 설계하기 위해서는 우선 평평하고 단단한 국가 교육과정 터 위에 지역 교육과정이라는 벽과 지붕을 올리고, 교육공동체의 협의를 통해 만들어지는 학교 교육과정에 의해 집 내부 공간이 나누어지게 되죠. 학교 교육과정을 통해 나누어진 공간을 따뜻하고 아늑한 공간으로 꾸미는 작업이 바로 교사 교육과정이에요. 만약, 땅이 경사졌거나 지반이 약하여 곧 내려앉을 것 같다면 어떻게 될까요? 바람이 불면 쉽게 무너지는 벽과 날아가 버리는 지붕이면 어떻게 될까요? 튼튼하고 아늑한 교사 교육과정이 만들어지기 위해서는 국가 교육과정과 지역 교육과정에 대한 문해력을 바탕으로 한 기초작업이 선행되어야 해요. 그러므로 **교사 교육과정은 바로 교육과정 문해력으로 시작된다고 할 수 있어요.**

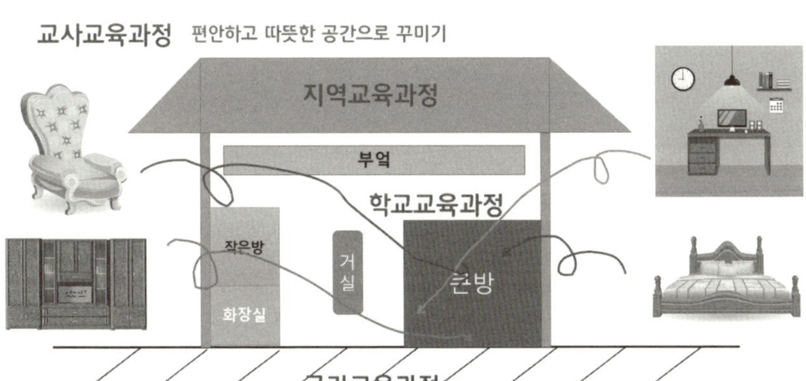

자칫 기초공사를 제대로 하지 않아 내 맘대로 교육과정이 설계되지 않도록 유의하여야 해요. 기초를 튼튼하게 다졌다면, 교육공동체와 함께 학교 교육과정을 만

20) 김현우(2020). 교사 교육과정을 DIY하라. 하움출판사.

들어야 하겠지요? 우리 학교 여건, 학생 실태, 교육 중점, 특색 활동 등을 반영하여 큰방, 작은방, 거실 창 방향, 부엌 위치, 화장실 개수 등 공간이 나누어지게 되죠. 교사 교육과정은 학교 교육과정과 연계될 때 비로소 완성된다고 봐요. 이제 이 집의 주인공인 학생과 교사가 생활할 공간을 꾸며야 할 차례가 된 것 같아요.

앎과 삶이 어우러진 편안한 공간으로 꾸미고 싶다면, 먼저 설계도나 배치도를 그려 보세요. 큰 그림을 먼저 그려야 맥락 안에서 학생들을 성장시킬 수 있어요. **교사 교육과정은 장면이 아니라 맥락으로 이해하셔야 해요.** 그러기 위해서는 지금, 여기, 우리를 기억하세요.

지금, 현재 학생들에게 꼭 필요한 내용인가? **여기,** 우리 반 학생들이 생활하는 Boundary 안에서 활용하고 실천 가능한 내용인가? **우리,** 우리 학생들 수준에 적정한 내용인가? 학습량의 적정화와 깊이 있는 학습이 가능해지려면 「지금, 여기, 우리」에 대한 질문을 통해 1년 혹은 한 학기 교육 내용에 대한 큰 그림을 그리는 작업이 무엇보다 중요해요.

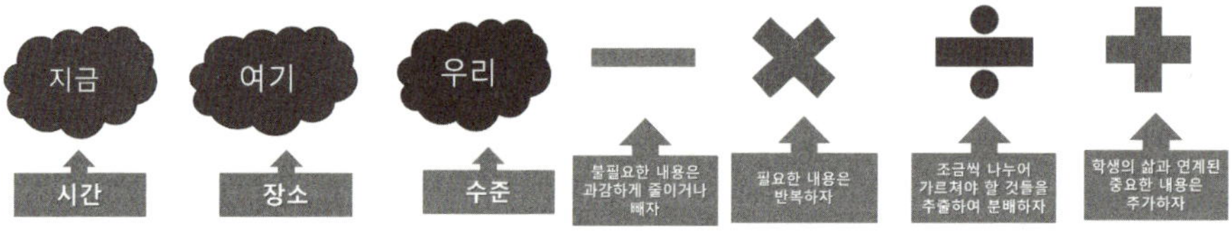

다음으로 큰 그림을 구체적으로 그리기 시작할 때는 —, +, ×, ÷를 기억하세요. 한 학기 또는 1년 동안 배울 내용을 나열한 후, 첫째, 「지금, 여기, 우리」의 관점에서 '—' 불필요한 내용은 과감하게 줄이거나 빼셔야 해요. 단, 성취기준의 내용 요소를 유지하는 범위 내에서 작업하셔야 해요. 둘째, 「지금, 여기, 우리」의 관점에서 '×' 필요한 내용은 추출하여 반복할 수 있도록 구성해요. 셋째, 「지금, 여기, 우리」의 관점에서 '÷' 조금씩 나누어 가르칠 필요가 있는 내용은 추출하여 분배하도록 해요. 넷째, 「지금, 여기, 우리」의 관점에서 '÷' 교육과정에는 없지만 학생의 삶과 연계한 중요한 내용은 추가하도록 해요.

한쌤과 Step Up

교사 교육과정 머리로는 알겠는데 뭐부터 해야 할지 모르겠지요?

첫술에 배부를 수는 없지요? 차근차근 역량을 키워보세요.

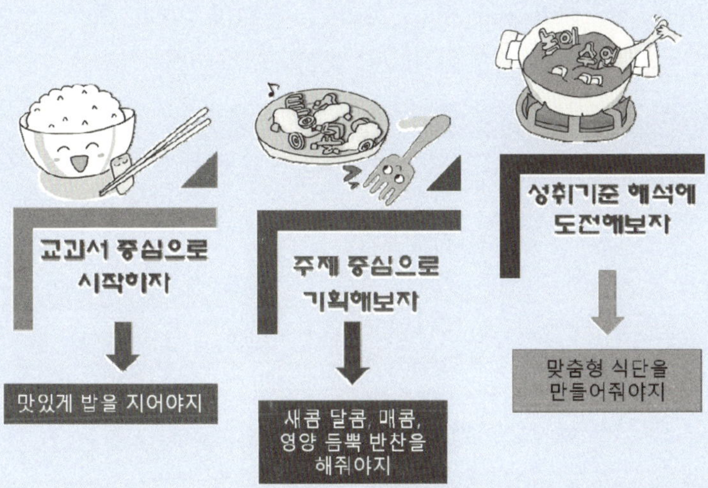

성취기준의 의미나 분석 방법, 재구조화 방법 등은 배워도 막상 어디서부터 어떻게 시작해야 할지 막막하지요? 당연한 현상이니 너무 실망하지 마세요. 처음에는 전문가들이 전국 공통으로 만들어 놓은 교과서를 활용(22일 학습 내용)해서 교사 교육과정을 구성해보세요. 학생들에게 맛있는 밥부터 지어주자는 각오로요. 밥을 잘 짓기 위해 다양한 시도를 하다 보면, 새콤, 달콤, 매콤, 영양 듬뿍 반찬을 만들어 주고 싶을 때가 와요. 그때 바로 성취기준 분석으로 가시면 장벽에 부딪힐 가능성이 높아요. 왜냐고요? 교육 내용 자체를 교사가 개발해야 하는 건가? 하는 부담이 생길 수 있기 때문이에요. 그러니, 주제 중심 교육과정 재구성(18일, 30일 학습 내용)을 통해 성취기준을 요리하는 역량을 키워보세요. 마지막으로 성취기준 해석만으로 학생 맞춤형 식단을 완성해보세요.

교과서 중심 재구성은 어떻게 해요?

22일 (　　)월 (　　)일

교과서 중심 재구성 방법에 대해 알아볼까요? 일단 최대 장점은 가르칠 내용이 차시별로 제시되어 있다는 것이겠지요? 창조는 모방에서 시작되므로 기본적인 틀에서 변형하기는 그리 어렵지 않아 보이는 것 같아요.

가장 간단한 방법을 먼저 소개해 드리면, 교과서 내용으로 주제를 선정한 후 가르쳐야 할 내용을 재구조화하는 방법이에요.

지난 11일에 학습했던 개념 기반 교육과정과 연관이 있어요. 혹시 기억이 가물가물하면 한 번 더 복습하고 진도 나가도 될 것 같아요.

단원명	단원의 목표	차시	학습 주제
중학 ㉮-1 1. 스스로 실천하는 생활	1) 정리하는 생활	1~2/13	가족이 다 함께 집 안 정리를 합니다.
		3/13	내 방 정리는 내가 합니다.
		4~5/13	여럿이 사용하는 장소는 활동 후 함께 정리합니다.
	2) 깨끗한 생활	6~7/13	깨끗한 생활 습관은 가족의 건강을 지킵니다.
		8~9/13	모두의 건강을 위해 깨끗한 학교생활을 합니다.
	3) 즐거운 식사	10/13	가족과 함께 하는 식사 시간은 언제나 즐겁습니다.
		11/13	학교에서 친구들과 즐겁게 식사를 합니다.
		12~13/13	즐거운 식사를 위해 식사 예절을 지킵니다.
		+1	흥미로운 이야기 및 단원 정리하기
		+3	부록 활동(나의 자율성 점수는 얼마일까?)

옆에 제시된 표는 2015 특수교육 교육과정 기본 교육과정 중학교 [사회], 「가-1. 스스로 실천하는 생활」 단원 지도서에 제시된 차시 계획이에요.

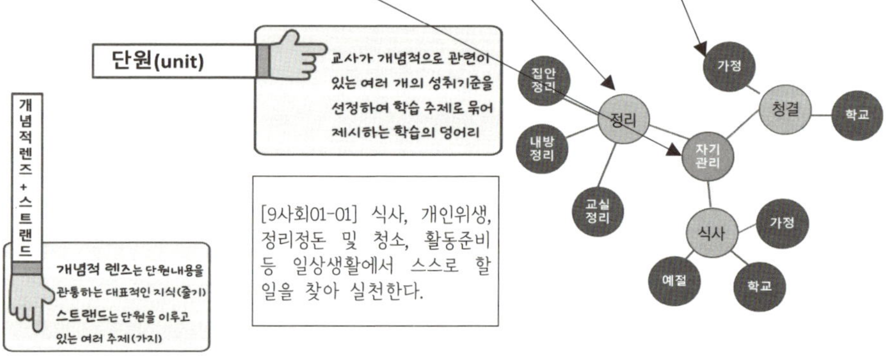

1단계, 단원명을 대주제(unit)로 선정해요.

2단계, 성취기준의 내용요소를 중심으로 학생 실태, 교사 철학 등을 반영하여 개념적

렌즈로 작동시켜 대표적인 스트랜드를 조직해요. 소주제에 해당되겠죠.

3단계, 차시 내용을 분석해서 스트랜드 가지를 만들어요. 즉, 소주제별 하위 내용을 매칭해요. 이때, 개념적 렌즈에 따라 더하기, 빼기 등을 해요.

4단계, 마인드맵이 완성되면 차시별 지도 내용을 재조직하여 정리해요.

앞의 그림을 함께 보며 문장을 읽으면 이해가 쉬울 거예요.

두 번째는 21일에 배운 내용을 본격적으로 적용해보는 방법이에요.

1단계, 교과서 차시를 한 표로 정리한 후, 성취기준을 매칭해요. 성취기준의 내용요소를 반드시 확인하고 다음 단계를 진행하셔야 누락이 없어요.

2단계, 성취기준 내용요소와 지금, 여기, 우리의 관점에서 차시 내용 다이어트(▬, 빼기)를 해요. 불필요한 내용을 생략하는 것뿐 아니라 시수 조정도 해요.

3단계, 타 교과와 연계하여 주제 중심으로 기획할 경우에는 주제를 담고 있는 매개체를 선정하면 연계가 용이해요. 다음 사례에서는 과학과 진로와 직업 과목의 내용요소를 담고 있는 '음식 조리하기'를 선정하였어요. 교과 간 연계를 하지 않을 경우 이 단계는 생략해도 좋지만, 주제를 담고 있는 매개체 선정은 추천드려요.

4단계, 연계 교과의 성취기준의 내용요소를 확인해요.

5단계, 학생들의 삶을 담아 새로운 내용을 추가(✚)하거나 반복할 내용(✖)을 추출해요. 아래 그림과 구조도를 보며 단계를 이해해보세요.

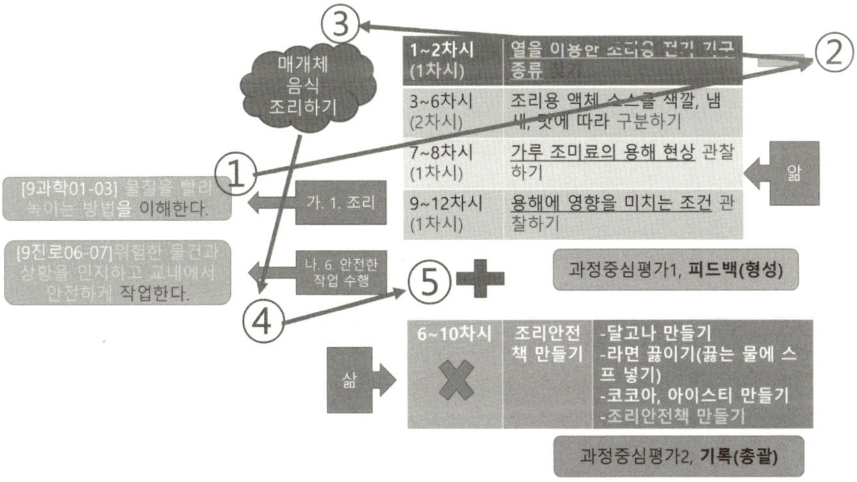

한 가지 Tip을 더 드리면, 수업의 맥락을 이어주는 결과물을 선정하시면, 수업 내용과 연계하여 평가하기가 용이해요. 위 사례에서는 조리안전책 만들기를 결과물로 선정하고 수업 내용을 담아 기록하고 있어요. 수업을 진행하는 동안 조리안전책을 만들며 피드백하고 최종 결과물로 총괄평가를 진행하면 과정중심평가 설계가 연결되어 학생의 성장을 파악할 수 있겠지요?

교과서 중심 수업 계획과 교과서 중심 재구성 수업 계획을 한번 비교해볼까요?
함께 학습한 내용을 토대로 선생님의 생각을 정리해 보세요.

전

[9과학01-03] 물질을 빨리 녹이는 방법을 이해한다. ← 가.1. 조리

1~2차시	열을 이용한 조리용 전기 기구 종류 찾기
3~6차시	조리용 액체 소스를 색깔, 냄새, 맛에 따라 구분하기
7~8차시	가루 조미료의 용해 현상 관찰하기
9~12차시	용해에 영향을 미치는 조건 관찰하기

후

[9과학01-03] 물질을 빨리 녹이는 방법을 이해한다. ← 가.1. 조리

[9진로06-07]위험한 물건과 상황을 인지하고 교내에서 안전하게 작업한다. ← 나. 6. 안전한 작업 수행

1차시	열을 이용한 조리용 전기 기구 종류 찾기	
2~3차시	조리용 액체 소스를 색깔, 냄새, 맛에 따라 구분하기	
4차시	가루 조미료의 용해 현상 관찰하기	
5차시	용해에 영향을 미치는 조건 관찰하기	
6~10 차시	조리 안전책 만들기	- 달고나 만들기 - 라면 끓이기(끓는 물에 스프 넣기) - 코코아, 아이티 만들기 - 조리안전책 만들기

생각 정리하기

한쌤과 Step Up

도전! 교과서 중심 교육과정 재구성하기

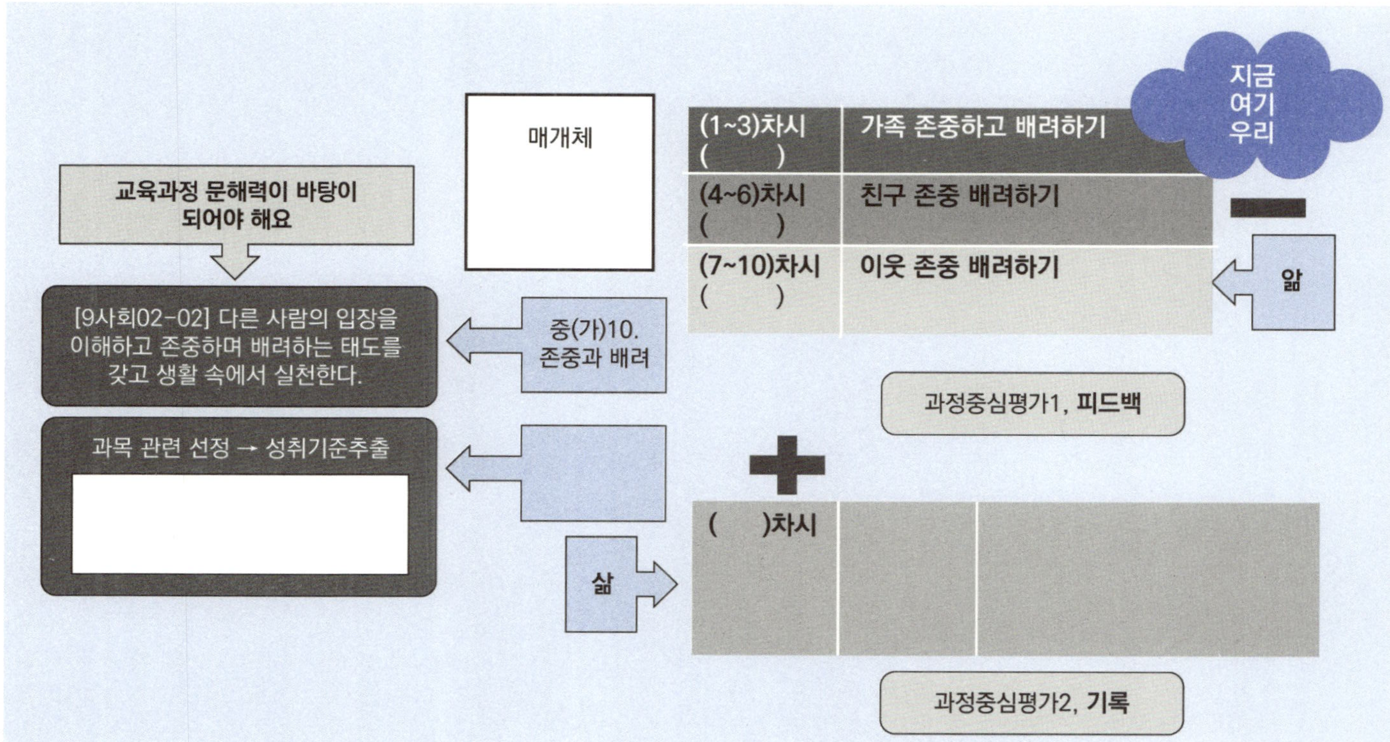

성취기준 분석은 **어떻게** 할까요?

23일 ( )월 ( )일

2022 개정 교육과정에서는 교육과정의 최종 실천자이자 교육과정 개발자・설계자로서 교사의 교육과정 전문성을 강조하고 있어요. 교사의 교육과정 전문성은 교육과정에 대한 지식과 함께 성취기준을 분석하여 상황에 적절하게 교수・학습을 설계하고 실행, 평가할 수 있는 교육과정 문해력이 매우 중요하다고 말할 수 있어요.

오늘은 교사의 교육과정 문해력 개발에 기초가 되는 성취기준 분석 방법에 대해 알아보겠습니다.

성취기준 분석을 위해서는 먼저, **교과 교육과정을 꼼꼼하게 읽어보고 이해하는 것이 필요해요.** 2022 개정 교육과정에는「교육과정 설계의 개요」가 포함되었는데요, 교과 교육과정의 설계 방향, 총론과의 연계성, 교육과정 구성 요소 간의 관계, 교과 역량 등이 설명되어 있어 교과 교육과정에 대한 이해를 높이는 데 도움을 줄 수 있어요.

교과 교육과정에 대한 이해는 매우 중요합니다. 왜냐하면 해당 교과에서 무엇을 지향하고 강조하는지 파악하고 있을 때 교과의 특성이 드러나도록 교수・학습 계획을 설계할 수 있기 때문이지요. 예를 들어 '마트 체험'을 주제로 교수・학습 계획을 수립한다고 할 때 동일한 주제라 할지라도 국어, 사회, 수학 교과에서의 학습 목표와 평가 기준, 평가 과제, 수업 활동이 달라질 거예요.

왜냐하면 교과의 특성이 다르기 때문이지요. 그리고 그것은 다양한 교육적 경험 측면에서 다양성을 확보하고 제공하는 중요한 기준이 될 수 있어요. 따라서 교과 교육과정에 대한 이해를 높이는 것이 필요합니다.

둘째, 교과 교육과정의 내용 체계표를 파악해요. 성취기준은 교과 영역 내용 체계표의 지식・이해, 과정・지식, 가치・태도 범주의 내용 요소를 조합하는 방식으로 만들어졌어요. 또한 내용 체계표는 학년군별 범주에 대한 내용 요소들이 모여 있기 때문에 교과의 전반적인 내용을 조망할 수 있지요. 그래서 내용 체계표의 내용을 파악하고 있다면 성취기준 분석을 보다 쉽게 할 수 있습니다.

셋째, 성취기준의 내용 요소를 분석해요. 성취기준을 분석한다는 것은 가르쳐야 하는 내용과 평가해야 하는 내용인 '지식 · 이해, 과정 · 지식, 가치 · 태도'를 파악하는 것이에요. 앞서 말씀드린 것처럼 성취기준은 내용 체계표의 내용 요소를 조합하는 방식으로 만들어졌어요.

아래는 2022 개정 공통 교육과정 과학과 '물질'영역 성취기준 개발 방식 예시예요. 지식 · 이해와 과정 · 기능 범주의 내용 요소를 조합하여 성취기준을 개발한 것이지요. 즉 성취기준은 성취기준이 포함하고 있는 '지식 · 이해, 과정 · 지식, 가치 · 태도'를 분석하여 가르치고 평가할 내용을 파악하는 과정이라고 볼 수 있어요.

〈성취기준 개발 방식 예시〉

지식 · 이해: 물질의 세 가지 상태 +
과정 · 기능: 관찰, 측정, 분류, 예상, 추리 등을 통해 자료를 수집하고 비교 · 분석하기
=> [4과05-02] 물질의 세 가지 상태인 고체, 액체, 기체의 성질을 관찰하여 비교할 수 있다.

다음 예시는 2022 개정 특수교육 기본 교육과정 국어과 '듣기 · 말하기' 영역의 성취기준을 분석한 예시입니다. 내용 요소를 분석하여 정리하면 해당 성취기준에서 교사가 어떤 것에 초점을 두고 가르치고 평가해야 하는지 명확하게 확인할 수 있어요. 그러면 성취기준 내용 요소를 상세화할 때에도 무엇에 초점을 둘지 명확해지기 때문에 성취기준과의 관련성을 더욱 강화할 수 있습니다.

여기에서 주의 깊게 보아야 할 부분이 있어요. 성취기준마다 포함하고 있는 범주가 다르다는 것입니다. 즉 모든 성취기준이 동일한 범주의 내용 요소를 포함하고 있는 것이 아니기 때문에 어떤 범주를 포함하고 있는지에 따라 교수 · 학습의 설계에서 강조할 부분이 달라질 수 있습니다.

가령, [2국어01-04]에서는 '가치 · 태도'의 내용 요소가 포함되어 있어요. 따라서 교수 · 학습 설계 과정에서 교사는 '자발적인 의사표현'을 할 수 있는 활동을 구

성하여 성취기준이 제시한 '가치 · 태도'를 학생이 함양할 수 있도록 교수 · 학습 설계에 반영할 수 있어야 해요.

<성취기준 분석 예시>

영역	성취기준	내용 요소		
		지식 · 이해	과정 · 기능	가치 · 태도
듣기 · 말하기	[2국어01-01] 여러 가지 소리의 의미를 이해하고 구별한다.	• 여러 가지 소리	• 소리 듣고 구별하기	
	[2국어01-02] 표정과 몸짓의 의미를 이해하고, 표정과 몸짓으로 감정이나 요구를 표현한다.	• 표정과 몸짓	• 표정과 몸짓으로 의사 표현하기	
	[2국어01-03] 다양한 방법으로 의사소통을 시도한다.	• 의사소통 의도	• 말소리, 상징, 보완대체의사소통 기기로 의사 표현하기	
	[2국어01-04] 의사소통에 자발적이고 적극적으로 참여한다.			• 자발적인 의사 표현

마지막으로, 성취기준 분석은 공동체가 함께 연구하는 것이 필요합니다. 성취기준에 따라 어떤 성취기준은 내용 요소가 쉽게 보이는가 하면, 어떤 성취기준은 내용 요소가 명확하게 보이지 않는 경우도 있어요. 때에 따라서는 동일한 성취기준인데 교사마다 분석한 내용 요소가 다를 수 있어요.

따라서 성취기준을 분석할 때에는 교사 혼자서 실행하는 것보다 전문적 학습공동체와 같은 집단 사고를 바탕으로 성취기준을 분석하는 것이 필요해요. 그러면 그것의 신뢰도 또한 높아질 것입니다.

굉장히 많아 보이고 어려울 것 같지만 실제로 해보면 그렇지 않아요. 공동체가 함께 분석하면 더 쉽게, 더 빨리 분석해 낼 수 있어요. 그럼 시작해 볼까요?

동쌤과 Step Up

도전! 성취기준 분석하기

성취기준 분석을 실습해 봅시다.

여러 선생님들이 모여서 같은 성취기준을 분석해 보세요. 성취기준을 분석하는 과정을 통해 교사가 어떤 것을 가르치고 평가해야 할지 명확해지는 것을 경험할 수 있어요.

한편, 어떤 성취기준은 쉽게 분석이 되지만 어떤 성취기준은 공동체 안에서의 협의가 필요할 것입니다.

교과명: 기본 교육과정 국어

영역	성취기준	내용 요소		
		지식・이해	과정・기능	가치・태도
읽기	[2국어02-01] 점, 선, 면으로 구성된 여러 가지 형태를 탐색한다.			
	[2국어02-02] 글자의 기초가 되는 여러 가지 모양을 변별한다.			
	[2국어02-03] 일상생활에서 자주 볼 수 있는 실물, 그림, 상징, 기호에 관심을 가진다.			
	[2국어02-04] 실물, 그림, 상징이 소리로 표현되는 것을 알고, 읽는 활동에 관심을 가진다.			

성취기준 상세화는 어떻게 할까요?

24일 (　　)월 (　　)일

성취기준 분석을 통해 가르치고 평가해야 할 내용 요소를 명확하게 파악할 수 있어요. 그러나 성취기준을 분석한 것만으로는 교수・학습 설계를 위한 구체적인 학습 내용을 파악하기에는 어려움이 있어요.

성취기준 상세화는 교사가 성취기준에 기반하여 구체적인 내용을 선정하여 교수・학습을 설계할 때 도움을 줄 수 있어요.

오늘은 어떻게 성취기준을 상세화할 수 있는지 알아보겠습니다.

성취기준을 상세화할 때 주의할 점이 있어요. 기본 교육과정의 경우 성취기준의 성격이 경험해야 할 것을 의미합니다. 따라서 교과 교육과정을 운영하는 교사가 학생의 장애 특성과 수준, 교육적 요구, 학급과 학교 특성, 지역사회 여건 등을 반영하여 적극적으로 성취기준을 상세화하여 학생 맞춤형으로 교수・학습을 설계하는 것이 필요해요.

그러나 공통 교육과정과 선택 중심 교육과정의 성취기준은 도달해야 할 기준이기 때문에 도달해야 할 목표와 기준이 명확하다고 볼 수 있어요. 때문에 교사가 임의로 학습 내용을 상세화하기보다 교과 또는 학년 협의회와 같은 공동체를 통해 결정하는 것이 바람직하다고 말할 수 있어요. 본 교재에서는 기본 교육과정을 기준으로 말씀드릴게요.

2022 개정 특수교육 기본 교육과정의 교과 교육과정에는 「성취기준 해설」이 포함되어 있습니다. 성취기준 해설에서는 해당 성취기준의 학습 내용, 교수・학습 및 평가 방식 등 교사의 자율성을 제한하지 않는 범위에서 개발 방향을 제시하고 있어서 성취기준을 상세화할 때 활용할 수 있어요. 성취기준 상세화 과정은 다음과 같아요.

첫째, 성취기준을 확인하고 **범주별 내용 요소를 분석**해요(22일 내용 참고).

둘째, 성취기준에 대한 **성취기준 해설에서 제시된 학습 내용을 확인**해요.

<성취기준 해설>

[6사회03-02] 이 성취기준은 가족 또는 이웃에서 지역의 경제생활로 범위를 확대하여 사람들이 속한 지리적 공간과 경제활동이 상호 의존적으로 관계되어 있음을 살펴볼 수 있도록 설정하였다. **다양한 경제활동 관찰하기, 우리 지역 특산품 조사하기, 지역사회 상점에서 물건 사기, 지역 특성에 따른 직업 조사하기, 우리 지역의 경제생활 경험하기, 화폐 활용하기 등의 내용**을 다룬다. 내가 사는 지역의 다양한 삶의 공간에서 이루어지는 실제적인 사례나 경험을 제공하여 지역의 경제활동 모습에 관심을 가지도록 한다.

셋째, 성취기준 해설에 제시된 학습 내용에 대해 **우리 학급의 특성과 교육적 요구, 학교와 지역사회 특성, 학교 교육 목표 또는 중점, 특색 활동 등을 반영하여 상세화**해요.

다음 그림은 성취기준을 상세화한 예시예요. 먼저 성취기준을 확인하고 범주별 내용 요소를 분석했어요. 만약 내용 요소가 명확하게 보이지 않는다면 내용 체계표를 비교해 가면서 분석해 보세요.

내용 요소를 분석한 이후 성취기준 해설에 제시된 학습 내용을 예시와 같이 정리해요. 본 예시에서는 다양한 경제활동 관찰하기, 우리 지역 특산품 조사하기, 지역사회 상점에서 물건 사기 등이 학습 내용으로 제시되었어요. 마지막으로 각각의 학습 내용에 대해 상세화합니다.

본 예시에서는 '지역적 특성'을 반영하여 상세화했어요. 예를 들어 '지역사회 상점에서 물건 사기'에 대한 학습 내용을 '나주'라는 지역적 특성을 반영하여 '편의점, 재래시장, 대형마트'로 상세화했어요.

여기에서 유의해야 할 점은 상세화한 학습 내용이 성취기준에 적합한지 검증하는 과정이 필요하다는 것입니다. 예시를 살펴보면 상세화한 학습 내용이 성취기준의 내용 요소에 충분히 포함될 수 있다는 것을 확인할 수 있어요.

[6사회03-02] 이 성취기준은 가족 또는 이웃에서 지역의 경제생활로 범위를 확대하여 사람들이 속한 지리적 공간과 경제활동이 상호 의존적으로 관계되어 있음을 살펴볼 수 있도록 설정하였다. 다양한 경제활동 관찰하기, 우리 지역 특산품 조사하기, 지역사회 상점에서 물건 사기, 지역 특성에 따른 직업 조사하기, 우리 지역의 경제생활 경험하기, 화폐 활용하기 등의 내용을 다룬다. 내가 사는 지역의 다양한 삶의 공간에서 이루어지는 실제적인 사례나 경험을 제공하여 지역의 경제활동 모습에 관심을 가지도록 한다.

성취 기준	[6사회03-02] 우리 지역의 사람들이 다양한 경제활동에 참여하는 것을 살펴보며 우리 지역의 경제활동에 관심을 가진다.		
내용 요소	지식 · 이해	과정 · 기능	가치 · 태도
	• 우리 지역 사람들의 경제생활	• 우리 지역의 경제생활 모습 살펴보기	• 우리 지역의 경제활동에 관한 관심
	학습 내용		
성취 기준 분석	• 다양한 경제활동 관찰하기	• 우리 지역 특산품 조사하기	• 지역사회 상점에서 물건 사기
	• '나주'지역 경제활동 • '전남'지역 경제활동	• '나주'지역 특산품 • '전남'지역 특산품	• 편의점에서 물건 사기 • 재래시장에서 물건 사기 • 대형마트에서 물건 사기
	• 지역특성에 따른 직업 조사하기	• 우리 지역의 경제생활 경험하기	• 화폐 활용하기
	• 동네 이웃의 직업 조사하기 • '나주'지역의 직업 조사하기	• 우리 상점 탐방하기 • '나주' 명소 탐방하기	• 지역 화폐 조사하기 • 지역 화폐로 물건 구입하기

[성취기준 상세화 예시]

이와 같이 성취기준을 분석하고 상세화하는 과정을 통해 학생들에게 적합한 내용을 선정하고 수업으로 만들어 낼 수 있습니다. 무엇보다 성취기준 분석을 통해 상세화한 학습 내용이기에 성취기준을 충분히 반영하고 있다고 판단할 수 있어요.

이제 실습과 실천을 통해 교육과정 전문성을 높여 볼까요?

동쌤과 Step Up

도전! 성취기준 상세화하기

성취기준 상세화를 실습해 봅시다.

우리 지역과 학교, 학급 학생들의 특성을 고려하여 성취기준을 상세화해 보세요.

교과명: 기본 교육과정 사회

성취기준	[9사회02-04] 사회적 상황에서 타인의 행동과 감정을 분석하고 공감한다.		
내용 요소	지식·이해	과정·기능	가치·태도
학습 내용			
성취기준 분석	•	•	•
	-	-	-
	•	•	•
	-	-	-

* 성취기준 해설

[9사회02-04] 이 성취기준은 가정, 학교, 지역사회 등의 일상 속 사회적 상황에서 타인의 행동과 감정을 이해하고 공감하는 능력을 함양하기 위해 설정하였다. 다양한 감정 알아보기, 상황에 알맞은 감정과 행동 찾아보기, 다른 사람의 입장 되어보기, 다른 사람이 처한 상황에 적절한 말과 행동 표현하기 등의 내용을 다룬다. 타인을 이해하려는 마음을 갖고 이를 토대로 타인과 상호 작용하는 능력을 기르는 것에 주안점을 둔다.

성취기준별 성취수준은 어떻게 만들까요?

25일 (　　)월 (　　)일

2022 개정 교육과정에서는 달라지는 용어가 있어요(4일 내용 참고). 그중에서 '성취기준별 성취수준'을 어떻게 만들 것인지 알아보려고 해요. 먼저 '성취수준'은 학생들이 각 교과(목) 성취기준(들)에 도달한 정도를 나타낸 것으로, 도달 정도를 몇 개의 수준으로 구분하고, 각 수준에 속한 학생들이 무엇을 알고 할 수 있는지 기술한 것을 의미합니다. 그중에서 '성취기준별 성취수준'은 성취기준 단위 성취수준으로, 성취기준들의 특성에 따라 3~5수준(A~E)으로 구분하여 진술한 것을 의미해요. 2015 개정 교육과정을 기준으로 보면 성취기준에 대한 '평가 기준'으로 이해할 수 있습니다.

교육부에서 안내한 성취기준별 성취수준을 개발하는 절차는 첫째, 영역의 내용 체계와 성취기준의 지식・이해, 과정・기능, 가치・태도의 내용 요소를 추출하고 위계를 분석해요. 둘째, 대상 성취기준이 포함하고 있는 범주의 내용 요소 수준 및 위계를 분석해요. 셋째, 대상 성취기준이 포함하고 있는 내용 요소들의 복합성 등을 고려하여 3~5수준(A, B, C, D, E)으로 진술문을 개발해요.

<공통 교육과정 국어과 '듣기・말하기' 영역 성취기준별 성취수준의 예>

학교급	성취기준	성취기준별 성취수준	
초등	[6국01-01] 대화에서 생략된 내용을 추론하며 듣는다.	A	대화에서 들은 내용에 담긴 정보와 맥락을 적극적으로 활용하여 드러나지 않거나 생략된 내용을 적절하게 추론하며 들을 수 있다.
		B	대화에서 들은 내용에 담긴 정보와 맥락을 활용하여 드러나지 않거나 생략된 내용을 추론하며 들을 수 있다.
		C	대화에서 들은 내용에 담긴 정보와 맥락을 제한적으로 활용하여 드러나지 않거나 생략된 내용을 부분적으로 추론하며 듣는다.
중등	[9국01-01] 화자의 의도와 관점을 추론하며 듣는다.	A	다양한 담화 맥락과 정보를 활용하여 화자의 의도와 관점을 정확하게 추론하며 들을 수 있다.
		B	담화 맥락과 정보를 활용하여 화자의 의도와 관점을 추론하며 들을 수 있다.
		C	담화 맥락을 활용하여 화자의 의도와 관점을 추론하며 들을 수 있다.
		D	담화 맥락을 일부 활용하여 화자의 의도와 관점을 부분적으로 추론하며 들을 수 있다.
		E	화자의 의도와 관점을 부분적으로 추론하며 듣는다.

공통 교육과정과 선택 중심 교육과정의 경우 성취기준별 성취수준을 개발하여 일반학교에 보급해 주고 있어요. 성취기준의 성격이 도달이고 그에 따라 도달의 목표와 기준이 명확하기 때문에 성취수준을 나누어 제시할 수 있는 것이지요.

그러나 기본 교육과정의 경우 성취기준의 성격이 경험해야 할 것으로서의 기준이기 때문에 보편적인 수준을 구분하기에 어려움이 있어요. 예를 들어 평가해야 하는 성취기준이 다음과 같다고 가정해 볼게요.

[6사회03-02] 우리 지역의 사람들이 다양한 경제활동에 참여하는 것을 살펴보며 우리 지역의 경제활동에 관심을 가진다. (2022 개정 특수교육 기본 교육과정 사회과)

경남 지역의 학생들이 경험할 수 있는 경제활동과 전남 지역의 학생들이 경험할 수 있는 경제활동이 다를 거예요. 따라서 성취기준을 바탕으로 가르치고 평가하는 교육적 경험의 내용과 수준이 다르게 나타나고, 그에 따라 성취기준별 성취수준도 다르게 기술될 수 있습니다.

그러면 기본 교육과정의 성취기준별 성취수준은 어떻게 만들 수 있을까요? 다음과 같은 방법을 개발할 수 있습니다.

첫째, 성취기준을 확인하고 지식・이해, 과정・기능, 가치・태도의 내용 요소를 분석해요.(22일 내용 참고)

둘째, 우리 학급의 특성과 교육적 요구, 학교와 지역사회 특성, 학교 교육 목표 또는 중점, 특색 활동 등을 반영하여 상세화해요.(23일 내용 참고)

셋째, 가르칠 학습 내용을 선정해요. 여기에서 선정한 학습 내용은, 곧 평가요소가 됩니다.(14일 내용 참고)

넷째, 성취기준을 상세화한 내용을 반영하여 '성취기준별 성취수준'으로 진술해요.

여기에서 주의할 점은 **'성취기준별 성취수준'은 차시별 학습목표를 포함할 수 있는 수준으로 개발해야 한다는 것**이에요. 성취기준별 성취수준에 대한 평가는 '차시별 학습과 평가'가 이루어졌을 때 평가될 수 있어요. 따라서 아래의 사례와 같이 성취기준별 성취수준은 차시별 학습 목표를 포함할 수 있는 수준에서 개발하는 것이 필요합니다.

<성취기준별 성취수준과 차시별 학습 목표의 관계의 예>

성취기준별 성취수준	
나주 지역 사람들의 경제활동과 직업을 조사할 수 있다.	
차시	**차시별 학습 목표**
1차시	다양한 상점 유형을 정리할 수 있다.
2차시	우리 동네 상점을 관찰하고 유형을 조사할 수 있다.
3차시	우리 지역 경제 활동을 조사할 수 있다.
⋮	⋮

다음 예시는 기본 교육과정 성취기준별 성취수준을 개발한 예시예요. 앞서 설명한 바와 같이 성취기준의 내용 요소를 범주별로 분석하였어요. 그리고 성취기준 해설의 내용을 참고하여 학습 내용을 확인했어요.

이후 지역사회의 특성을 반영하여 학생들이 경험할 수 있고, 학습이 필요하다고 판단되는 학습 내용으로 상세화했어요. 여기에서 '다양한 경제 활동 관찰, 지역특성에 따른 직업조사'를 가르칠 내용으로 선정하고, 이를 평가요소로 설정하였어요.

마지막으로 성취기준별 성취수준은 상세화한 학습 내용을 평가요소에 반영하여 세 개의 수준을 개발했어요.

<2022 개정 특수교육 기본 교육과정 성취기준별 성취수준 개발의 예>

<table>
<tr><td>성취
기준</td><td colspan="3">[6사회03-02] 우리 지역의 사람들이 다양한 경제활동에 참여하는 것을 살펴보며 우리 지역의 경제활동에 관심을 가진다.</td></tr>
<tr><td rowspan="2">내용
요소</td><td>지식・이해</td><td>과정・기능</td><td>가치・태도</td></tr>
<tr><td>• 우리 지역 사람들의 경제생활</td><td>• 우리 지역의 경제생활 모습 살펴보기</td><td>• 우리 지역의 경제활동에 관한 관심</td></tr>
<tr><td colspan="4">학습 내용</td></tr>
<tr><td rowspan="4">성취
기준
분석</td><td>• 다양한 경제활동 관찰하기</td><td>• 우리 지역 특산품 조사하기</td><td>• 지역사회 상점에서 물건 사기</td></tr>
<tr><td>• '나주'지역 경제활동
• '전남'지역 경제활동</td><td>• '나주'지역 특산품
• '전남'지역 특산품</td><td>• 편의점에서 물건 사기
• 재래시장에서 물건 사기
• 대형마트에서 물건 사기</td></tr>
<tr><td>• 지역특성에 따른 직업 조사하기</td><td>• 우리 지역의 경제생활 경험하기</td><td>• 화폐 활용하기</td></tr>
<tr><td>• 동네 이웃의 직업 조사하기
• '나주'지역의 직업 조사하기</td><td>• 우리 상점 탐방하기
• '나주' 명소 탐방하기</td><td>• 지역 화폐 조사하기
• 지역 화폐로 물건 구입하기</td></tr>
<tr><td>학습
내용</td><td colspan="3">다양한 경제 활동 관찰, 지역특성에 따른 직업조사</td></tr>
</table>

<table>
<tr><td>평가요소</td><td colspan="2">성취기준별 성취수준</td></tr>
<tr><td rowspan="3">다양한 경제 활동 관찰, 지역특성에 따른 직업조사</td><td>A</td><td>나주 지역 사람들의 경제활동과 직업을 조사할 수 있다.</td></tr>
<tr><td>B</td><td>나주 지역 사람들의 경제활동을 관찰하고 직업을 조사할 수 있다.</td></tr>
<tr><td>C</td><td>나주 지역 사람들의 경제활동과 직업을 관찰할 수 있다.</td></tr>
</table>

동쌤과 Step Up

도전! 성취기준별 성취수준 개발하기

성취기준별 성취수준을 개발해 봅시다.

23일에서 실습한 성취기준 상세화 내용을 아래 서식에 기입하고, 성취기준별 성취수준을 개발해 보세요.

교과명: 기본 교육과정 사회

<table>
<tr><td>성취기준</td><td colspan="3">[9사회02-04] 사회적 상황에서 타인의 행동과 감정을 분석하고 공감한다.</td></tr>
<tr><td rowspan="2">내용
요소</td><td>지식·이해</td><td>과정·기능</td><td>가치·태도</td></tr>
<tr><td></td><td></td><td></td></tr>
<tr><td colspan="4">학습 내용</td></tr>
<tr><td rowspan="4">성취기준
분석</td><td>•</td><td>•</td><td>•</td></tr>
<tr><td>-</td><td>-</td><td>-</td></tr>
<tr><td>•</td><td>•</td><td>•</td></tr>
<tr><td>-</td><td>-</td><td>-</td></tr>
<tr><td>학습
내용</td><td colspan="3"></td></tr>
</table>

<table>
<tr><td>평가요소</td><td colspan="2">성취기준별 성취수준</td></tr>
<tr><td rowspan="3"></td><td>A</td><td></td></tr>
<tr><td>B</td><td></td></tr>
<tr><td>C</td><td></td></tr>
</table>

평가계획은 어떻게 수립할까요?

26일 (　　)월 (　　)일

최근의 교수 · 학습 설계에서 강조하는 것은 교육과정, 수업, 평가의 일관성을 강화하는 것입니다. 가르쳐야 할 내용(교육과정)을 가르치고(수업) 가르친 내용을 평가하는(평가) 형태, 즉 수업이 평가가 되고, 평가가 수업이 되는 교수 · 학습을 설계하기 위해서는 '평가계획'이 중요하다고 말할 수 있어요. 오늘은 평가계획을 어떻게 수립할지 알아보겠습니다.

먼저 평가 흐름에 대해 정리할게요. 평가의 흐름을 살펴보면 아래 그림과 같이 교사들이 설계하는 교수 · 학습 계획에 따라 수업이 이루어지고 차시별 학습 목표에 해당하는 차시 평가가 이루어져요. 그리고 차시 평가 결과를 종합하여 해당 차시 수업의 근거가 되는 성취기준에 대한 평가, 즉 성취기준별 성취수준에 대한 평가가 이루어집니다. 그리고 성취기준들에 대한 평가를 종합하여 교과별 영역에 대한 평가, 해당 과목에 대한 평가가 이루어지는 것입니다.

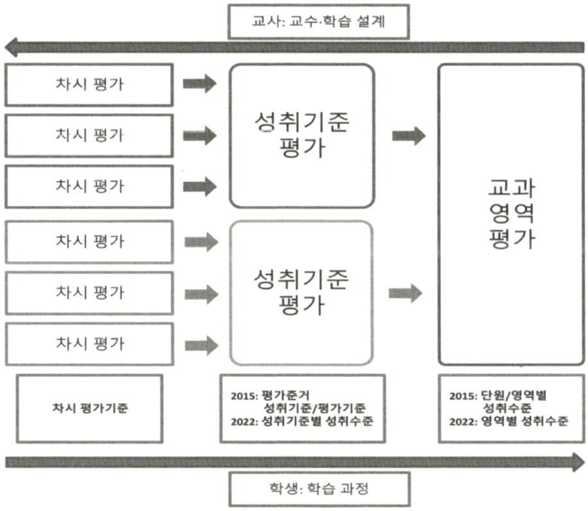

[평가의 흐름]

그러면 교사는 어떻게 교수 · 학습을 설계해야 할까요? 학생들이 배우는 학습의 과정과 반대로 설계해 가면 돼요. 보편적으로 학생들은 구체적인 사실과 기능으로

부터 개념, 원리, 이론으로 학습해 갑니다.(11일 내용 참고-지식의 구조, 과정의 구조) 따라서 교사는 이론과 원리, 개념으로부터 구체적인 사실과 기능을 학습할 수 있게 수업 내용과 수준, 학습 단계를 구체화하여 교수·학습을 설계할 수 있어요.

평가계획 또한 이와 같은 맥락으로 먼저 성취기준별 성취수준을 파악하고, 성취기준별 성취수준을 평가할 수 있는 차시별 평가계획을 수립해요. 그리고 평가계획에 따라 평가가 이루어질 수 있도록 교수·학습을 설계합니다.

다음 사례는 2015 개정 특수교육 기본 교육과정을 기준으로 평가계획을 수립하고 이를 반영하여 단원 수준의 교수·학습을 설계한 사례예요. 먼저 성취기준을 분석하여 **'성취기준에 대한 평가 기준(2022 기준: 성취기준별 성취수준)'**을 수립하였어요. 이후 평가 기준을 반영하여 **'평가 방법'을 결정**하였어요. 사례에서는 포트폴리오 평가 방법을 제시했어요. 그리고 포트폴리오 평가를 위한 **'평가 과제'를 구체적으로 계획**하고, 해당 **평가 과제가 수행될 수 있도록 차시별 주요 학습 활동을 설계**했어요.

중요한 것은 **평가 방법과 평가 과제가 실행될 수 있도록 주요 학습 활동을 설계**하는 것이에요. 즉 학습 활동을 통해 평가가 이루어질 수 있도록 제재와 학습 활동을 선정하고, **활동 수준과 위계를 고려하여 '차시'를 결정하는 것**이 필요해요.

<table>
<tr><th rowspan="3">월</th><th rowspan="3">주</th><th rowspan="3">기간</th><th>성취기준</th><th rowspan="3" colspan="2">평가기준</th><th rowspan="3">평가
방법</th><th rowspan="3">평가
과제</th><th rowspan="3">제재</th><th rowspan="3">주요 학습활동</th><th rowspan="3">차시</th><th rowspan="3">수업
자료
(매개체)</th></tr>
<tr><th>평가준거 성취기준</th></tr>
<tr><th>핵심 질문</th></tr>
<tr><td rowspan="6">9</td><td>2</td><td>29-4</td><td rowspan="2">[12국어01-04] 사건이나 사실에 대한 자신의 생각을 말한다.</td><td rowspan="2">상</td><td rowspan="2">부정적인 상황에서 긍정적인 말로 의사표현을 할 수 있다.</td><td rowspan="6">포트
폴리오</td><td>긍정적으로 표현하기</td><td>긍정적 사고방식의 중요성</td><td>-부정적 사고 척도 사전 검사
-부정적 생각의 위험성 알아보기
-긍정적 생각의 중요성 깨닫기</td><td>4</td><td>부정적 사고 척도</td></tr>
<tr><td rowspan="2">3</td><td rowspan="2">5-11</td><td rowspan="2">부정적 생각 바꾸기</td><td rowspan="2">내 마음속 부정적 생각 찾아보기</td><td rowspan="2">-텍스트를 읽고 주제 찾기
-부정적인 '나' 생각해 보기
-부정적 생각 찾아보기
-부정적 생각 바꾸기</td><td rowspan="2">4</td><td rowspan="2">생각 바꾸기 활동지</td></tr>
<tr><td rowspan="2">[12국어01-04-01] 부정적 사건이나 사실에 대한 자신의 생각을 긍정적으로 말할 수 있다.</td><td rowspan="2">중</td><td rowspan="2">부정적인 상황에서 긍정적 표현과 부정적 표현을 구별할 수 있다.</td></tr>
<tr><td rowspan="2">4</td><td rowspan="2">12-18</td><td rowspan="2">-</td><td rowspan="2">부정적 생각 변화시키기</td><td rowspan="2">-텍스트를 읽고 주제 찾기
-정서와 행동적 논박하기
-긍정적인 생각하기
-긍정적인 지지를 통해 격려받기</td><td rowspan="2">4</td><td rowspan="2"></td></tr>
<tr><td rowspan="2">부정적인 생각을 긍정적인 생각으로 바꾸면 무엇이 달라질까?</td><td rowspan="2">하</td><td rowspan="2">부정적인 상황에서 긍정적 문장 카드를 선택할 수 있다.</td></tr>
<tr><td>5</td><td>19-25</td><td>부정적 생각 탈출 활동</td><td>부정적 생각 탈출해보기</td><td>-텍스트를 읽고 주제 찾기
-부정적 생각 터트리기
-부정적 생각 버리기
-부정적 생각 탈출하기</td><td>4</td><td>긍정적 지지 활동지</td></tr>
</table>

출처: 경상남도교육청(2023). 특수학교 고교학점제 최소 성취수준 보장지도 가이드북

[평가계획을 반영한 교수·학습 설계 사례]

동쌤과 Step Up

알아두면 좋은 다양한 평가 방법

어떤 평가 방법을 활용할 수 있을까요?

평가의 목적에 따라 다양한 평가 방법을 활용할 수 있고, 평가를 어떤 방식으로 운영하느냐에 따라 목적이 달라질 수 있어요. 여러 가지 평가 방법을 알아두면 목적에 따라 다양하게 활용할 수 있어요. 평가 방법이 달라지면 수업 또한 달라지겠지요?

■ 서답형
- 학생이 정답이라고 판단되는 내용을 직접 답하도록 하는 방법으로 완성형 문항, 단답형 문항, 서술형, 논술형 문항을 포함

■ 구술
- 특정 내용이나 주제에 대해서 자신의 의견이나 생각을 발표하도록 하여 학생의 준비도, 이해력, 표현력, 판단력, 의사소통 능력 등을 직접 평가하는 방법

■ 토의・토론
- 특정 주제에 대해 학생들이 서로 토의하고 토론하는 것을 관찰하여 평가하는 방법

■ 프로젝트
- 특정한 연구 과제나 산출물 개발 과제 등을 수행하도록 한 다음, 프로젝트의 전 과정의 결과물(연구 보고서나 산출물)을 종합적으로 평가하는 방법

■ 포트폴리오
- 학생이 산출한 작품을 체계적으로 누적하여 수집한 작품집 혹은 서류철을 이용한 평가 방법

■ 실험・실습
- 학생들이 직접 실험・실습을 하고 그에 대한 과정이나 결과에 대해 보고서를 쓰게 하고, 제출된 보고서와 함께 교사가 관찰한 실험・실습 과정을 종합적으로 평가하는 방법

■ 관찰법
- 관찰을 통해 일련의 정보를 수집하는 측정 방법

■ 자기평가
- 수행 과정이나 학습과정에 대하여 학생이 스스로 평가하는 방법

■ 동료평가
- 수행 과정이나 학습과정에 대하여 동료 학생들이 상대방을 서로 평가하는 방법

출처: 한국교육과정평가원(2018). 초・중학교 교사별 과정중심평가 연수 프로그램 개발 및 강사연수

교과교육 평가와 개별화교육 평가를 어떻게 바라봐야 할까요?

27일 (　　)월 (　　)일

개별화교육의 평가 결과를 교과 교육 평가 결과에 그대로 기록할 수 있을까요?

오늘은 교과 교육 평가와 개별화교육 평가에 대해 생각해 보고자 해요. 오늘이 교육과정에 대해 이야기 나눈 지 27일째니까, 교과 교육 평가에 관한 이야기는 생략할게요. 교육과정에 대해 이야기하다 갑자기 왜 개별화교육 평가 이야기를 하는 걸까요? 특수교사라면 바로 눈치챘을 거예요. 개별화교육계획은 특수교육 대상자로 선정되는 순간 반드시 작성해야 하는 문서이지요?

Individualized Education Plan, 줄여서 **'IEP'라고 하죠.** 교과 교육 평가는 교과 교육과정에 대한 평가로 학생생활기록부에 기록이 됩니다. 개별화교육에 대한 평가는 개별화교육 문서에 기록이 되지요. 그리고 그 내용은 학생생활기록부에 기록되지 않습니다. 그러나 학생생활기록부와 개별화교육 문서 모두 법적 문서라는 것은 동일합니다. 「장애인 등에 대한 특수교육법」 제2조에 '개별화교육'의 정의를 다음과 같이 규정하고 있어요.

「장애인 등에 대한 특수교육법」
법령이다

제2조(정의)
"개별화교육"이란 **각급학교의 장**이 특수교육대상자 개인의 능력을 계발하기 위하여 장애유형 및 장애특성에 적합한 **교육목표 · 교육방법 · 교육내용 · 특수교육 관련서비스 등**이 포함된 계획을 수립하여 실시하는 교육을 말한다.

✓ 일반교육은 보편성에서, 특수교육은 개별성에서 시작

정의에서 주의 깊게 봐야 할 단어는 "장애유형 및 장애특성에 적합한"과 "교육목표 · 교육방법 · 교육내용"이에요. "장애유형 및 장애특성에 적합한"에서 우리는 개별화교육계획은 개별성에 바탕을 두고 있음을 알 수 있고 "교육 목표 · 교육

방법 · 교육내용"에서 개별화교육계획은 교육과정 목표, 교육과정 내용만을 의미하는 것이 아님을 파악할 수 있어요.

정리해 보자면, 교과 교육 평가는 교과 교육과정을 학생이 어느 정도로 성취했는지를 평가하는 것으로 '보편성'을 가진 교육과정을 기준으로 평가하게 됩니다. 반면 개별화교육 평가는 개별 학생을 대상으로 수립된 '개별성'을 가진 개별화교육 계획을 기준으로 평가하게 되지요. 따라서 교과 교육 평가는 **교과 교육과정이라는 제시된 기준**에 대해 학생이 도달한 정도를 평가한다면 개별화교육 평가는 **학생을 기준으로 수립된 목표와 내용**에 대해 어느 정도 도달했는지를 평가하는 것이지요.

특히 개별화교육 평가는 학생의 현재 수립된 개별화교육의 목표와 내용을 평가하는 것으로 끝나는 것이 아니라 다음 학기, 다음 학년에 수립될 개별화교육 계획의 근거가 됩니다. 그래서 개별화교육 평가 결과는 계속적으로 기록되고 누적되어 학생의 과거를 유추하고 현재를 판단하는 것뿐 아니라 미래를 예측할 수 있는 중요한 자료로서의 역할을 할 수 있어요.

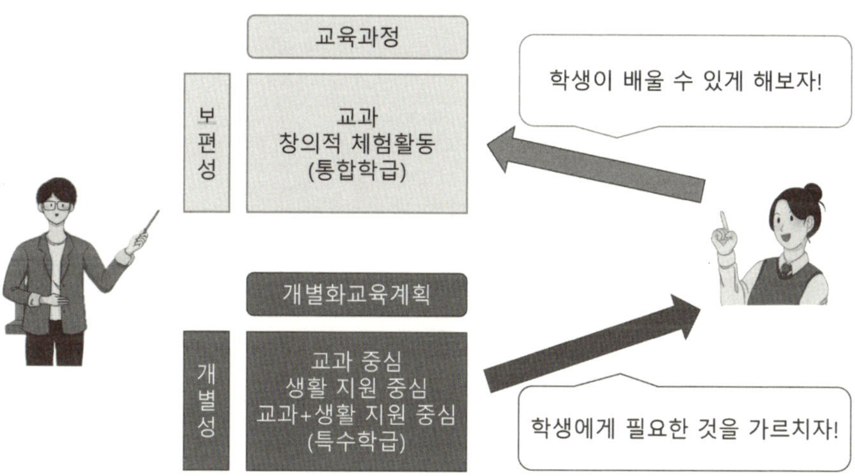

그림: 효애

[교과 교육 평가와 개별화교육 평가]

그러면 보편성을 기준으로 평가하는 교과 교육평가와 개별성을 기준으로 평가하는 개별화 평가는 만날 수 있는 사이일까요? 개념적으로는 양립할 수 없는 존재라고 볼 수 있어요. 그러나 개별화교육계획의 목표와 내용을 교과 교육내용을 중심으로 수립한다면 이 둘을 연속성 있게 가르치고 평가할 수 있어요.(28일 내용 참고) 즉 개별화교육계획이 교과 중심이냐, 생활지원 중심이냐에 따라 달라진다는 것이지요.

잠깐 여기서 살펴보고 갈게요. 교과 중심 개별화교육계획은 교육과정에 기반한 교과 교육 중심의 교육이라는 거 아시겠죠? 그럼, 생활지원 중심 개별화교육계획은 구체적으로 어떤 내용의 교육을 의미할까요? 2019년 국립특수교육원에서 개발한 「개별화교육 계획 수립・운영 자료」에서 다음과 같이 제시하였어요.

<생활지원 영역 및 활동의 예>

생화지원 영역	생활지원 활동 <예시>		
의사소통	필요한 것 요구하기 보완대체의사소통 수단 사용하기	수어 배우기 지시 따르기	점자 배우기
신변자립	손 씻기 화장실 이용하기	식사하기 옷입기	
사회적 기술	순서 기다리기 학급 규칙 지키기	화해하기 사과하기	인사하기
행동 지원	자해 행동 줄이기	수업 방해 행동 줄이기	
진로・직업 활동	자신에게 주어진 일 완수하기 과업 계획 세우고 실천하기	대중교통 수단 이용하기 시간 지키기	
여가활동	동아리 활동하기 취미 활동 참여하기	놀이 참여하기 여행하기	화분 가꾸기
정서적 지원	감정 조절하기	어려운 과업 견디기	

그리고 학생의 장애유형 및 장애특성을 고려하여 교과학습에 관한 요구가 우선인지 생활 기술 등에 관한 요구가 우선인지, 두 가지 모두 요구되는지에 따라 개별화교육 수립 방식을 제시하였어요.

근거	개별화교육수립방식
교과 학습에 관한 요구가 우선적인 경우	교과중심개별화교육계획
생활 기술 등에 관한 요구가 우선적인 경우	생활 지원 중심 개별화교육계획
교과학습과 생활 기술 등에 관한 요구가 모두 있는 경우	교과 중심 개별화교육 계획 +생활 지원 중심 개별화교육계획

출처: 국립특수교육원(2019) 개별화교육계획 수립 · 운영 자료

그러면 개별화교육과 교과 교육을 연계할 수 있을까요? 만약 개별화교육의 목표가 교과 교육 내용과 일치된다면 개별화교육 평가 내용이 교과 교육 평가에 상당 부분 반영될 수 있어요. 그러나 생활 지원 중심의 개별화교육 계획이라면 교과 교육 평가에 반영하기 어려울 수도 있어요.

특수학교의 경우 특수교사 교과 교육과정을 편성 · 운영하고 이와 동시에 개별화교육 계획을 수립해요. 따라서 특수교육 대상 학생의 특성과 교육적 요구 등을 반영하여 교과 교육과정과 개별화교육 계획에 연계하기 수월한 편이에요. 그렇다고 무조건 개별화교육 계획과 교과 교육과정을 일치시켜야 하는 것은 아닙니다. 다시 한번 강조하지만 특수교육 대상 학생의 교육적 요구에 따라 달라져요. 학생의 개별화교육 계획이 생활 지원 중심으로 수립된다면 교과 평가와 연계시키기 어려워요. 그러면 이 둘은 별도로 평가되어야 합니다.

반면 **일반학교에 배치된 특수교육 대상 학생의 경우** 교과 교육과정과 개별화교육 계획을 연계하기 더 어려울 수 있어요. 일반학교의 경우 교과 교육과정에 대한 편성 · 운영은 교과 담당 교사가 담당해요. 따라서 교과 교육에 대한 평가도 교과 담당 교사가 실시합니다.

그러나 개별화교육 계획을 수립하고 평가하는 것은 특수교사가 담당하지요. 따라서 일반학교에서는 교과 교육과정을 운영하는 일반교사와 개별화교육을 운영하는 특수교사 간 협의가 매우 중요합니다. 개별화교육에서 다루는 내용을 교과 교육에 반영하기 위해, 그리고 교과 교육에서 다루는 내용이 개별화교육에 반영될 수 있도록 지속적인 협의와 소통이 필요한 것이지요.

여기에서도 강조하는 것은 개별화교육 계획에 교과 내용이 필수적으로 반영되어야 하는 것은 아니라는 점이에요. 특수교육 대상 학생의 교육적 요구에 따라 '생활 지원 중심형'으로 수립된다면 교과 내용과 별개로 계획되고 운영되는 것 또한 충분히 가능합니다.

정리해 볼게요. 개별화교육은 교과 내용에 특수교육 대상 학생을 맞추기보다 '학생'을 기준으로 무엇이 가장 필요한지를 우선 고려하고 교과 내용과의 연계 가능 여부를 판단하는 것이 필요합니다. 이후 연계가 가능하다면 교과 교육 평가와 개별화교육의 평가가 연계될 수 있겠지만, 연계가 어렵다면 교과 교육 평가와 개별화평가는 각각 평가되어야 할 것입니다.

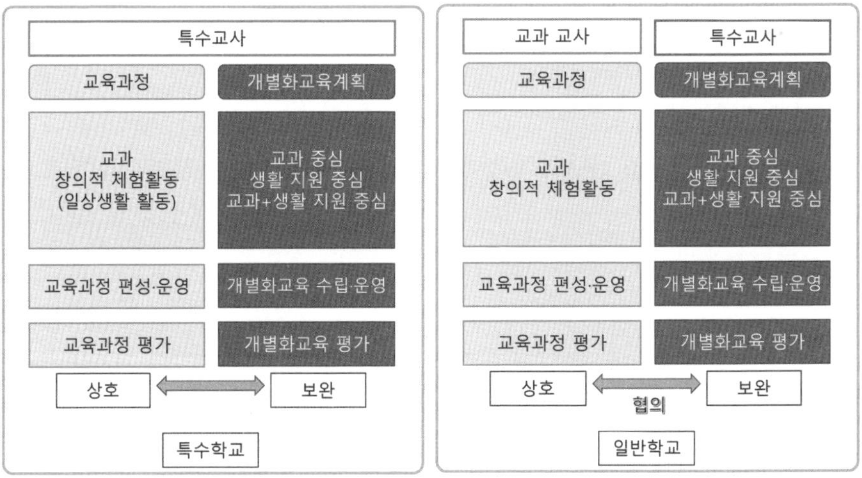

[교육과정과 개별화교육계획 구분]

한쌤과 Step Up

개별화교육계획은 반드시 NEIS로 작성해야 할까요??

2015년부터 개별화교육계획 작성이 NEIS에 도입되기 시작하였어요. '특수교육 지원을 위한 나이스 개별화교육계획 운영 사용자 설명서'가 초등학교, 중학교, 고등학교, 특수학교용으로 제작 보급되었어요. 2023년 차세대 NEIS에서는 유치원까지 확대되었고, 개별화교육 작성 영역을 교과 영역과 생활지원 영역으로 구분하여 선택적으로 작성할 수 있도록 업그레이드되었어요. 그렇다면, 개별화교육계획은 반드시 NEIS로 작성해야 할까요? 유·초·중·고등학교 생활기록부는 "「공공기록물 관리에 관한 법률 시행령」 제2조 제7호에 따른 정보시스템을 통해 전자적으로 생산·관리하여야 한다."라고 규정하고 있어요. 하지만 여기에 개별화교육계획은 포함되어 있지 않아요. 결론은 NEIS 작성은 관리의 편리를 위해 사용되는 도구이지 법적으로 반드시 실행해야 하는 사항이 아니라는 것이에요. 단, 어떤 방법으로든 반드시 작성하고 관리해야 하는 것은 법적 사항입니다.

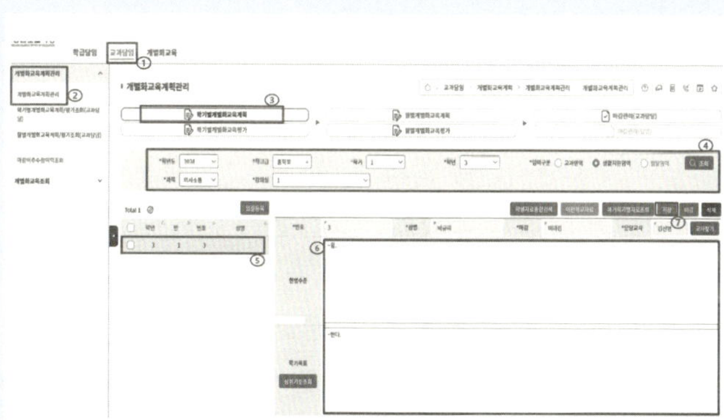

다학년의 학생 대상 교사 교육과정은 어떻게 설계하나요?

28일 (　　)월 (　　)일

학교 상황에 따라 다르겠지만 일반학교 특수학급의 경우 다학년 학생으로 학급이 구성되는 경우가 많아요. 같은 학년으로 구성된 학급이라 할지라도 학생들의 장애 유형과 특성, 수준, 교육적 요구가 다른 경우 어떤 내용을 어떻게 가르쳐야 할지 어렵습니다. 그런데 학년까지 다르다면 교사 교육과정을 설계하기 쉽지 않을 것입니다. 오늘은 다학년 학생들을 대상으로 어떻게 교사 교육과정을 설계할지 알아볼게요.

특수학급에 배치된 여러 특수교육 대상 학생들을 가르치기 위해 특수교사가 어떻게 교수·학습 계획을 설계할지 순서대로 알아보겠습니다. 여기에서 주의할 점은 '이 방법' 또한 현장 교사들이 교사 교육과정 설계를 위해 활용할 수 있는 방법 또는 제안이라는 것입니다.

첫째, 특수교육 대상 학생들의 장애 특성, 인지 수준, 의사소통 능력, 학업 기술 수준 등을 정확히 파악하는 것이 필요해요. 왜냐하면 특수학급에서의 교수·학습 계획, 즉 교사 교육과정을 설계할 때 어디에 중점을 두고 방향을 설정할지, 내용의 수준과 범위, 평가 기준과 평가 과제, 활동 등을 구성할 때 학생들의 특성이 전반적으로 고려되어야 하기 때문이에요.

둘째, 특수교육 대상 학생들의 개별화교육 계획(이하 IEP)의 목표를 분석하는 것입니다. IEP의 유형은 크게 '교과 중심, 생활지원 중심, 교과 및 생활 중심'으로 구분할 수 있어요. 학생들의 IEP 유형에 따라 동일 학년별로 운영할지, 공통의 학습 주제를 선정하여 학년을 통합하여 운영할지, 또는 학년별 운영과 통합 운영을 병행할지 결정하는 것이 필요합니다.

셋째, 교과를 중심으로 동일 학년별로 운영할 경우 IEP의 목표와 관련된 교과에 대해 통합학급에서 다루는 성취기준과 성취기준 내용요소를 확인하는 것이 필요해요. 특히 IEP의 목표, 학습내용과 관련된 성취기준을 확인하고 '관련 성취기준'으로 연결하는 것이 중요합니다.

성취기준의 분석을 통해 다뤄야 하는 내용요소와 기능들을 확인하고 평가 기준과 활동을 구성할 수 있어요. 이 과정에서 또한 특수교육 대상 학생들의 특성들을 고려하여 평가 방법과 평가 과제를 계획하고(25일, 26일 내용 참고) 교수・학습 계획을 설계(21일 내용 참고)하는 것이 필요합니다.

넷째, 학년을 통합하여 운영할 때는 공통된 주제를 선정하여 교수・학습 계획을 설계하는 것이 효과적이라고 말할 수 있어요. 주제 선정은 IEP의 목표와 학습 내용에서 공통 요소를 추출하여 포괄적인 주제로 선정할 수 있어요.

예를 들어 IEP의 목표가 자기표현, 감정표현, 감정조절, 대인관계 등과 관련되어 있다면 '의사소통'이라는 주제를 선정하여 교수・학습 계획을 설계할 수 있어요. 한 가지 팁을 드리면 주제를 중심으로 교수・학습 계획을 설계할 때 적절한 '매개체'를 선택하면 평가 방법이 다양해지고, 활동 또한 풍부해져서 다양한 활동이 만들어져요.

이렇게 교사 교육과정 설계를 위한 기초공사가 다져졌다면 시간표 작성에 좀 더 신경 써야 해요. 시간표 작성은 2월 말에서 3월 초에 완성되기 때문에 기초공사를 미리미리 해야 1년 교육 로드맵이 완성되겠지요? 시간표가 왜 중요할까요? 앞서 말씀드렸듯이 다학년의 경우, 공통의 주제로 함께 학습할 시간과 개별적인 특성을 고려해 별도로 수업해야 하는 시간을 구분하여 지도하는 것이 용이하기 때문이에요. 이것을 「따로 또 같이 수업」이라고 이야기할게요.

〈표 7-7〉 **특수학급 시간운영계획**

차시	월	화	수	목	금
1	4-1 ○○○(국어)	4-1 ○○○(국어)		4-1 ○○○(국어)	
	4-7 ○○○(국어)	4-7 ○○○(국어)		4-7 ○○○(국어)	4-7 ○○○(국어)
	2-8 ○○○(국어)		2-8 ○○○(국어)	2-8 ○○○(국어)	
	2-9 ○○○(국어)			2-9 ○○○(국어)	2-9 ○○○(수학)
2	4-1 ○○○(국어)	4-1 ○○○(수학)			
	4-7 ○○○(수학)				
	2-8 ○○○(수학)	2-8 ○○○(국어)	2-8 ○○○(수학)	2-8 ○○○(국어)	2-8 ○○○(수학)
	2-9 ○○○(수학)		2-9 ○○○(국어)	2-9 ○○○(수학)	
3	4-1 ○○○(수학)		4-1 ○○○(국어)		4-1 ○○○(수학)
		4-7 ○○○(사회)	4-7 ○○○(국어)	4-7 ○○○(수학)	4-7 ○○○(수학)
					2-8 ○○○(국어)
		2-9 ○○○(국어)			2-9 ○○○(국어)
4				4-1 ○○○(수학)	
			4-1 ○○○(수학)		4-7 ○○○(사회)
		2-9 ○○○(국어)			
5					
				4-7 ○○○(사회)	
6					
				4-7 ○○○(창체)	

초등학교 특수학급 시간표 편성사례

중학교 특수학급 시간표 편성사례

시간 요일		월	화	수	목	금
09:00 ~09:45	1		국어(박(개별	국어(서),수학(박) 1학년 모둠	국어(서),과학(박) 1학년 주제통합	
09:55 ~10:40	2	수학(박), 과학(서) 1학년 주제통합	영어(손),국어(안) 2,3학년 주제통합			수학(박) 개별
10:50 ~11:35	3		국어(안),영어(손) 2,3학년 주제통합	과학(손),수학(안) 2,3학년 주제통합		
11:45 ~12:30	4	국어(박), 수학(서) 개별	국어(서) 개별학습		국어(손) 개별	국어(박), 수학(서) 1학년 모둠
13:30 ~14:15	5	국어(손), 과학(안) 2,3학년 주제통합	수학(손) 개별	국어(안) 개별		
14:25 ~15:10	6				사회(박), 과학(서) 1학년 주제통합	수학(안) 개별
15:20 ~16:05	7				창체	

같이 수업하는 경우는 위에서 제시한 네 번째 방법으로 같은 주제로 함께 수업받지만, 해당 학년의 성취기준과 개별 학생의 수준을 고려하여 수업 방법이나 과제 등을 따로 제시하여 진행할 수 있어요. 다음은 1~3학년 학생들이 주제 중심 수업을 함께 받으며 각각의 학년과 학생 수준에 맞게 별도로 설계한 학습 내용이에요. 1학년은 단어의 의미 파악과 쓰기 활동에 중점을 두고, 2~3학년은 단어 익히기와 더불어 추가로 이야기 꾸미기까지 확장하여 학습하고 있어요.

다음으로 개별시간에는 1대1 또는 수준이 비슷하거나 같은 학년 학생끼리 소그룹(짝활동)으로 진행하며 개별화교육계획에 근거한 깊이 있는 수업을 진행할 수 있겠지요. 다학년을 가르친다는 것이 쉽지 않은 일이라는 것은 잘 알고 있어요. 하지만 해내야 하는 것이 우리의 역할이라면 지금 바로 실천해 보는 것은 어떨까요?

한쌤과 Step Up

재구성카드로 따로 또 같이 수업을 설계해 보세요.

재구성 카드가 있다면 카드로, 없다면 다음 그림처럼 마인드맵을 그려보세요.
18일과 19일에 자세하게 배웠으니 다시 복습하면 더 쉬울 거예요.

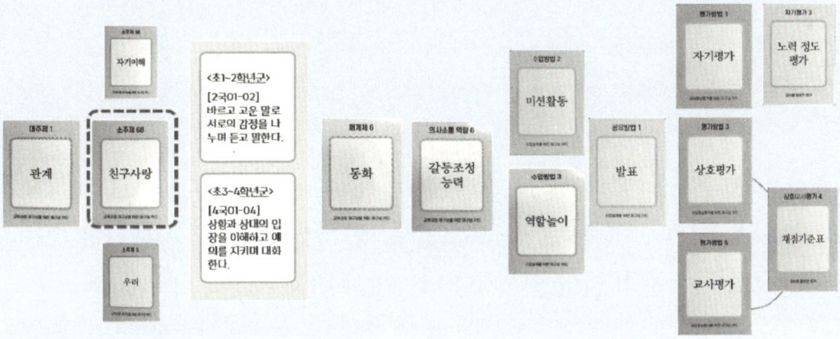

1단계(관계): 이번 학기에 함께 수업할 대주제 선정하기

2단계(자기이해/친구사랑/우리): 대주제에 따른 소주제 선정하기(월별 주제)

3단계(1~2/3~4): 소주제에 따른 학년별 성취기준 매칭하기

※ 학년별 성취기준을 매칭할 때는 같은 영역끼리 추출하는 것이 평가하기 용이해요.
예시는 친구사랑 소주제에서 [2국어01-02], [4국어01-04]로 듣기·말하기 영역에서 추출

4단계(동화): 학년 간, 주제를 연결시켜주는 매개체 선정하기

5단계(갈등조정): 함께 수업하며 꼭 필요하거나 꼭 신장시켜주고 싶은 핵심역량 추출

6단계(미션활동/역할놀이): 함께 할 주요 수업 방법 선정하기

7단계(발표): 수업하는 동안 학생들과 결과를 공유할 방법 선정하기

8단계(자기/상호/교사평가): 수업하는 과정에서 평가할 주요 방법 선정하기

9단계: 평가 방법에 따른 세부적인 피드백 또는 형성평가 방법 선정하기

다수준의 학생 대상 교사 교육과정은 어떻게 설계하나요?

29일 (　　)월 (　　)일

특수학교든 특수학급이든 다(多)수준 학생들로 학급이 구성되어 있어요. 물론 모든 학생들의 수준이 동일하다고 말하기 어려워요. 일반학급의 경우에도 여러 수준의 학생들로 구성되어 있지요. 그러나 보편적으로 3~5개 수준 정도로 수준을 구분하면 대부분의 학생들은 그 범주 안에 포함될 것입니다.

특수교육의 상황은 다르지요. 한 학급에 5명이 있다면 그 수준 차이가 매우 큰 경우가 많기 때문에 교수・학습 계획을 설계하기가 쉽지 않아요. 특히 학생들의 학습 수준과 능력의 차이뿐 아니라 장애 유형과 정도에 따라 교육적 요구가 다를 수 있기 때문에 가르칠 내용을 선정하는 것에서부터 조직하는 것까지 많은 것들을 고려하는 것이 필요해요.

오늘은 다수준의 학생을 대상으로 교사 교육과정을 어떻게 설계할 수 있을지 알아보겠습니다. 여기에서는 특수교육 **기본 교육과정을 적용**하고 **동일한 주제와 내용을 중심으로 다수준의 학생을 지도**한다는 전제하에 제안드리고자 해요.

첫째, 특수교육 대상 학생들의 장애 특성, 인지 수준, 의사소통 능력, 학업 기술 수준 등을 정확히 파악하는 것이 필요해요. 바로 현행수준 파악이죠.

둘째, 성취기준별 성취수준(2022 개정 교육과정 기준)을 수립하는 것이 필요해요. 어떤 내용을, 어느 수준까지 평가할지 성취기준별 성취수준을 수립하는 것에 따라 수업에서 다루는 내용과 활동이 달라져요(25일 내용 참고). 따라서 학생들의 수준을 고려한 성취기준별 성취수준 수립이 필요합니다. 특히 성취기준에 제시된 학습 내용을 중심으로 교수・학습을 설계하는데 학생들의 인지 및 기능 수준, 장애 특성에 따라 기준이 달라질 수 있어요. 그럴 때 교사는 성취기준에 제시된 '행동 동사'를 평가하고자 하는 방향에 따라 수준별로 구분하여 수립할 수 있어요. 그럼, 여기서 잠깐 '행동 동사'에 대해 알아볼게요. 학생들이 성취기준에 제시된 지식, 기능, 태도 등을 이해했거나 습득했음을 교사는 어떻게 알 수 있을까요? 네, 바로 학생들이 밖으로 표현하는 행동으로 알 수 있겠지요? 그 행동을 보고 교사는 피드백하고 평가하며 맞춤형 교육을 할 수 있게 되는 것이지요.

bloom(1956)은 학생들이 지식을 이해하고 그 지식을 적용하며 문제를 해결할 때 나타나는 행동을 다음과 같이 제시하였어요.

항목	행동 동사 예시				
지식	연계하다	설명하다	암시하다	인식하다	보여주다
	비교하다	차별화하다	목록화하다	반복하다	진술하다
	대조하다	분별하다	명명하다	재진술하다	요약하다
	정의하다	식별하다	바꾸어 말하다	검토하다	말하다
적용	계산하다	추정하다	측정하다	기록하다	
	증명하다	예시를 주다	조작하다	설치하다	추정하다
	도출하다	실례를 설명하다	수행하다	밑그림그리다	사용하다
	사용하다	찾아내다	지시하다	해결하다	
문제 해결	주장하다	결론짓다	결정하다	형성하다	제안하다
	분석하다	구성하다	방어하다	추측하다	순서 매기다
	측정하다	창조하다	초론하다	판단하다	추천하다
	도전하다	비판하다	설계하다	조직하다	선택하다
	구성하다	토론하다	평가하다	계획하다	제의하다

<bloom(1956)의 Taxonomy에 제시된 행동 동사 예시>

이해 중심 교육과정에서는 6가지 이해 측면을 제시하며 그에 따른 수행동사를 다음과 같이 제시해 주었어요. 이 두 가지 내용을 참고하여 평가하고자 하는 방향에 따라서 행동 동사를 활용하여 수준별로 설계해 보세요.

이해의 여섯 측면에 기초한 활용 가능한 수행동사

이해의 측면	활용 가능한 수행동사
설명한다.	시연한다. 서술한다. 기술한다. 진술한다. 열거한다. 전시한다. 표현한다. 설득한다. 지시한다. 본을 보인다. 보여 주다. 종합하다. 가르치다. 발표하다. 소개하다. 예를 들다(말하다). 선택하다. 등
해석한다.	묘사하다. 재현하다. 이야기를 하다. 자기 말(쉬운 말)로 요약/설명하다. 변형하다. 관련 짓다. 풀다. 조작하다. 분류/변별하다. 식별하다. 세분화하다. 등
적용한다.	수용하다. 창조하다. 설계하다. 계획하다. 조직화하다. 재배하다. 재구성하다. 교정하다. 제안하다. 의미를 반영하여 만들다. (실생활)에 활용히다. 대도를 나타내다. 등
관심을 가진다.	주장하다. 결론을 내리다. 의견을 제시하다. 비교하다. 대조하다. 비판하다. 지지하다. 평가하다. 등
공감한다.	역할을 수행하다. 역할극을 하다. 믿다. 고려하다. 상상하다. 공감의 행동을 표현하다. 감정을 나타내다. 등
자기지식을 갖는다.	알아차리다. 반성하다. 스스로 평가하다. 표현하다 등

출처 : Note. Tomlinson & McTighe(2006) 김경자 외 공역(2013)

셋째, 평가 방법, 평가 과제, 자료 등을 수준별로 제시해요. 동일한 학습 내용이라 하더라도 성취기준별 성취수준이 다르고, 평가 중점이 다르다면 그에 따라 평가 방법과 평가 과제, 자료가 달라져야 해요.(17일, 26일 내용 참고)

오늘 제안드리는 내용이 어떤 학급에서는 효과적으로 활용될 수 있으나 어떤 학급에서는 학생 구성 및 상황에 따라 실행하기 어려운 부분도 있을 거예요. 따라서 내용은 참고하되 상황에 따라 유연하게 활용하는 것이 필요합니다. 선생님만의 설계 방식을 찾기 위해 지금 시작해 봐요.

한쌤과 Step Up

단위 수업 속 개별화교육 실행

특수교육에서는 학생 수준에 맞는 맞춤형 수업설계도 중요하지만, 그 수업 속에서 개별화교육을 어떻게 실행할지도 고려의 대상이 되지요.

예를 들어 다음과 같은 주제 중심 교수학습설계가 있다면,

핵심질문	수업 활동	차시	결과물	평가방법
우리가 생활 속에서 사용하는 물건은 어떻게 만들어지는 걸까?	생산과 소비 구분하기 물건이 만들어지는 과정 조사하기(이렇게 만들죠)	4	생산과 소비 관계도(개념지도) 	구술평가 (화이트보드기법) 서술평가 (기억격자기법)
생활에 필요한 물건들의 가격은 어느 정도일까?	인터넷 몰에서 물건 가격 조사하기 (비교 및 선택)	20	가게 모형 	서술평가 (종이접기기법)
목적에 따른 우리 가족 소비활동을 조사해볼까?	소비목적에 따른 소비활동 조사하기 우리동네 경제활동 모형 만들기(협력과제)	4	우리동네 소인국모형 	관찰평가 (프로젝트 참여) 작품평가

학생 수준에 맞게 행동 동사를 추출하여 수준별 수업을 설계하였다고 가정하고, 개별화교육 측면만 고민해볼게요. 위 사례 속 A학생은 감정조절에 어려움이 있어 수업방해행동으로 수업에 참여가 어려웠어요. 이 경우, 교사는 사전에 그 행동을 줄이기 위한 개별화교육계획을 수립하여 다양한 중재를 시도할 수 있겠지요. 위 예시에서는 감정표현 의사소통판을 활용하여 방해행동을 줄이고 수업에 참여할 수 있도록 지도하였어요. 같은 방법으로 B학생의 경우 어려운 과제를 회피하며 제시된 과제를 끝까지 수행하지 못했어요. 그래서, 교사는 어려워하는 과제를 분석하여 단계별로 수행할 수 있도록 지도하였어요. 이렇게 개별화교육 목표는 단위 수업 속에서 자연스럽게 방법적인 모습으로 실행될 수 있어요. 그러려면 사전에 분석하고 계획하는 작업이 중요하겠지요?

시즌 수업과 릴레이 수업은 어떻게 기획하나요?

30일 (　　)월 (　　)일

시즌 수업은 일정 시기가 되면 다시 돌아오는 수업을 의미합니다. **맥락과 루틴이 반복되는 수업으로 시리즈 형태**라고 이해하시면 쉬울 것 같아요. 최근 영화 '범죄도시' 시리즈가 흥행하고 있지요? 4탄을 넘어 다음 시리즈까지 예고하고 있죠. 어때요? 다음 시리즈도 기다려지고 기대되지 않으세요? 바로 시즌 수업은 이러한 효과를 가지고 있어요. 18일에 학습한 '주제 중심 교육과정 재구성'에서 시즌 수업과 릴레이 수업을 소개해 드렸는데, 다시 한번 복습해 보는 것도 이해에 도움이 될 거예요.

릴레이 수업은 **수업과 수업이 바톤(baton) 터치하듯이 이어지는 수업**을 의미해요. 첫 수업의 학습 결과물이 다음 수업의 학습자료가 되고 결과물들의 피드백이 다음 수업의 출발점이 되는 수업을 의미해요. 즉, 수업이 곧 평가가 되고 평가 결과가 다음 수업의 내용으로 이어지는 「수업이라는 구슬」을 교사가 하나하나 꿰어 만들어가는 형태를 말해요. 다음 맵핑은 봄을 주제로 기획한 주제 중심 릴레이 수업사례예요.

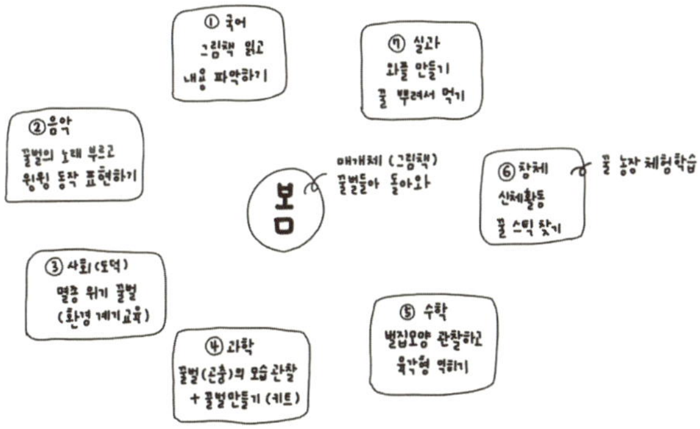

[봄이라는 주제로 릴레이 수업 구상하기][21]

21) 한경화, 김동인 외(2023). 개념 기반 교사 교육과정. 교육과학사.

「**봄**」이라는 주제와 맥락을 중심으로 교과 간 릴레이 수업을 구성하였어요. 릴레이 수업을 구성할 때는 주제를 대표하는 구체적인 핵심 단어를 추출하면 활동을 구성하고 이어가기가 용이해요. 앞의 사례는 꿀벌이라는 핵심 단어를 추출하여 꿀벌과 관련된 봄 이야기를 릴레이 형식으로 풀어낸 수업이라 할 수 있어요. 여기서 **'꿀벌들아 돌아와' 그림책은 전체 릴레이 수업을 이어주는 매개체의 역할**을 해요.

이렇게 설계된 주제 중심 릴레이 수업은 봄, 여름, 가을, 겨울로 이어지는 시즌 수업으로 확장할 수 있겠지요? 계절별 소주제(핵심 키워드)를 동물로 선택한다면 봄은 꿀벌, 여름은 모기, 가을은 잠자리, 겨울은 북극곰으로 맥락과 루틴이 있는 시즌 수업이 완성돼요. 해마다 돌아오고 반복되는 계절 수업을 이번 해는 동물로 다음 해는 계절별 꽃으로 다음 해는 계절별 과일로, 그다음 해는 캠핑(여행)을 주제로 기획해 본다면, 학생들은 계절이 바뀌면 함께 배운 내용을 기억하며 핵심 단어를 자연스럽게 떠올리게 되겠죠. 자신의 삶과 연결된 구체화된 수업은 오랫동안 기억에 남을 것이라 생각해요. 그럼 교육과정과 어떻게 연결하면 될까요? 관련 성취기준을 추출한 후, 활동 내용을 담아 구체화하면 되겠지요? 우리가 첫날부터 지금까지 배워온 성취기준 관련 학습을 상기해 보면 그리 어렵지 않을 거예요. 만약 성취기준과 연결하기 어렵거나 교사 자율 시간으로 확보된 경우에는 교사가 재량으로 운영하면 되겠죠?

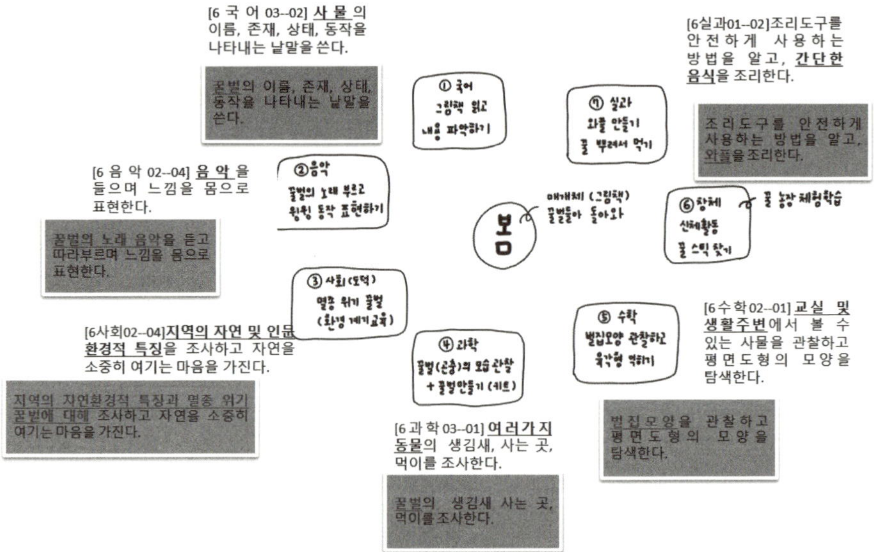

한쌤과 Step Up

도전! 시즌+릴레이수업 설계하기

'여름'을 주제로 교과 간 릴레이 수업을 설계해 봅시다.

1. '여름' 하면 떠오르는 핵심 단어를 포스트잇에 적으세요. 10개 내외가 적당해요. 이때 하늘, 바다, 소풍 등 모든 계절과 연관 있는 모호한 단어보다는 여름을 연상시키는 직관적인 단어를 적는 것이 좋아요.
2. 핵심 단어 중 보다 구체적인 단어 하나를 선정해주세요. 이때 선정된 단어가 봄, 여름, 가을, 겨울 시즌 수업을 기획하기 적절한지 검토한 후 최종 선정해주세요. 예를 들어 '수박'이라는 단어를 선정했다면 계절별 과일로 시즌 수업을 기획하기 좋겠지요?
3. 선정된 핵심 단어를 지도하기 위해 구상할 수 있는 활동을 포스트잇에 적어요. 과목별로 적으시면 다양한 활동을 구상하기 좋아요.
4. 많은 아이디어들이 모이면 유사한 활동 내용끼리 가르고 모아 최종 활동 8~10개 정도를 선정해요.
5. 마지막으로 선정된 활동이 이어지도록 순서대로 배열해요. 최종 결과물을 다음 표에 기록해보세요.

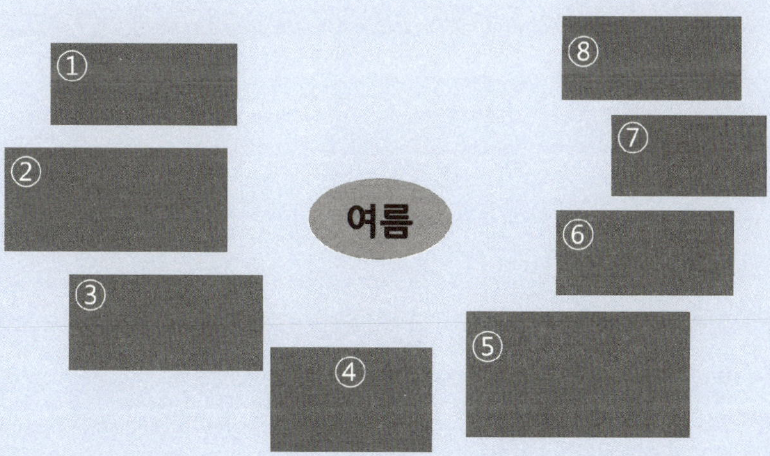

하루에 한 장 뜯어 먹는 **교육과정 기초 다지기**

부록

하나, 성취기준에 따른 내용 요소 분석표

둘, 성취기준 해설 속 학습 내용 분석표

☞ 이렇게 활용해 보세요.

1. 2022 개정 특수교육 교육과정과 교육과정 해설서를 기준으로 분석했어요. 교과서 맵핑은 2024년 기준, 기본 교육과정 초등학교 1~2학년군을 대상으로 했어요.
2. 부록 '하나'는 이렇게 활용해 보세요. 개인 또는 공동체에서 성취기준 분석 실습을 할 때 비교 자료로 활용할 수 있어요. 또한 성취기준 재구조화를 위한 성취기준 탐색, 교과서·성취기준·주제 중심 등으로 교육과정을 재구성하고자 할 때 편리하게 관련 성취기준을 찾아 연결할 수 있어요.
3. 부록 '둘'은 이렇게 활용해 보세요. 성취기준에 따른 가르칠 내용을 선정할 때, 성취기준의 스팩트럼을 확인하고 가르칠 내용을 추출하고 싶을 때, 타 학년군의 가르칠 내용을 확인하여 학생에게 맞는 내용을 선정하고 싶을 때 편리하게 활용할 수 있어요.

하나, 성취기준에 따른 내용 요소 분석표

기본 기본 교육과정 국어(초등학교 1~2학년군)

영역	성취기준	내용 요소			교과서	
		지식 · 이해	과정 · 기능	가치 · 태도	가	나
듣기 · 말하기	[2국어01-01] 여러 가지 소리의 의미를 이해하고 구별한다.	• 여러 가지 소리	• 소리 듣고 구별하기		준비. 재미있게 표현해요 1. 소리에는 뜻이 있어요	준비. 다양하게 표현해요 1. 소리의 뜻을 찾아보아요
	[2국어01-02] 표정과 몸짓의 의미를 이해하고, 표정과 몸짓으로 감정이나 요구를 표현한다.	• 표정과 몸짓	• 표정과 몸짓으로 의사 표현하기		준비. 재미있게 표현해요 3. 몸으로 말해요 책 읽기. 책을 만나요	준비. 다양하게 표현해요 3. 마음을 나누어요 책 읽기. 책을 만나요
	[2국어01-03] 다양한 방법으로 의사소통을 시도한다.		• 말소리, 상징, 보완대체의사소통 기기로 의사 표현하기	• 자발적인 의사 표현	4. 어떻게 표현할까 7. 같은 것끼리 모아요	4. 내 생각을 알려요 7. 그림으로 알 수 있어요
	[2국어01-04] 의사소통에 자발적이고 적극적으로 참여한다.	• 의사소통 의도		• 자발적인 의사 표현	6. 즐겁게 소통해요	6. 서로서로 생각을 주고받아요

영역	성취기준	내용 요소			교과서	
		지식 · 이해	과정 · 기능	가치 · 태도	가	나
읽기	[2국어02-01] 점, 선, 면으로 구성된 여러 가지 형태를 탐색한다.	• 형태 지각			2. 마음대로 쓱쓱 5. 점, 선, 면으로 만나는 세상	준비. 다양하게 표현해요 2. 선과 모양을 표현해요
	[2국어02-02] 글자의 기초가 되는 여러 가지 모양을 변별한다.		• 변별하기 • 글자의 기초가 되는 모양 찾기		2. 마음대로 쓱쓱	2. 선과 모양을 표현해요 5. 모양 나라를 여행해요
	[2국어02-03] 일상생활에서 자주 볼 수 있는 실물, 그림, 상징, 기호에 관심을 가진다.		• 실물, 그림, 상징 대응하기	• 그림, 기호, 상징에 대한 관심	7. 같은 것끼리 모아요 8. 읽는 재미를 찾아보아요	7. 그림으로 알 수 있어요 8. 읽는 재미를 찾아보아요
	[2국어02-04] 실물, 그림, 상징이 소리로 표현되는 것을 알고, 읽는 활동에 관심을 가진다.	• 그림, 기호, 상징		• 그림, 기호, 상징에 대한 관심	7. 같은 것끼리 모아요 8. 읽는 재미를 찾아보아요 책 읽기. 책을 만나요	7. 그림으로 알 수 있어요 8. 읽는 재미를 찾아보아요 책 읽기. 책을 만나요

영역	성취기준	내용 요소			교과서	
		지식 · 이해	과정 · 기능	가치 · 태도	가	나
쓰기	[2국어03-01] 끼적이기에 재미를 느끼며 자유롭게 끼적인다.		• 자유롭게 끼적이기	• 끼적이는 재미	2. 마음대로 쓱쓱 책 읽기. 책을 만나요	
	[2국어03-02] 글자의 기초가 되는 선과 모양을 알고 다양한 방법으로 표현한다.	• 글자의 기초가 되는 선과 모양	• 글자의 기초가 되는 선과 모양 표현하기		5. 점, 선, 면으로 만나는 세상 책 읽기. 책을 만나요	2. 선과 모양을 표현해요 5. 모양 나라를 여행해요

기본 기본 교육과정 국어(초등학교 3~4학년군)

영역	성취기준	내용 요소		
		지식 · 이해	과정 · 기능	가치 · 태도
듣기 · 말하기	[4국어01-01] 일상생활이나 자신과 관련된 단어를 사용하여 의사를 표현한다.	• 일상생활과 관련된 단어	• 친숙한 단어를 사용하여 말하기	
	[4국어01-02] 요청하는 말을 듣고 이해하여 행동으로 나타낸다.	• 움직임을 나타내는 말	• 말 듣고 행동하기	
	[4국어01-03] 자신과 관련된 간단한 질문에 대답한다.	• 자신과 관련된 단어	• 간단한 질문에 대답하기	
	[4국어01-04] 바른 자세로 대화에 참여한다.		• 대화에 참여하기	• 대화의 바른 자세
읽기	[4국어02-01] 바른 자세로 친숙한 단어를 소리 내어 읽는다.		• 친숙한 단어 읽기	• 읽기의 바른 태도
	[4국어02-02] 그림책이나 환경 인쇄물 등에서 단어, 상징의 의미를 파악한다.	• 환경 인쇄물의 정보	• 친숙한 단어의 의미 파악하기	
	[4국어02-03] 상징, 글자, 그림 단서를 활용하여 인물과 장면을 파악한다.	• 상징, 글자의 의미	• 그림을 단서로 인물과 장면 확인하기	
	[4국어02-04] 그림책, 환경 인쇄물, 책 등 다양한 읽을 거리에 관심을 가진다.	• 환경 인쇄물의 정보		• 그림과 글자 읽기에 대한 흥미
쓰기	[4국어03-01] 다양한 방법으로 글자 모양을 만든다.	• 글자의 모양	• 글자 모양 만들기	
	[4국어03-02] 쓰기 도구를 바르게 잡고 글자 모양을 따라 쓴다.		• 글자 모양 따라 쓰기	• 쓰기 도구 사용에 대한 흥미
	[4국어03-03] 나와 관련 있는 친숙한 글자를 보고 쓰면서 쓰기 활동에 관심을 가진다.	• 친숙한 글자	• 글자 보고 쓰기	• 쓰기에 대한 관심

기본 기본 교육과정 국어(초등학교 5~6학년군)

영역	성취기준	내용 요소		
		지식 · 이해	과정 · 기능	가치 · 태도
듣기 · 말하기	[6국어01-01] 단어와 문장을 듣고 뜻을 파악한다.	• 단어와 문장	• 문장 형태의 말 듣고 의미 파악하기	
	[6국어01-02] 모습과 행동을 단어나 문장으로 표현한다.	• 성질이나 상태를 나타내는 말	• 모습과 행동 파악하고 말하기	
	[6국어01-03] 시간이나 장소를 나타내는 말을 사용하여 경험한 일을 상대방에게 전달한다.	• 시간, 장소를 나타내는 말	• 경험한 일 표현하기	
	[6국어01-04] 묻는 말의 의미를 이해하여 적절한 질문과 대답을 한다.	• 묻는 말	• 질문과 대답하기	
	[6국어01-05] 바르고 고운 말을 사용하여 대화한다.			• 바르고 고운 말 사용

영역	성취기준	내용 요소		
		지식 · 이해	과정 · 기능	가치 · 태도
읽기	[6국어02-01] 글자의 구성 요소와 짜임을 익혀 단어를 소리 내어 읽는다.	• 글자의 구성 요소	• 소리 내어 읽기	
	[6국어02-02] 여러 가지 매체 자료에서 단어의 의미를 파악한다.	• 단어의 의미	• 다양한 단어의 의미 파악하기	
	[6국어02-03] 그림을 단서로 문장의 내용을 이해한다.		• 그림을 단서로 내용 파악하기	
	[6국어02-04] 일상생활에서 접하는 동시, 노랫말, 이야기 등에 재미를 느끼며 읽는다.			• 읽기에 대한 즐거움
	[6국어02-05] 다양한 매체 자료와 글에 흥미를 느끼고, 올바른 읽기 습관을 기른다.	• 매체 자료		• 바람직한 읽기 습관
쓰기	[6국어03-01] 글자의 짜임을 알고 획순에 따라 한글 자모를 쓴다.	• 글자의 짜임과 획순	• 자모 쓰기	
	[6국어03-02] 단어가 가진 의미를 알고 일상생활에서 자주 사용하는 단어를 쓴다.	• 단어의 의미	• 일상생활과 관련된 단어 쓰기	
	[6국어03-03] 쓰기에 흥미를 느끼고 바른 자세와 태도로 글자를 쓴다.			• 쓰기에 대한 흥미 • 글씨를 쓰는 바른 자세

기본 기본 교육과정 국어(중학교 1~3학년군)

영역	성취기준	내용 요소		
		지식・이해	과정・기능	가치・태도
듣기・말하기	[9국어01-01] 상대방의 이야기를 듣고 주요 내용을 파악한다.		• 말 듣고 주요 내용 파악하기	
	[9국어01-02] 사건이나 사실을 분명하게 전달한다.		• 사실과 느낌 표현하기	
	[9국어01-03] 준언어적, 비언어적 표현 요소를 활용하여 자신의 감정이나 느낌을 표현한다.	• 느낌을 나타내는 말 • 준언어적, 비언어적 표현	• 사실과 느낌 표현하기	
	[9국어01-04] 대화 예절을 지키며 상대방의 말에 적절한 질문과 대답으로 대화를 이어 간다.		• 상황과 상대방에게 맞게 대화하기 • 질문과 대답으로 대화 이어 가기	• 대화 예절
	[9국어01-05] 인사말과 높임 표현을 사용하여 상황과 상대방에 따라 적절하게 말한다.	• 높임 표현	• 상황과 상대방에게 맞게 대화하기	

영역	성취기준	내용 요소		
		지식・이해	과정・기능	가치・태도
읽기	[9국어02-01] 단어의 의미 관계를 이해하고 의미 관계에 알맞게 띄어 읽는다.	• 단어의 의미 확장	• 띄어 읽기 • 단어의 의미 확장하기	
	[9국어02-02] 문장의 의미를 파악하여 주요 내용을 확인한다.	• 문장의 의미	• 문장의 내용 확인하기	
	[9국어02-03] 문장을 읽고 인물의 생각이나 마음을 이해한다.	• 문장의 의미	• 인물의 마음이나 생각 알기	
	[9국어02-04] 다양한 읽을거리를 스스로 찾아 즐겨 읽는 태도를 기른다.			• 자발적인 읽기 태도
	[9국어02-05] 글을 읽고 글에 대한 느낌과 경험을 다른 사람과 나눈다.			• 읽기의 경험과 읽은 후의 느낌 공유
쓰기	[9국어03-01] 사물의 이름, 존재, 상태, 동작을 나타내는 단어를 바르게 쓴다.	• 단어의 소리와 표기	• 단어 쓰기	
	[9국어03-02] 기록의 필요성을 알고 일상생활에 필요한 내용과 정보를 메모한다.	• 기록의 필요성	• 메모하기	• 기록하는 습관
	[9국어03-03] 문장의 기본 구조를 알고 문장을 쓴다.	• 문장의 구성	• 문장 쓰기	
	[9국어03-04] 쓰기에 자신감을 가지고 단어나 문장으로 쓰려는 태도를 기른다.		• 단어 쓰기 • 문장 쓰기	• 쓰기에 대한 자신감

기본 기본 교육과정 국어(고등학교 1~3학년군)

영역	성취기준	내용 요소		
		지식 · 이해	과정 · 기능	가치 · 태도
듣기 · 말하기	[12국어01-01] 정보를 전달하는 말을 듣고 자신에게 필요한 내용을 파악한다.	• 정보를 전하는 말	• 말 듣고 필요한 정보 파악하기	
	[12국어01-02] 상대방의 말에 적절히 반응하며 공감하는 대화를 한다.		• 상대방의 말에 반응하며 듣기	• 공감하는 대화
	[12국어01-03] 생각을 주고받으며 대화를 나눈다.	• 생각을 나타내는 말	• 생각 표현하기	
	[12국어01-04] 대화 목적에 따라 적절한 내용과 태도로 말한다.	• 대화의 목적	• 목적에 맞게 대화하기	
	[12국어01-05] 다양한 매체와 매체 자료를 활용하여 의사소통한다.	• 매체를 활용한 의사소통 방법	• 매체를 활용한 듣기와 말하기	

영역	성취기준	내용 요소		
		지식・이해	과정・기능	가치・태도
읽기	[12국어02-01] 글의 느낌과 분위기를 살려 유창하게 읽는다.	• 읽기의 목적과 방법	• 유창하게 읽기	
	[12국어02-02] 글의 중심 내용을 파악하고 대강의 내용을 간추린다.		• 주요 내용 파악하기	
	[12국어02-03] 글쓴이와 등장인물의 생각을 파악하고 경험과 관련짓는다.		• 중심 생각 파악하기 • 경험과 관련지어 읽기	
	[12국어02-04] 글과 매체 자료의 유형에 따라 다양한 읽기 방법을 적용하여 읽는다.	• 글과 매체 • 읽기의 목적과 방법		
	[12국어02-05] 일상생활에서 다양한 글과 책, 매체 자료를 즐겨 읽는다.	• 글과 매체		• 읽기의 생활화
쓰기	[12국어03-01] 문장 부호의 이름과 쓰임을 알고 문장에 사용한다.	• 문장 부호의 의미	• 문장 부호 사용하기	
	[12국어03-02] 주제와 내용이 자연스럽게 연결되는 짧은 글을 쓴다.	• 문단의 구성	• 주제가 있는 짧은 글 쓰기	
	[12국어03-03] 쓰기 매체를 활용하여 일상생활과 관련된 내용을 쓴다.	• 쓰기 매체의 특성	• 매체를 활용하여 쓰기	
	[12국어03-04] 쓰기로 소통하는 즐거움을 느끼고, 언어 예절을 지켜 글 쓰는 태도를 기른다.			• 쓰기로 소통하는 즐거움 • 읽는 이를 생각하며 쓰는 태도

기본 기본 교육과정 사회(초등학교 3~4학년군)

영역	성취기준	내용 요소		
		지식 · 이해	과정 · 기능	가치 · 태도
나의 삶	[4사회01-01] 나의 여러 모습을 살펴보고 나를 좋아하는 마음을 가진다.	• 나의 모습	• 나의 모습 살펴보기	• 나를 좋아하는 마음
관계의 삶	[4사회02-01] 우리 가족의 화목한 모습을 살펴보며 우리 가족을 소중히 여기는 마음을 가진다.	• 가족 사랑	• 우리 가족의 화목한 모습 살펴보기	• 가족을 소중히 여기는 마음
	[4사회02-02] 가족 간에 서로 존중하는 모습을 보며 가족에게 예의 바르게 행동한다.	• 가정에서의 생활 예절	• 가족 간 예의 바른 모습 살펴보기	• 가정에서의 예의 바른 태도
	[4사회02-03] 학교에서 친구를 아끼고 사이좋게 생활한다.	• 친구와 사이좋은 학교생활	• 친구 간 사이좋게 지내는 모습 살펴보기	• 친구를 소중히 여기는 마음
시민의 삶	[4사회03-01] 우리 동네의 모습을 살펴보고 이웃들이 살아가는 모습에 관심을 가진다.	• 우리 동네 모습	• 동네의 모습 살펴보기	• 이웃의 생활 모습에 관한 관심
	[4사회03-02] 우리 이웃 사람들의 다양한 경제활동을 살펴보고 이웃들의 경제활동에 관심을 가진다.	• 이웃의 경제생활	• 이웃의 경제생활 모습 살펴보기	• 이웃의 경제활동에 관한 관심
	[4사회03-03] 나와 우리 가족 구성원이 변화해 온 모습을 살펴보며 가족의 변화 모습에 관심을 가진다.	• 우리 가족의 과거와 현재	• 우리 가족의 변화 모습 살펴보기	• 가족의 변화 모습에 관한 관심

영역	성취기준	내용 요소		
		지식 · 이해	과정 · 기능	가치 · 태도
시민의 삶	[4사회03-04] 가족, 친구와 여러 가지 문화 활동에 즐겁게 참여한다.	• 다양한 문화 활동	• 함께 문화 활동하기	• 문화 활동 참여의 즐거움
	[4사회03-05] 학교생활에서 지켜야 하는 규칙을 살펴보고 이를 지킨다.	• 학교의 생활 규칙	• 학교생활 규칙 살펴보기	• 학교 규칙을 지키려는 태도
	[4사회03-06] 우리나라를 상징하는 것들을 살펴보고 나라 사랑하는 마음을 기른다.	• 우리나라 상징	• 우리나라를 대표하는 것 살펴보기	• 우리나라를 사랑하는 마음

기본 기본 교육과정 사회(초등학교 5~6학년군)

영역	성취기준	내용 요소		
		지식 · 이해	과정 · 기능	가치 · 태도
나의 삶	[6사회01-01] 나의 특징을 다양한 방법으로 표현하고 나를 소중히 여긴다.	• 나의 특징	• 나의 특징 표현하기	• 나를 소중히 하는 마음
	[6사회01-02] 일상생활에서 활동이나 물건을 선택하고 나의 선택을 중요하게 여기는 태도를 기른다.	• 생활 속 선택	• 원하는 활동이나 물건 선택하기	• 선택을 중요하게 여기는 태도
관계의 삶	[6사회02-01] 가족과 이웃들이 사이좋게 지내는 모습을 살펴보며 가족과 이웃을 소중히 여긴다.	• 가족과 이웃 사랑	• 가족과 이웃들이 사이좋게 지내는 모습 관찰하기	• 가족과 이웃을 소중히 여기는 마음
	[6사회02-02] 친구와 사이좋게 지내며 친구와의 우정을 소중히 여긴다.	• 친구와의 우정	• 친구와 사이좋게 지내기	• 친구와의 우정을 소중히 여기는 태도
	[6사회02-03] 학교에서 만나는 사람들에게 예의 바른 행동을 한다.	• 학교에서의 생활 예절	• 학교에서 예의 바른 행동하기	• 학교에서의 예의 바른 태도
	[6사회02-04] 이웃에서 만나는 사람들에게 예의 바른 행동을 한다.	• 이웃과의 생활 예절	• 이웃에게 예의 바르게 행동하기	• 이웃에 예의 바른 태도

영역	성취기준	내용 요소		
		지식 · 이해	과정 · 기능	가치 · 태도
시민의 삶	[6사회03-01] 우리 지역의 자연환경과 인문환경에 따라 사람들이 살아가는 모습을 살펴보며 우리 지역의 모습에 관심을 가진다.	• 우리 지역의 자연환경과 인문환경	• 우리 지역의 자연 및 인문환경 특징 설명하기	• 우리 지역 모습에 관한 관심
	[6사회03-02] 우리 지역의 사람들이 다양한 경제활동에 참여하는 것을 살펴보며 우리 지역의 경제활동에 관심을 가진다.	• 우리 지역 사람들의 경제생활	• 우리 지역의 경제생활 모습 살펴보기	• 우리 지역 경제활동에 관한 관심
	[6사회03-03] 우리 지역의 문화 유적을 살펴보며 옛사람들의 생활 모습에 관심을 가진다.	• 우리 지역의 문화 유적	• 우리 지역의 문화 유적지 살펴보기	• 옛사람의 생활 모습에 관한 관심
	[6사회03-04] 가족, 친구와 여러 지역의 문화 활동에 관심을 가지고 참여한다.	• 지역의 문화 활동	• 지역의 문화 활동 체험하기	• 지역 문화 활동에 관한 관심
	[6사회03-05] 사람들이 지키는 생활 규범에 관심을 갖고 나의 일상 속에서 지킨다.	• 생활 속 규범	• 생활 속 규범 지키기	• 생활 속에서 규범을 지키려는 태도
	[6사회03-06] 독도의 여러 모습을 살펴보고 우리나라 영토를 아끼는 마음을 가진다.	• 우리 땅 독도	• 독도의 모습 살펴보기	• 우리 영토를 아끼는 마음

기본 기본 교육과정 사회(중학교 1~3학년군)

영역	성취기준	내용 요소		
		지식 · 이해	과정 · 기능	가치 · 태도
나의 삶	[9사회01-01] 나의 특성을 파악하고 자신을 존중하는 태도를 기른다.	• 자기 인식	• 나의 특성 파악하기	• 나를 존중하는 태도
	[9사회01-02] 일상에서 여러 가지를 선택하고 결정하여 자기 결정력을 기른다.	• 나의 선택과 결정	• 나의 결정 실행하기	• 자기 결정 실천 의지
관계의 삶	[9사회02-01] 일상에서 자신에게 주어진 역할을 성실한 태도로 실천한다.	• 일상에서 나의 역할과 책임	• 일상에서 자신의 역할과 책임 실천하기	• 성실한 태도
	[9사회02-02] 주변 사람을 소중히 여기는 마음을 가지고 존중하며 친절하게 대한다.	• 타인에 대한 친절과 존중	• 일상에서 타인에게 친절하기	• 타인을 소중히 여기는 마음
	[9사회02-03] 주변 사람들의 사회적 상호 작용 모습을 조사하고 사회적 관계를 형성하려는 마음을 가진다.	• 다양한 사회적 관계 유형	• 다양한 사회적 관계 형태 조사하기	• 사회적 관계 형성 의지
	[9사회02-04] 사회적 상황에서 타인의 행동과 감정을 분석하고 공감한다.	• 사회적 상황에서 타인의 행동과 감정	• 타인의 행동과 감정 분석하기	• 타인의 행동과 감정에 공감하는 마음

영역	성취기준	내용 요소		
		지식 · 이해	과정 · 기능	가치 · 태도
시민의 삶	[9사회03-01] 우리나라의 자연환경과 인문환경 특징을 파악하고 환경을 소중히 여긴다.	• 우리나라의 자연환경과 인문환경	• 우리나라 자연환경과 인문환경 특징 조사하기	• 우리나라 환경의 소중함
	[9사회03-02] 여러 지역 사람들의 다양한 경제 활동 모습을 조사하며 나라의 경제활동에 관심을 가진다.	• 여러 지역 사람들의 경제생활	• 지역 간 인적, 물적 교류 정보 수집하기	• 나라의 경제활동에 관한 관심
	[9사회03-03] 우리나라의 문화 유적을 살펴보고 우리 역사를 아끼는 마음을 가진다.	• 우리나라의 문화 유적	• 우리나라의 문화 유적 정보 수집하기	• 우리 역사를 아끼는 마음
	[9사회03-04] 가족, 친구와 함께 여러 가지 문화 활동을 계획하며 참여한다.	• 다양한 문화 활동	• 다양한 문화 활동 계획하기	• 문화 활동 참여를 즐기는 태도
	[9사회03-05] 일상에서 민주적 생활 태도를 기르고 실천한다.	• 민주적 생활 태도	• 일상에서 민주적 생활 모습 실천하기	• 민주적인 생활 태도 실천 의지
	[9사회03-06] 우리 영토를 지켜온 노력을 조사하고 영토와 평화를 소중히 여기는 마음을 가진다.	• 영토를 지켜온 역사	• 나라를 지켜온 노력 조사하기	• 영토와 평화를 소중히 여기는 마음
	[9사회03-07] 우리 사회가 변화하는 모습을 조사하고 사회 변화에 관심을 가진다.	• 우리 사회의 변화	• 사회 변화 모습 비교하기	• 사회 변화에 관심

기본 기본 교육과정 사회(고등학교 1~3학년군)

영역	성취기준	내용 요소		
		지식 · 이해	과정 · 기능	가치 · 태도
나의 삶	[12사회01-01] 자신의 소중함과 가치를 발견하여 자신을 긍정적으로 인식한다.	• 자아 존중	• 나의 가치 평가하기	• 내 삶을 긍정적으로 인식하는 태도
	[12사회01-02] 자신의 요구와 권리를 상황에 맞게 표현하며 자기 결정을 생활화한다.	• 나의 권리와 자기 결정	• 상황에 맞게 주장하기	• 자기 옹호 실천 의지
관계의 삶	[12사회02-01] 정직하고 성실하게 살아가는 태도를 실천한다.	• 정직하고 성실한 생활	• 일상에서 정직, 약속, 성실의 가치를 평가하기	• 정직과 성실한 삶의 태도 내면화
	[12사회02-02] 다른 사람을 존중하고 배려하며 생명을 소중히 여긴다.	• 존중하고 배려하는 생활	• 타인을 존중하고 배려하는 행동하기	• 생명 존중의 가치 습관화
	[12사회02-03] 다양한 사회적 관계유형에 따른 역할 행동을 일상에서 실천한다.	• 사회적 관계유형과 역할 행동	• 사회적 관계유형에 따른 역할 행동하기	• 사회적 역할 행동의 실천 의지
	[12사회02-04] 사회적 관계에서의 갈등 상황을 분석하고 서로의 입장을 존중한다.	• 갈등 상황에서의 다른 입장과 존중	• 갈등 상황 분석하기	• 다른 입장을 존중하는 태도

영역	성취기준	내용 요소		
		지식 · 이해	과정 · 기능	가치 · 태도
시민의 삶	[12사회03-01] 세계 곳곳의 사람들이 환경과 조화를 이루며 살아가는 모습을 파악하고 일상에서 환경친화적 생활 태도를 실천한다.	• 인간과 환경의 관계	• 세계 여러 나라의 환경과 생활 모습 분석하기	• 지속 가능한 환경의 소중함
	[12사회03-02] 사람들의 다양한 경제활동 모습을 분석하며 경제생활 주체로서의 삶의 태도를 지닌다.	• 다양한 경제활동	• 경제활동 모습 분석하기	• 경제생활 주체로서 삶의 태도
	[12사회03-03] 우리나라의 문화유산을 조사하고 우리 역사에 자부심을 느낀다.	• 우리나라의 문화유산	• 우리나라의 문화유산 조사하기	• 우리 역사에 대한 자부심
	[12사회03-04] 여러 사람과 다양한 문화 활동을 하며 문화적 소양을 기른다.	• 다양한 사회적 관계 속에서의 문화 활동	• 다양한 사람들과 문화 활동하기	• 문화적 소양을 기르는 태도
	[12사회03-05] 일상에서 사회 규범을 지키며 인권 존중을 실천한다.	• 사회 규범과 인권	• 사회 규범 준수와 인권 존중 실천하기	• 사회 규범 준수 및 인권 존중 태도
	[12사회03-06] 민주주의의 원리를 존중하고 실천하며 민주시민의 소양을 기른다.	• 민주주의 원리와 시민 의식	• 시민의 의무와 권리 행사하기	• 민주시민 의식 실천 의지
	[12사회03-07] 영토 주권과 평화와 통일을 위한 우리의 노력을 조사하고 세계 평화를 소중히 여긴다.	• 영토 주권과 평화와 통일	• 영토 수호, 평화와 통일을 위한 노력 조사하기	• 영토 주권 의식과 평화 사랑
	[12사회03-08] 세계인이 함께 살아가는 모습을 조사하고 세계시민으로서의 삶의 태도를 가진다.	• 세계변화와 다중 시민성	• 세계인이 함께 사는 모습 조사하기	• 세계시민 소양 실천 의지

기본 기본 교육과정 수학(초등학교 1~2학년군)

영역	성취기준	내용 요소			교과서	
		지식 · 이해	과정 · 기능	가치 · 태도	가	나
수와 연산	[2수학01-01] 주변을 탐색하여 방금 전에 보았던 사물을 찾는다.	• 찾기	• 수 개념 파악하기	• 적극적으로 참여하는 태도	1. 숨기기와 찾기	
	[2수학01-02] 제시한 구체물과 같거나 다른 구체물을 찾는다.	• 변별하기	• 수 개념 파악하기	• 적극적으로 참여하는 태도	2. 변별하기	
	[2수학01-03] 구체물을 보고 많은 것과 적은 것을 비교한다.	• 비교하기	• 수 개념 파악하기	• 적극적으로 참여하는 태도		1. 비교하기(2)
	[2수학01-04] 서로 관계있는 구체물을 찾아 일대일로 짝짓는다.	• 짝짓기	• 수 개념 파악하기	• 적극적으로 참여하는 태도		2. 짝짓기
	[2수학01-05] 구체물을 한 가지 기준에 따라 순서대로 배열한다.	• 순서 짓기	• 수 개념 파악하기	• 수의 필요성		3. 순서 짓기
	[2수학01-06] 구체물이 있고 없음을 구별하고, 한 개와 여러 개를 구별한다.	• 찾기	• 수 개념 파악하기	• 수의 필요성	1. 숨기기와 찾기	
	[2수학01-07] 다섯 개 이하 구체물의 개수를 센다.	• 다섯까지 개수 세기	• 수를 세고 읽고 쓰기	• 수의 필요성	3. 셋까지의 개수 세기	4. 다섯까지의 개수 세기
	[2수학01-08] 배열이 다른 구체물의 개수를 세어 비교한다.	• 다섯까지 개수 세기	• 수를 세고 읽고 쓰기	• 수의 필요성	3. 셋까지의 개수 세기	4. 다섯까지의 개수 세기

영역	성취기준	내용 요소			교과서	
		지식 · 이해	과정 · 기능	가치 · 태도	가	나
수와 연산	[2수학01-09] 다섯 개 이하의 구체물을 양쪽으로 가른다.	• 가르기와 모으기	• 덧셈, 뺄셈 문제 해결 과정 나타내기	• 덧셈과 뺄셈의 유용성	4. 셋까지의 모으기와 가르기	5. 다섯까지 모으기와 가르기
	[2수학01-10] 양쪽의 구체물을 하나로 모은다.	• 가르기와 모으기	• 덧셈, 뺄셈 문제 해결 과정 나타내기 • 구체물, 수모형, 계산 도구 활용하기	• 덧셈과 뺄셈의 유용성	4. 셋까지의 모으기와 가르기	5. 다섯까지 모으기와 가르기
	[2수학01-11] 화폐의 용도를 알고 구체물 중에서 화폐를 찾는다.	• 화폐 탐색		• 동전과 지폐의 생활 속 가치		6. 화폐 탐색하기
도형	[2수학02-01] 생활 주변에서 볼 수 있는 사물의 모양을 관찰한다.	• 사물의 모양	• 사물의 모양 관찰하고 찾기	• 사물의 모양에 대한 흥미와 관심	5. 물건의 모양 알기	
	[2수학02-02] 여러 가지 사물의 모양의 기초적인 특성을 구별한다.	• 사물의 모양	• 직관적 비교로 모양 분류하기	• 사물의 모양 관찰하고 찾기	5. 물건의 모양 알기	

영역	성취기준	내용 요소			교과서	
		지식 · 이해	과정 · 기능	가치 · 태도	가	나
	[2수학02-03] 직관적인 비교를 통하여 같은 모양과 다른 모양을 찾는다.	• 사물의 모양	• 직관적 비교로 모양 분류하기		5. 물건의 모양 알기	
	[2수학02-04] 주변의 물건을 자유롭게 옮긴다.	• 공간의 탐색	• 위치와 방향, 거리를 구분하기			7. 위치와 방향 알기
	[2수학02-05] 나를 중심으로 앞, 뒤, 옆, 위, 아래를 구별한다.	• 공간의 탐색	• 위치와 방향, 거리를 구분하기			7. 위치와 방향 알기
측정	[2수학03-01] 여러 가지 구체물의 크기, 길이, 무게를 감각적으로 경험한다.	• 직관적 비교	• 측정 대상의 속성 탐색하기	• 측정 활동에서의 성공 경험	6. 비교하기(1)	
	[2수학03-02] 구체물 두 개의 크기, 길이를 직관적으로 비교하고 용어로 나타낸다.	• 직관적 비교	• 양적 감각 익히기		6. 비교하기(1)	
	[2수학03-03] 구체물 두 개의 무게를 직관적으로 비교하고 용어로 나타낸다.	• 직관적 비교	• 양적 감각 익히기		6. 비교하기(1)	
	[2수학03-04] 생활 모습을 관찰하여 낮과 밤으로 나타낸다.	• 시간 경험하기	• 시간과 생활 모습의 변화 연결하기			8. 시간 경험하기

영역	성취기준	내용 요소			교과서	
		지식 · 이해	과정 · 기능	가치 · 태도	가	나
	[2수학03-05] 시간의 변화에 따른 일상생활의 모습을 관찰하여 전과 후로 구분한다.	• 시간 경험하기	• 시간과 생활 모습의 변화 연결하기	• 시간 측정의 필요성		8. 시간 경험하기
규칙성	[2수학04-01] 시각적, 청각적, 운동적 표현을 통해 생활 주변에서 반복되는 규칙을 경험한다.	• 규칙 따라 하기	• 규칙 경험하고 모방하기		7. 규칙 경험하기	
	[2수학04-02] 소리와 리듬, 동작 등을 통해 반복되는 규칙을 따라 한다.	• 규칙 따라 하기	• 규칙 경험하고 모방하기			9. 규칙 따라 하기
자료와 가능성	[2수학05-01] 여러 가지 분류 상황을 경험한다.	• 분류 경험하기	• 자료의 특성과 분류 기준 파악하기	• 분류의 필요성	8. 분류 경험하기(1)	10. 분류 경험하기(2)

기본 기본 교육과정 수학(초등학교 3~4학년군)

영역	성취기준	내용 요소		
		지식 · 이해	과정 · 기능	가치 · 태도
수와 연산	[4수학01-01] 열 개 이하의 구체물 개수를 센다.	• 열까지 개수 세기	• 수 개념 파악하기 • 구체물, 수모형, 계산 도구 활용하기	• 수의 필요성
	[4수학01-02] 두 모음의 구체물 개수를 비교하고 많고 적음을 표현한다.	• 열까지 개수 세기	• 수 개념 파악하기 • 구체물, 수모형, 계산 도구 활용하기	• 수의 필요성 • 적극적으로 참여하는 태도
	[4수학01-03] 9 이하의 수를 읽고 쓴다.	• 한 자리 수	• 수를 세고 읽고 쓰기	• 수의 필요성
	[4수학01-04] 0의 개념을 알고 0을 읽고 쓴다.	• 한 자리 수	• 수를 세고 읽고 쓰기	• 수의 필요성
	[4수학01-05] 9 이하의 수 크기를 비교한다.	• 한 자리 수	• 수를 세고 읽고 쓰기	• 수의 필요성
	[4수학01-06] 구체물의 배열을 순서수로 표현한다.	• 순서수	• 수를 세고 읽고 쓰기 • 구체물, 수모형, 계산 도구 활용하기	• 수의 필요성
	[4수학01-07] 실생활에서 활용되는 한 자리 수의 덧셈과 뺄셈의 의미를 안다.	• 한 자리 수의 덧셈과 뺄셈	• 덧셈, 뺄셈 문제 해결 과정 나타내기 • 수와 연산을 실생활과 타 교과에 적용하기	• 덧셈과 뺄셈의 유용성
수와 연산	[4수학01-08] 합이 9 이하인 더하기를 하고 덧셈식으로 나타낸다.	• 한 자리 수의 덧셈과 뺄셈	• 덧셈, 뺄셈 문제 해결 과정 나타내기	
	[4수학01-09] 피감수가 9 이하인 빼기를 하고 뺄셈식으로 나타낸다.	• 한 자리 수의 덧셈과 뺄셈	• 덧셈, 뺄셈 문제 해결 과정 나타내기	

영역	성취기준	내용 요소		
		지식 · 이해	과정 · 기능	가치 · 태도
	[4수학01-10] 0이 있는 덧셈과 뺄셈을 한다.	• 한 자리 수의 덧셈과 뺄셈	• 덧셈, 뺄셈 문제 해결 과정 나타내기	
	[4수학01-11] 동전의 액면가를 읽고 크기를 비교한다.	• 동전 활용		• 동전과 지폐의 생활 속 가치
	[4수학01-12] 몇백 원짜리 상품과 교환할 수 있는 동전을 찾는다.	• 동전 활용		• 동전과 지폐의 생활 속 가치
도형	[4수학02-01] 교실 및 생활 주변에서 볼 수 있는 사물에서 여러 가지 입체 모양을 찾는다.	• 입체 모양	• 사물의 모양 관찰하고 찾기	• 사물의 모양에 대한 흥미와 관심
	[4수학02-02] 상자 모양, 공 모양, 둥근 기둥 모양 등의 여러 가지 입체 모양을 탐색한다.	• 입체 모양	• 사물의 모양 관찰하고 찾기	• 사물의 모양에 대한 흥미와 관심
	[4수학02-03] 직관적인 비교를 통하여 상자 모양, 공 모양, 둥근 기둥 모양을 분류한다.	• 입체 모양	• 직관적 비교로 모양 분류하기	
	[4수학02-04] 여러 가지 입체 모양을 활용하여 모양을 만들거나 꾸민다.	• 입체 모양 만들기와 꾸미기	• 여러 가지 모양으로 만들기와 꾸미기	• 만들기와 꾸미기의 즐거움 • 또래와 협력하여 만들기와 꾸미기
	[4수학02-05] 주변의 물건을 찾거나 옮기면서 위치의 변화를 경험한다.	• 위치와 방향의 변화	• 위치와 방향, 거리를 구분하기	
	[4수학02-06] 주변의 물건을 찾거나 옮기면서 방향의 변화를 경험한다.	• 위치와 방향의 변화	• 위치와 방향, 거리를 구분하기	
측정	[4수학03-01] 구체물 두세 개의 크기, 길이를 직접 비교하고 용어로 나타낸다.	• 직접 비교	• 측정 절차 따르기 • 양을 비교하고 결과를 표현하기	• 측정 활동에서의 성공 경험

영역	성취기준	내용 요소		
		지식 · 이해	과정 · 기능	가치 · 태도
	[4수학03-02] 구체물 두세 개의 무게를 직접 비교하고 용어로 나타낸다.	• 직접 비교	• 측정 절차 따르기 • 양을 비교하고 결과를 표현하기	• 측정 활동에서의 성공 경험
	[4수학03-03] 하루의 주요 활동을 보고 아침, 점심, 저녁으로 구분한다.	• 하루의 일과	• 시간과 생활 모습의 변화 연결하기	
	[4수학03-04] 하루의 주요 활동을 아침, 점심, 저녁의 시간 순서대로 나타낸다.	• 하루의 일과	• 시간의 순서 파악하기	
규칙성	[4수학04-01] 반복되는 두 가지 물체 배열을 보고 똑같이 배열한다.	• 두 개로 분류하기	• 규칙 경험하고 모방하기	• 규칙적 배열에 대한 흥미와 호기심
	[4수학04-02] 반복되는 두 가지 물체 배열을 보고, 다음에 올 것을 추측하여 배열한다.	• 두 개로 분류하기	• 다음에 올 것 추측하고 확인하기	
	[4수학04-03] 생활 주변의 두 가지 물체 배열에서 규칙을 찾는다.	• 두 개로 분류하기	• 물체와 무늬 배열에서 규칙 찾기	• 규칙 찾기 활동에서의 성공 경험
자료와 가능성	[4수학05-01] 두 개의 모음으로 분류된 자료를 보고 한 가지 기준을 찾는다.	• 두 개로 분류하기	• 기준에 따라 자료 분류하기	
	[4수학05-02] 자료를 한 가지 기준에 따라 두 개의 모음으로 분류한다.	• 두 개로 분류하기	• 기준에 따라 자료 분류하기 • 자료를 수집·정리하기	• 분류 활동에의 적극적 참여

기본 기본 교육과정 수학(초등학교 5~6학년군)

영역	성취기준	내용 요소		
		지식・이해	과정・기능	가치・태도
수와 연산	[6수학01-01] 10의 개념을 알고, 몇십을 센다.	• 두 자리 수	• 수 개념 파악하기 • 수를 세고 읽고 쓰기	• 수의 필요성
	[6수학01-02] 10개의 묶음과 낱개의 수를 두 자리 수로 나타낸다.	• 두 자리 수	• 수 개념 파악하기 • 수를 세고 읽고 쓰기	• 수의 필요성
	[6수학01-03] 두 자리 수의 크기를 비교한다.	• 두 자리 수	• 수 개념 파악하기 • 수를 세고 읽고 쓰기	
	[6수학01-04] 합이 10이 되는 더하기를 하고 덧셈식으로 나타낸다.	• 10이 되는 더하기와 10에서 빼기	• 덧셈, 뺄셈 문제 해결 과정 나타내기	
	[6수학01-05] 피감수가 10인 빼기를 하고 뺄셈식으로 나타낸다.	• 10이 되는 더하기와 10에서 빼기	• 덧셈, 뺄셈 문제 해결 과정 나타내기	
	[6수학01-06] 실생활에서 활용되는 몇십의 덧셈과 뺄셈의 의미를 안다.	• 몇십의 덧셈과 뺄셈	• 수와 연산을 실생활과 타 교과에 적용하기	• 덧셈과 뺄셈의 유용성
	[6수학01-07] 받아올림(내림)이 없는 몇십의 덧셈과 뺄셈을 한다.	• 몇십의 덧셈과 뺄셈	• 덧셈, 뺄셈 문제 해결 과정 나타내기	
수와 연산	[6수학01-08] 받아올림(내림)이 없는 몇십의 덧셈, 뺄셈과 관련된 실생활 문제를 해결한다.	• 몇십의 덧셈과 뺄셈	• 덧셈, 뺄셈 문제 해결 과정 나타내기 • 수와 연산을 실생활과 타 교과에 적용하기	• 덧셈과 뺄셈의 유용성

영역	성취기준	내용 요소		
		지식 · 이해	과정 · 기능	가치 · 태도
	[6수학01-09] 지폐(천 원, 오천 원, 만 원)의 액면가를 읽고 크기를 비교한다.	• 지폐 활용	• 수 개념 파악하기 • 수를 세고 읽고 쓰기	
	[6수학01-10] 지폐(천 원, 오천 원, 만 원)를 다른 액면가의 지폐로 교환한다.	• 지폐 활용	• 화폐 활용 시 간단한 의사 표현하기 • 구체물, 수모형, 계산 도구 활용하기	
	[6수학01-11] 몇천 원짜리 상품과 교환할 수 있는 지폐를 찾는다.	• 지폐 활용	• 화폐 활용 시 간단한 의사 표현하기	• 동전과 지폐의 생활 속 가치
	[6수학01-12] 만 몇천 원짜리 상품과 교환할 수 있는 지폐를 찾는다.	• 지폐 활용	• 화폐 활용 시 간단한 의사 표현하기	• 동전과 지폐의 생활 속 가치
도형	[6수학02-01] 교실 및 생활 주변의 사물을 관찰하여 여러 가지 평면 모양을 찾는다.	• 평면 모양	• 사물의 모양 관찰하고 찾기	• 사물의 모양에 대한 흥미와 관심
	[6수학02-02] 동그라미, 네모, 세모 등의 여러 가지 평면 모양을 탐색한다.	• 평면 모양	• 사물의 모양 관찰하고 찾기	• 사물의 모양에 대한 흥미와 관심
	[6수학02-03] 직관적 비교를 통하여 동그라미, 네모, 세모 모양을 분류한다.	• 평면 모양	• 사물의 모양 관찰하고 찾기	• 사물의 모양에 대한 흥미와 관심
	[6수학02-04] 동그라미, 네모, 세모 등의 평면 도양을 다양한 방법으로 만들거나 그린다.	• 평면 모양	• 평면 모양 만들거나 그리기 • 도구를 사용하여 모양 그리기	• 모양의 아름다움 • 또래와 협력하여 만들기와 꾸미기

영역	성취기준	내용 요소		
		지식 · 이해	과정 · 기능	가치 · 태도
	[6수학02-05] 여러 가지 평면 모양을 활용하여 모양을 만들거나 꾸민다.	• 평면 모양 만들기와 꾸미기	• 여러 가지 모양으로 만들기와 꾸미기	• 만들기와 꾸미기의 즐거움 • 또래와 협력하여 만들기와 꾸미기
	[6수학02-06] 사물의 위치, 방향, 거리를 파악하여 표현한다.	• 공간의 이해	• 대상의 위치, 방향, 거리 나타내기	
	[6수학02-07] 위치, 방향, 거리에 맞게 물건을 옮긴다.	• 공간의 이해	• 대상의 위치, 방향, 거리 나타내기	
측정	[6수학03-01] 길이(cm)의 단위를 알고 측정 도구(자 등)를 사용하여 길이를 측정한다.	• 길이(cm)	• 측정 도구 사용하기 • 측정 단위(cm, L, 시, 일) 표현하기	• 측정 도구의 필요성
	[6수학03-02] 들이(L)의 단위를 알고 측정 도구(비커 등)를 사용하여 들이를 측정한다.	• 들이(L)	• 측정 도구 사용하기 • 측정 단위(cm, L, 시, 일) 표현하기	• 측정 도구의 필요성
	[6수학03-03] 다양한 형태의 시계를 경험하고 시각을 '몇 시', '몇 시 30분'으로 나타낸다.	• 시각과 날짜	• 측정 단위(cm, L, 시, 일) 표현하기	• 시간 측정의 필요성
	[6수학03-04] 1일, 1주일을 알고 날짜를 '며칠', '무슨 요일'로 나타낸다.	• 시각과 날짜	• 측정 단위(cm, L, 시, 일) 표현하기	
규칙성	[6수학04-01] 생활 주변의 두세 가지 물체의 배열에서 규칙을 찾는다.	• 물체, 무늬 배열의 규칙	• 물체와 무늬 배열에서 규칙 찾기	• 규칙 찾기 활동에서의 성공 경험

영역	성취기준	내용 요소		
		지식 · 이해	과정 · 기능	가치 · 태도
	[6수학04-02] 정해진 규칙에 따라 두세 가지 물체를 배열한다.	• 물체, 무늬 배열의 규칙	• 규칙에 맞게 나타내기 • 도구를 활용하여 규칙 나타내기	
	[6수학04-03] 생활 주변의 두세 가지 무늬의 배열에서 규칙을 찾는다.	• 물체, 무늬 배열의 규칙	• 물체와 무늬 배열에서 규칙 찾기	• 규칙 찾기 활동에서의 성공 경험
	[6수학04-04] 여러 가지 모양과 색 등을 활용하여 규칙적인 무늬를 꾸민다.	• 물체, 무늬 배열의 규칙	• 규칙을 실생활과 놀이와 연결하기	• 규칙적 무늬의 아름다움
자료와 가능성	[6수학05-01] 세 개 이상의 모음으로 분류된 자료를 보고 한 가지 기준을 찾는다.	• 세 개 이상으로 분류하기		
	[6수학05-02] 자료를 한 가지 기준에 따라 세 개 이상의 모음으로 분류한다.	• 세 개 이상으로 분류하기	• 자료를 분류하고 비교하기	• 분류 활동에의 적극적 참여
	[6수학05-03] 분류한 자료를 표로 나타낸다.	• 표 만들기	• 표 그리는 과정 따르기 • 자료를 표로 나타내기 • 표를 일상생활과 연결하기	• 표의 편리함과 유용성

기본 기본 교육과정 수학(중학교 1~3학년군)

영역	성취기준	내용 요소		
		지식·이해	과정·기능	가치·태도
수와 연산	[9수학01-01] 100의 개념을 알고, 몇백을 센다.	• 세 자리 수	• 수 계열 파악하기	
	[9수학01-02] 일, 십, 백의 자릿값을 알고, 세 자리 수를 읽고 쓴다.	• 세 자리 수	• 수 계열 파악하기	
	[9수학01-03] 세 자리 수의 크기를 비교한다.	• 세 자리 수	• 수 계열 파악하기	
	[9수학01-04] 실생활에서 활용되는 몇백의 덧셈과 뺄셈의 의미를 안다.	• 몇백의 덧셈과 뺄셈	• 수와 연산을 여가, 직업생활 및 타 교과에 적용하기	• 사칙연산에서의 성공 경험
	[9수학01-05] 받아올림(내림)이 없는 몇백의 덧셈과 뺄셈을 한다.	• 몇백의 덧셈과 뺄셈	• 수모형, 계산 도구 활용하기	• 사칙연산에서의 성공 경험
	[9수학01-06] 받아올림(내림)이 없는 몇백의 덧셈, 뺄셈과 관련된 실생활 문제를 해결한다.	• 몇백의 덧셈과 뺄셈	• 수와 연산을 여가, 직업생활 및 타 교과에 적용하기	• 사칙연산에서의 성공 경험 • 또래와 협력하는 태도
	[9수학01-07] 받아올림이 있는 한 자리 수의 덧셈을 한다.	• 받아올림이 있는 한 자리 수의 덧셈	• 수모형, 계산 도구 활용하기	• 사칙연산에서의 성공 경험

영역	성취기준	내용 요소		
		지식 · 이해	과정 · 기능	가치 · 태도
수와 연산	[9수학01-08] 실생활에서 활용되는 곱셈의 의미를 안다.	• 곱셈의 기초	• 수와 연산을 여가, 직업생활 및 타 교과에 적용하기	• 사칙연산에서의 성공 경험
	[9수학01-09] 곱셈구구의 원리를 알고 1단부터 9단까지 나타낸다.	• 곱셈의 기초	• 수모형, 계산 도구 활용하기	
	[9수학01-10] 곱셈구구를 활용하여 실생활 문제를 해결한다.	• 곱셈의 기초	• 사칙연산 문제 해결 과정 나타내기 • 수와 연산을 여가, 직업생활 및 타 교과에 적용하기	• 사칙연산에서의 성공 경험 • 또래와 협력하는 태도
	[9수학01-11] 지폐(오만 원)의 액면가를 읽고 크기를 비교한다.	• 여러 가지 화폐 활용	• 수 계열 파악하기	
	[9수학01-12] 지폐(오만 원)를 다른 액면가의 지폐로 교환한다.	• 여러 가지 화폐 활용	• 수모형, 계산 도구 활용하기	
	[9수학01-13] 몇만 몇천 원짜리 상품과 교환할 수 있는 지폐를 찾는다.	• 여러 가지 화폐 활용	• 화폐 활용 시 다양한 의사 표현하기	• 여러 가지 화폐의 생활 속 가치
	[9수학01-14] 대용 화폐를 활용하여 상품을 교환한다.	• 여러 가지 화폐 활용	• 화폐 활용 시 다양한 의사 표현하기	• 여러 가지 화폐의 생활 속 가치 • 또래와 협력하는 태도

영역	성취기준	내용 요소		
		지식 · 이해	과정 · 기능	가치 · 태도
도형	[9수학02-01] 사각형, 삼각형, 원을 탐색한다.	• 평면도형	• 도형 관찰하고 구별하기	• 도형에 대한 흥미와 관심
	[9수학02-02] 직관적 비교를 통하여 사각형, 삼각형, 원을 분류한다.	• 평면도형	• 도형 관찰하고 구별하기 • 직관적 비교로 도형 분류하기	• 도형에 대한 흥미와 관심
	[9수학02-03] 사각형, 삼각형, 원의 특성을 이해한다.	• 평면도형	• 도형 관찰하고 구별하기	• 도형에 대한 흥미와 관심
	[9수학02-04] 다양한 방법으로 사각형, 삼각형, 원을 만들거나 그린다.	• 평면도형 만들기와 꾸미기	• 여러 가지 도형으로 만들기와 꾸미기 • 도구를 사용하여 도형 그리기	• 도형의 아름다움 • 또래와 협력하여 만들기와 꾸미기
	[9수학02-05] 여러 가지 도형을 활용하여 모양을 만들거나 꾸민다.	• 평면도형 만들기와 꾸미기	• 여러 가지 도형으로 만들기와 꾸미기	• 도형의 아름다움 • 또래와 협력하여 만들기와 꾸미기

영역	성취기준	내용 요소		
		지식 · 이해	과정 · 기능	가치 · 태도
도형	[9수학02-06] 쌓기나무를 이용하여 자유롭게 늘어놓거나 쌓는다.	• 쌓기나무 쌓기		• 공간의 효율적 활용
	[9수학02-07] 입체 모양을 보고 똑같이 쌓기나무로 쌓는다.	• 쌓기나무 쌓기	• 입체 모양과 똑같이 쌓기 • 사용된 쌓기나무 개수 세기	• 공간의 효율적 활용
	[9수학02-08] 쌓기나무로 만든 입체 모양에 사용된 쌓기나무의 개수를 센다.	• 쌓기나무 쌓기	• 사용된 쌓기나무 개수 세기 • 모양 보고 쌓기나무 개수 추측하기	

영역	성취기준	내용 요소		
		지식 · 이해	과정 · 기능	가치 · 태도
측정	[9수학03-01] 길이(m)의 단위를 알고 측정 도구(줄자 등)를 사용하여 길이를 측정한다.	• 길이(m)	• 측정 정보 파악하기 • 측정 도구 선택하고 활용하기 • 측정 단위(m, km, kg, 월, 년) 표현하기	• 측정 도구 활용의 유용성 • 측정 활동에서의 자신감
	[9수학03-02] 무게(kg)의 단위를 알고 측정 도구(저울 등)를 사용하여 무게를 측정한다.	• 무게(kg)	• 측정 정보 파악하기 • 측정 도구 선택하고 활용하기 • 측정 단위(m, km, kg, 월, 년) 표현하기	• 측정 도구 활용의 유용성 • 측정 활동에서의 자신감
	[9수학03-03] 1시간은 60분임을 알고 시간을 '몇 분', '몇 시간'으로 나타낸다.	• 시간과 달력	• 측정 단위(m, km, kg, 월, 년) 표현하기	
	[9수학03-04] 다양한 형태의 달력을 경험하고 날짜를 '몇 월', '몇 월 며칠'로 나타낸다.	• 시간과 달력	• 측정 단위(m, km, kg, 월, 년) 표현하기	

영역	성취기준	내용 요소		
		지식 · 이해	과정 · 기능	가치 · 태도
규칙성	[9수학04-01] 대응 관계의 의미를 알고 생활 주변에서 대응 관계가 있는 것을 찾는다.	• 대응하는 규칙	• 규칙에 따른 변화 찾기	• 규칙 활용의 유용성
	[9수학04-02] 두 양 사이의 대응 관계를 대응표에 나타내고, 규칙을 찾는다.	• 대응하는 규칙	• 규칙에 따른 변화 찾기	• 규칙 활용의 유용성
	[9수학04-03] 한 양이 변할 때 다른 양이 그에 종속하여 변화하는 대응 관계를 추측하고 확인한다.	• 대응하는 규칙	• 한 양에 대응하는 다른 양 추측하기	
자료와 가능성	[9수학05-01] 두 가지 기준에 따라 자료를 순차적으로 분류한다.	• 두 가지 기준으로 분류하기	• 자료의 분류 기준 파악하기 • 순차적으로 자료 분류하기	
	[9수학05-02] 자료를 간단한 그래프로 나타낸다.	• 간단한 그래프	• 자료, 표, 그래프 연결하기	• 그래프의 편리함과 유용성
	[9수학05-03] 간단한 그래프를 보고 필요한 내용을 찾는다.	• 간단한 그래프	• 그래프 정보를 활용하여 문제 해결하기	• 그래프의 편리함과 유용성
	[9수학05-04] 놀이로 가능성을 경험한다.	• 놀이 속의 가능성	• 가능성 추측하기	• 실생활 자료 활용에의 자신감

기본 기본 교육과정 수학(고등학교 1~3학년군)

영역	성취기준	내용 요소		
		지식 · 이해	과정 · 기능	가치 · 태도
수와 연산	[12수학01-01] 1000의 개념을 알고, 몇천을 센다.	• 네 자리 수	• 수 계열 파악하기	
	[12수학01-02] 일, 십, 백, 천의 자릿값을 알고, 네 자리 수를 읽고 쓴다.	• 네 자리 수	• 수 계열 파악하기	
	[12수학01-03] 네 자리 수의 계열을 이해하고, 수의 크기를 비교한다.	• 네 자리 수	• 수 계열 파악하기	
	[12수학01-04] 생활 속의 다양한 명명수를 읽는다.	• 생활 속의 수	• 생활 속의 수를 찾아 읽고 쓰기	• 생활 속의 수에 대한 흥미와 관심
	[12수학01-05] 생활 속에서 접하는 여러 가지 수를 찾아 읽는다.	• 생활 속의 수	• 생활 속의 수를 찾아 읽고 쓰기	• 생활 속의 수에 대한 흥미와 관심
	[12수학01-06] 생활 속에서 접하는 여러 가지 수의 의미를 알고 활용한다.	• 생활 속의 수	• 생활 속의 수를 찾아 읽고 쓰기	• 생활 속의 수에 대한 흥미와 관심 • 또래와 협력하는 태도
	[12수학01-07] 실생활에서 활용되는 몇천의 덧셈과 뺄셈의 의미를 안다.	• 큰 수의 덧셈과 뺄셈	• 수와 연산을 여가, 직업생활 및 타 교과에 적용하기	

영역	성취기준	내용 요소		
		지식 · 이해	과정 · 기능	가치 · 태도
수와 연산	[12수학01-08] 받아올림(내림)이 없는 몇천의 덧셈과 뺄셈을 한다.	• 큰 수의 덧셈과 뺄셈	• 수모형, 계산 도구 활용하기	• 사칙연산에서의 성공 경험
	[12수학01-09] 받아올림(내림)이 없는 몇천의 덧셈, 뺄셈과 관련된 실생활 문제를 해결한다.	• 큰 수의 덧셈과 뺄셈	• 수와 연산을 여가, 직업생활 및 타 교과에 적용하기	• 사칙연산에서의 성공 경험 • 또래와 협력하는 태도
	[12수학01-10] 받아내림이 있는 (십몇)-(몇)을 한다.	• 받아내림이 있는 십몇과 한 자리 수의 뺄셈	• 수모형, 계산 도구 활용하기	• 사칙연산에서의 성공 경험
	[12수학01-11] 실생활에서 활용되는 나눗셈의 의미를 안다.	• 나눗셈의 기초	• 사칙연산 문제 해결 과정 나타내기	
	[12수학01-12] 나머지가 없는 나눗셈의 몫을 구한다.	• 나눗셈의 기초	• 사칙연산 문제 해결 과정 나타내기	• 사칙연산에서의 성공 경험
	[12수학01-13] 나눗셈과 관련된 실생활 문제를 해결한다.	• 나눗셈의 기초	• 수와 연산을 여가, 직업생활 및 타 교과에 적용하기	• 사칙연산에서의 성공 경험
	[12수학01-14] 실생활의 다양한 상황에서 필요한 화폐를 활용한다.	• 화폐 활용과 관리	• 화폐 활용 시 다양한 의사 표현하기	• 여러 가지 화폐의 생활 속 가치
	[12수학01-15] 화폐를 관리하여 저축 및 소비생활을 한다.	• 화폐 활용과 관리	• 화폐 활용 시 다양한 의사 표현하기	• 여러 가지 화폐의 생활 속 가치

영역	성취기준	내용 요소		
		지식 · 이해	과정 · 기능	가치 · 태도
도형	[12수학02-01] 주어진 도형으로 무늬를 꾸미거나 모양을 채운다.	• 생활과 도형	• 여러 가지 도형으로 만들기와 꾸미기	• 도형의 아름다움
	[12수학02-02] 여러 가지 도형을 활용하여 만들거나 꾸며 실생활에 활용한다.	• 생활과 도형	• 여러 가지 도형으로 만들기와 꾸미기	• 도형의 아름다움
	[12수학02-03] 크기와 모양이 같은 물건을 늘어놓거나 쌓아 공간을 정리한다.	• 공간의 활용	• 직관적 비교로 도형 분류하기	• 공간의 효율적 활용
	[12수학02-04] 크기와 모양이 다른 물건을 늘어놓거나 쌓아 공간을 정리한다.	• 공간의 활용		• 공간의 효율적 활용
	[12수학02-05] 공간을 활용하는 목적에 맞게 정리한다.	• 공간의 활용		• 공간의 효율적 활용

영역	성취기준	내용 요소		
		지식 · 이해	과정 · 기능	가치 · 태도
측정	[12수학03-01] 길이의 단위를 활용하여 여러 가지 측정 활동에 참여한다.	• 생활과 측정	• 측정을 자립, 진로와 직업생활, 타 교과와 연결하기	• 측정 도구 활용의 유용성
	[12수학03-02] 들이의 단위를 활용하여 여러 가지 측정 활동에 참여한다.	• 생활과 측정	• 측정을 자립, 진로와 직업생활, 타 교과와 연결하기	• 측정 도구 활용의 유용성
	[12수학03-03] 무게의 단위를 활용하여 여러 가지 측정 활동에 참여한다.	• 생활과 측정	• 측정을 자립, 진로와 직업생활, 타 교과와 연결하기 • 물체의 양 어림하기	• 측정 도구 활용의 유용성
	[12수학03-04] 생활 속 활동에 필요한 양을 어림한다.	• 생활과 측정	• 물체의 양 어림하기	• 측정 도구 활용의 유용성
	[12수학03-05] 여러 가지 생활 내용을 일일, 주간 계획표에 나타낸다.	• 시간 계획하기	• 시간에 따른 생활 모습의 변화 관계 짓기	• 시간 계획의 유용성
	[12수학03-06] 여러 가지 생활 계획표를 보고 필요한 일정을 나타낸다.	• 시간 계획하기	• 시간 계획을 수립하고 생활에 활용하기	• 시간 계획의 유용성

영역	성취기준	내용 요소		
		지식 · 이해	과정 · 기능	가치 · 태도
규칙성	[12수학04-01] 생활 주변의 물체, 무늬, 수 등의 배열에서 규칙을 찾고, 찾은 규칙을 표현한다.	• 규칙의 활용	• 물체, 무늬, 수 배열 등에서 규칙 찾기	• 규칙 활용의 유용성
	[12수학04-02] 규칙적인 물체, 무늬, 수 등을 활용하여 생활 속 문제를 해결한다.	• 규칙의 활용	• 물체, 무늬, 수 배열 등에서 규칙 찾기 • 규칙에 대한 생각을 공유하기 • 규칙을 여가 및 직업생활에 적용하기	• 규칙 정하는 활동에의 흥미와 관심 • 다른 학생의 규칙에 대한 생각을 존중하는 태도
	[12수학04-03] 대응하는 규칙을 활용하여 생활 속 문제를 해결한다.	• 규칙의 활용	• 규칙을 여가 및 직업생활에 적용하기 • 도구를 활용하여 규칙 문제 해결하기	• 규칙 정하는 활동에의 흥미와 관심

영역	성취기준	내용 요소		
		지식 · 이해	과정 · 기능	가치 · 태도
자료와 가능성	[12수학05-01] 여러 가지 기준에 따라 자료를 분류한다.	• 여러 가지 기준으로 분류하기	• 자료의 분류 기준 파악하기 • 순차적으로 자료 분류하기	• 실생활 자료 활용에의 자신감
	[12수학05-02] 생활 속 분류된 자료를 보고 필요한 물건을 찾는다.	• 여러 가지 기준으로 분류하기	• 자료의 분류 기준 파악하기 • 순차적으로 자료 분류하기	• 실생활 자료 활용에의 자신감
	[12수학05-03] 여러 가지 그래프를 경험한다.	• 여러 가지 그래프	• 그래프 정보를 활용하여 문제 해결하기	
	[12수학05-04] 생활 속 그래프를 보고 필요한 정보를 찾는다.	• 여러 가지 그래프	• 그래프 정보를 활용하여 문제 해결하기	• 그래프의 편리함과 유용성
	[12수학05-05] 생활 속에서 여러 가지 가능성을 경험한다.	• 생활 속의 가능성	• 가능성을 일상생활과 연결하기	• 가능성 예측의 필요성

둘, 성취기준 해설 속 학습 내용 분석표

기본 통합교과

바른생활		슬기로운 생활		즐거운 생활	
성취기준	해설 속 학습 내용	성취기준	해설 속 학습 내용	성취기준	해설 속 학습 내용
[2바생01-01] 생활에 필요한 자조 기술을 바르게 익힌다.	씻기, 옷 입기, 건강한 식습관 갖추기, 식사 기술 익히기, 화장실 이용하기, 이동하기, 도움 요청하기, 휴식하기 등	[2슬생01-01] 나를 다양하게 탐색한다.	나의 신상 알기, 나의 몸 살펴보기, 나와 친구의 모습 비교하기, 관심이 있거나 좋아하는 것 찾기, 성장 과정 살펴보기 등	[2즐생01-01] 신체감각을 다양하게 느낀다.	주변에서 모양, 빛깔, 형태 등을 살펴보기, 다양한 소리, 소리의 높낮이 · 강약 · 장단 등을 들어보기, 자연이나 생활 속의 냄새, 향기 맡아보기, 다양한 맛보기, 다양한 질감 느끼기, 평형감각 경험하기 등
[2바생01-02] 나를 항상 존중한다.	자신의 감정을 적절하게 표현하기, 일상생활에서 자신의 장점을 적극적으로 표현하기, 자기 몸을 건강하게 관리하기, 자해 행동이나 공격 행동으로 자신의 감정을 표현하지 않기 등	[2슬생01-02] 나의 하루를 적극적으로 알아본다.	나의 일과를 알기, 집 · 학교 · 마을에서 하는 일 찾기, 가족 · 친구 · 이웃과 함께하는 일 알아보기, 특별한 날의 모습 살펴보기, 특별한 날에 경험한 일 발표하기 등	[2즐생01-02] 주변의 아름다움을 자유롭게 감상한다.	주변 인물의 아름다운 모습 찾고 느끼기, 동식물의 아름다운 모습 찾고 느끼기, 주변 환경에서 편안함을 느끼는 것 찾기, 아름다운 소리 듣고 느끼기, 자연환경의 변화에서 아름다움 찾고 느끼기 등

바른생활		슬기로운 생활		즐거운 생활	
성취기준	해설 속 학습 내용	성취기준	해설 속 학습 내용	성취기준	해설 속 학습 내용
[2바생01-03] 나의 선호나 필요에 따라 능동적으로 선택한다.	상황이나 대상에 따라 필요한 것 선택하기, 내가 좋아하는 것과 싫어하는 것 구별하기, 좋은 느낌과 싫은 느낌 구별하기, 싫어하거나 해가 되는 것 거절하기, 신변안전을 위한 선택하기 등	[2슬생01-03] 학교의 모습과 생활을 다양하게 탐색한다.	학교의 여러 장소와 시설을 살펴보고 이용하기, 학교에서 만나는 사람과 학교에서 하는 일을 살펴보기 등	[2즐생01-03] 주변의 아름다움을 창의적으로 표현한다.	그리기, 사진찍기, 소리내기, 노래 부르기, 꾸미기, 표정과 몸짓으로 표현하기, 흉내 내기 등
[2바생01-04] 일상생활에서 나의 안전을 항상 실천한다.	위험한 장소, 물건, 상황, 사람에 적절하게 대처하기, 먹을 수 있는 음식 구별하기, 도구를 안전하게 사용하기, 안전하게 이동하기, 미세먼지에 대처하기, 전염병 예방하기, 위험한 상황에서 도움 요청하기, 몸이 아프거나 불편할 때 도움 요청하기 등	[2슬생01-04] 여러 사람이 함께 쓰는 장소와 시설을 쓰임새에 맞게 이용한다.	여러 사람이 함께 쓰는 장소와 시설을 살펴보기, 여러 사람이 함께 쓰는 장소와 시설을 이용하는 모습을 살펴보기, 장소와 시설에서 일하는 사람 알아보기, 여러 사람이 함께 쓰는 장소와 시설을 경험하기 등	[2즐생01-04] 관심 있거나 좋아하는 것으로 재미있게 논다.	관심 있거나 좋아하는 장소에서 놀기, 관심 있거나 좋아하는 사람들과 놀기, 자신이 좋아하는 동물과 함께 놀기, 자기가 좋아하는 식물을 활용하여 놀기, 관심 있거나 좋아하는 자연물로 놀기, 관심 있거나 좋아하는 도구나 매체로 놀기 등
[2바생01-05] 나의 역할과 책임을 일관성 있게 실천한다.	1인 1역이나 교실 청소 등 학교에서 맡은 역할, 자기 방이나 식탁 정리하기 등 가정에서 맡은 역할, 마을 가꾸기나 마을 자치 활동 등	[2슬생01-05] 생활 도구를 쓰임새에 맞게 사용한다.	생활 도구에 관심을 갖고 탐색하기, 생활 장면에서 필요한 도구 찾기, 생활 도구의 사용 방법 익히기 등	[2즐생01-05] 감정과 정서를 건강하게 표현한다.	다양한 감정과 정서 표현하기, 감정과 정서를 다양한 방식으로 표현하기, 감정과 정서를 안전하고 편안하게 표현하기, 상황에 따른 감정과 정서를 적절하게 표현하기, 위기 상황에 따른 감정 표현하기 등

바른생활		슬기로운 생활		즐거운 생활	
성취기준	해설 속 학습 내용	성취기준	해설 속 학습 내용	성취기준	해설 속 학습 내용
[2바생01-06] 함께 살아가는 데 필요한 규칙과 규범을 바르게 실천한다.	학교나 지역사회에서 지켜야 할 공공질서 또는 공중위생 규칙 지키기, 사회적 관계를 맺고 유지하는 데 필요한 규범 익히기, 다른 사람과 함께 안전하게 생활하기 위한 규칙과 규범 실천하기 등	[2슬생01-06] 안전을 지키는 방법을 적극적으로 익힌다.	안전한 상황과 위험한 상황의 모습 살펴보기, 다양한 장소와 시설을 안전하게 이용하기, 화재를 예방하기 위해 지켜야 할 일을 익히기, 화재 및 자연재해 발생 시 지켜야 할 행동 요령 익히기 등	[2즐생01-06] 신체활동을 적극적으로 즐긴다.	다양한 신체 부위 움직이기, 동작 따라 하기, 신체로 표현하기, 도구를 활용해 신체활동 하기, 실내·외 놀이시설 이용하기, 계절에 따른 신체활동 하기 등
[2바생01-07] 서로를 존중하며 예절을 지킨다.	가정, 학교, 이웃에서 만나는 사람들과의 인사 예절, 언어 예절, 식사 예절, 인터넷 예절 등의 기본예절과 타인에 대한 이해와 배려, 나눔 등의 인성을 포함, 이에 관련된 언어 또는 비언어적 표현, 자세, 거리 유지 등 포함	[2슬생01-07] 여러 가지 매체에 관심을 갖고 사용한다.	텔레비전, 컴퓨터, 인터넷, 스마트 기기 등 여러 가지 매체에 관심 가지기, 매체를 사용하여 필요한 정보를 수집하기, 직・간접적인 체험하기 등	[2즐생01-07] 신체활동에 안전하게 참여한다.	신체 움직임이나 체력운동, 신체 놀이에서 자기 신체 조절하기, 다른 사람과의 거리 조절하고 유지하기, 운동장이나 체육관 같은 안전한 장소에서 운동하기, 실·내외 놀이 기구나 운동기구 안전하게 사용하기, 신체활동 전 준비운동 하기, 보호장구 착용하기 등
[2바생01-08] 다양한 사람들과 함께하는 활동에 협동하며 참여한다.	학급 활동, 학교 행사, 친구와의 놀이, 가정에서의 다양한 활동, 이웃과 지역사회의 활동이나 행사 등	[2슬생01-08] 자연물을 자유롭게 탐색한다.	자연물에 관심 갖기, 자연물을 모으고 무리 짓기, 자연물을 감각으로 느끼기 등	[2즐생01-08] 문화예술을 다양하게 즐긴다.	다양한 음악적 표현하기, 다양한 매체를 활용해 음악 감상하기, 다양한 재료로 미술 작품 만들기, 미술 작품 전시하기, 미술 작품 감상하기, 발표회 참여하기, 영화나 인형극, 뮤지컬 등 공연 관람하기 등

바른생활		슬기로운 생활		즐거운 생활	
성취기준	해설 속 학습 내용	성취기준	해설 속 학습 내용	성취기준	해설 속 학습 내용
[2바생01-09] 환경 보전 활동에 능동적으로 참여한다.	쓰레기 줍기나 쓰레기 버리지 않기 등 주변을 깨끗하게 하기, 에너지 절약하기, 자연을 훼손하지 않고 보호하기 등	[2슬생01-09] 날씨와 계절에 따른 생활 모습에 관심을 갖고 탐색한다.	날씨와 계절의 변화를 감각으로 느껴보기, 계절에 따른 자연의 모습 살펴보기, 날씨와 계절의 변화에 따른 생활 모습 살펴보기, 날씨와 계절에 따른 생활용품 사용하기 등	[2즐생01-09] 다양한 놀이에 재미있게 참여한다.	혼자 하는 놀이와 함께하는 놀이를 포함하기, 도구를 사용하는 놀이, 맨손으로 하는 놀이, 실내・외 놀이 등 다양한 방식의 놀이 경험하기
[2바생01-10] 주변의 생명체를 소중히 여긴다.	주변의 동식물을 아끼고 소중히 대하기, 식물 가꾸기 등의 경험과 함께 위험한 동물로부터 자기 보호하기, 위험한 식물을 만지거나 먹지 않기 등	[2슬생01-10] 동식물에 관심을 갖고 다양하게 알아본다.	주변의 동식물을 살펴보기, 내가 좋아하거나 기르는 동식물 소개하기, 식물 가꾸기 등		
		[2슬생01-11] 우리나라의 문화에 관심을 갖고 알아본다.	우리나라의 상징 살펴보기, 우리나라의 다양한 문화를 살펴보고 경험하기, 내가 관심 있는 우리나라의 문화 찾기, 우리나라의 다양한 문화 소개하기 등		

기본 **국어**

영역	초등학교						중학교 (1~3학년)		고등학교 (1~3학년)	
	1~2학년		3~4학년		5~6학년					
	성취기준	해설 속 학습 내용	성취기준	해설 속 학습 내용	성취기준	해설 속 학습 내용	성취기준	해설 속 학습 내용	성취기준	해설 속 학습 내용
듣기·말하기	[2국어01-01] 여러 가지 소리의 의미를 이해하고 구별한다.	익숙한 사람의 말소리, 자연이나 생활 주변의 다양한 소리에 재미 느끼기, 소리 구별하기, 들은 소리에 적절하게 행동하기	[4국어01-01] 일상생활이나 자신과 관련된 단어를 사용하여 의사를 표현한다.	학생이 자주 사용하는 물건, 좋아하는 사물, 동물, 식물, 탈것 등의 이름과 주변 사람들의 호칭 등을 사용하여 필요에 따라 명명, 대답, 요구, 정보 제공 등을 표현하기	[6국어01-01] 단어와 문장을 듣고 뜻을 파악한다.	사물이나 사람의 특징을 나타내는 말을 듣고 실물, 그림, 사진 등에서 지시 대상 찾기, 문장 속 단어의 뜻 파악하기, 문장의 의미 파악하기, 요구나 지시, 설명, 감탄 등을 나타내는 다양한 문장을 듣고 내용에 맞는 그림을 찾거나 행동으로 나타내기	[9국어01-01] 상대방의 이야기를 듣고 주요 내용을 파악한다.	타인이 전달하는 내용을 듣고 말의 의도나 목적 파악하기, 지시에 따라 행동하기, 순서가 있는 지시 수행하기, 주요 단어나 내용 다시 말하기, 상대방이 하는 말과 관련된 대답이나 질문하기 등	[12국어01-01] 정보를 전달하는 말을 듣고 자신에게 필요한 내용을 파악한다.	가정, 학교, 지역사회의 일상생활에서 설명하는 말이나 안내하는 말을 듣고 필요한 정보 파악하기, 육하원칙의 요소에 따라 내용 파악하기, 순서나 과정에 따라 행동하기 등
	[2국어01-02] 표정과 몸짓의 의미를 이해하고, 표정과 몸짓으로 감정이나 요구를 표현한다.	주변 사람의 표정이나 몸짓을 주의 깊게 살펴보기, 표정이나 몸짓이 나타내는 긍정·부정이나 칭찬, 인사, 지시 등의 의미를 이해하여 반응하기, 표정이나 몸짓으로 상대방의 주의 끌기, 반응하기, 선택하기, 인사하기, 감정이나 요구 표현하기	[4국어01-02] 요청하는 말을 듣고 이해하여 행동으로 나타낸다.	일상생활에서 자주 사용하는 사물의 이름, 주변 사람의 호칭, 장소, 동작, 활동 등을 나타내는 말을 듣고 해당하는 사물이나 그림 등과 연결하기, 간단한 동작이나 행동을 나타내는 말을 듣고 행동으로 나타내기, 일상생활에 관련된 지시 따르기	[6국어01-02] 모습과 행동을 단어나 문장으로 표현한다.	사람 또는 사물을 소개하거나 특징 묘사하기, 사진이나 짧은 영상을 보고 동작이나 활동 내용 설명하기, 그림이나 사진의 중요한 부분 말하기 등	[9국어01-02] 사건이나 사실을 분명하게 전달한다.	육하원칙의 요소를 고려해 말하기, 가정 및 학교에서의 일과나 일이 일어난 순서에 맞게 말하기, 대상이나 장소를 중심으로 순서대로 말하기, 보거나 들은 내용 전달하기 등	[12국어01-02] 상대방의 말에 적절히 반응하며 공감하는 대화를 한다.	상대방의 말에 고개를 끄덕이거나 눈 마주치기와 같이 반응하며 듣기, 표정이나 행동을 통해 정서와 처지를 이해하기, 말하는 사람의 처지가 되어 생각하기, 공감하는 말하기, 상대방의 반응 살펴보기 등

영역	초등학교						중학교 (1~3학년)		고등학교 (1~3학년)	
	1~2학년		3~4학년		5~6학년					
	성취기준	해설 속 학습 내용	성취기준	해설 속 학습 내용	성취기준	해설 속 학습 내용	성취기준	해설 속 학습 내용	성취기준	해설 속 학습 내용
듣기·말하기	[2국어01-03] 다양한 방법으로 의사소통을 시도한다.	원하는 물건이나 행동, 자신의 감정, 대답이나 요구하는 말, 수용과 거부하는 말 등을 말소리, 표정, 몸짓, 상징 사용 등 다양한 방법으로 표현하기	[4국어01-03] 자신과 관련된 간단한 질문에 대답한다.	질문을 듣고 말이나 표정, 몸짓, 상징으로 '예', '아니요'로 대답하기, '무엇', '누구', '어디'와 관련된 질문에 맞게 자신의 신상에 관한 내용, 좋아하는 것, 겪은 일, 원하는 것 표현하기	[6국어01-03] 시간이나 장소를 나타내는 말을 사용하여 경험한 일을 상대방에게 전달한다.	시간이나 장소를 나타내는 말과 과거를 나타내는 표현을 익혀 가정, 학교, 지역사회에서 겪은 일 말하기, 과거에 경험한 일 중 기억에 남는 일 말하기 등	[9국어01-03] 준언어적, 비언어적 표현 요소를 활용하여 자신의 감정이나 느낌을 표현한다.	상황에 맞는 느낌이나 감정 이해하기, 음성 언어와 준언어적, 비언어적 표현을 함께 사용하여 느낌이나 감정 표현하기 준언어적, 비언어적 표현의 의미와 효과 이해하기 등	[12국어01-03] 생각을 주고받으며 대화를 나눈다.	일상적인 대화나 경험, 시나 이야기 글 감상, 공동 의사 결정을 위한 토의나 회의 장면에서 자신의 느낌, 의견 등의 생각을 적절히 표현하기, 다른 사람의 생각을 듣고 이해하기
	[2국어01-04] 의사소통에 자발적이고 적극적으로 참여한다.	상대방의 대화 시도에 관심을 보이고, 말소리, 표정, 몸짓, 상징으로 반응하고, 대화를 시작하기 위해 상대방의 주의 끌기, 인사하기, 요구하기 등 자발적으로 의사소통 시도하기	[4국어01-04] 바른 자세로 대화에 참여한다.	대방의 표정과 동작에 주의를 기울이며 듣기, 상대방의 말을 끝까지 집중해서 듣기, 공감하는 반응 보이기, 바른 태도로 듣고 말하기	[6국어01-04] 묻는 말의 의미를 이해하여 적절한 질문과 대답을 한다.	질문에 따라 선택지 중 한 가지를 선택하여 대답하기, 질문에 맞게 자신이 원하는 것, 선호하는 것, 희망 사항 말하기, 질문에 따라 경험한 일 말하기, 자신이 필요한 것을 얻기 위해 상대방에게 허락 구하기, 궁금한 것 질문하기 등	[9국어01-04] 대화 예절을 지키며 상대방의 말에 적절한 질문과 대답으로 대화를 이어 간다.	상대방이 한 말에 관심을 보이며 듣기, 상대방의 질문에 따라 자신이 원하는 것, 선호하는 것, 희망 사항, 경험한 일 대답하기, 들은 내용과 관련 있거나 궁금한 것 질문하기, 상대방이 관심 있는 주제로 대화를 시작하거나 이어 가기 등	[12국어01-04] 대화 목적에 따라 적절한 내용과 태도로 말한다.	자기소개, 면접, 지역사회 기관 이용, 직장 생활 등의 말하기 상황에서 정보 전달과 습득, 요청, 설득, 친교 및 정서 표현과 같은 말하기

영역	초등학교						중학교 (1~3학년)		고등학교 (1~3학년)	
	1~2학년		3~4학년		5~6학년					
	성취기준	해설 속 학습 내용	성취기준	해설 속 학습 내용	성취기준	해설 속 학습 내용	성취기준	해설 속 학습 내용	성취기준	해설 속 학습 내용
듣기·말하기					[6국어01-05] 바르고 고운 말을 사용하여 대화한다.	공손하게 말하기, 감정을 조절하며 말하기, 상황에 맞는 말하기, 상대방이 기분 좋은 말하기 등	[9국어01-05] 인사말과 높임 표현을 사용하여 상황과 상대방에 따라 적절하게 말한다.	인사, 감사, 사과, 부탁, 위로, 격려, 자기소개, 거절 등이 필요한 상황에서 적절한 인사말 하기, 가족, 친구, 교사, 이웃과 같이 일상생활에서 자주 접하는 대화 상대에게 맞는 높임 표현 사용하기 등	[12국어01-05] 다양한 매체와 매체 자료를 활용하여 의사소통한다.	컴퓨터, 인공지능 스피커 등을 활용하여 필요한 정보를 얻거나 콘텐츠 시청하기, 스마트폰으로 영상 통화와 음성 통화하기, 정보통신 기기 등으로 원격수업과 온라인 모임에 참여하기
읽기	[2국어02-01] 점, 선, 면으로 구성된 여러 가지 형태를 탐색한다.	직선, 곡선, 규칙이 있는 형태와 불규칙한 형태, 대칭적인 형태와 비대칭적 형태를 글자의 모양과 연결하여 탐색하고 인식하기	[4국어02-01] 바른 자세로 친숙한 단어를 소리 내어 읽는다.	책이나 보완대체의사소통 기기를 바르게 잡고 읽기, 의자에 앉아서 바르게 읽기	[6국어02-01] 글자의 구성 요소와 짜임을 익혀 단어를 소리 내어 읽는다.	글자의 구성 요소인 한글 자모 알기, 자음과 모음의 결합 방식을 익혀 글자 만들기, 글자를 소리 내어 읽기, 글자를 연결하여 단어 읽기 등	[9국어02-01] 단어의 의미 관계를 이해하고 의미 관계에 알맞게 띄어 읽는다.	어절 단위로 띄어 읽기, 단일어·복합어·동형어 알기, 단어의 함축적 의미 알기, 어휘의 유의어 및 반의어 알기, 어휘의 상하 관계 및 포함어 알기 등	[12국어02-01] 글의 느낌과 분위기를 살려 유창하게 읽는다.	정확한 발음과 적절한 속도로 읽기, 말의 재미를 느끼며 읽기, 음색, 어조, 속도, 억양 등 준언어적 요소들을 활용하여 글의 분위기나 장면, 인물의 특성이 잘 드러나도록 읽기
	[2국어02-02] 글자의 기초가 되는 여러 가지 모양을 변별한다.	같은 사물, 그림, 모양, 상징 찾기, 구분하기	[4국어02-02] 그림책이나 환경 인쇄물 등에서 단어, 상징의 의미를 파악한다.	그림책에서 같은 글자 찾기, 신문, 광고지 등의 환경 인쇄물에서 환경 인쇄물에서 글자를 찾으	[6국어02-02] 여러 가지 매체 자료에서 단어의 의미를 파악한다.	일상생활과 관련 있는 실물·사진·그림을 보고 의미 파악하기, 그림에 맞는 단어 찾기, 일상생활에	[9국어02-02] 문장의 의미를 파악하여 주요 내용을 확인한다.	문장에서 핵심적인 대상이나 어휘 찾기, 다양한 유형의 문장에서 대상과 상황, 방법과 같은 주요 내용 파악하기 등	[12국어02-02] 글의 중심 내용을 파악하고 대강의 내용을 간추린다.	글의 종류에 따라 대강의 내용을 간추리는 방법 알기

영역	초등학교						중학교 (1~3학년)		고등학교 (1~3학년)	
	1~2학년		3~4학년		5~6학년					
	성취기준	해설 속 학습 내용	성취기준	해설 속 학습 내용	성취기준	해설 속 학습 내용	성취기준	해설 속 학습 내용	성취기준	해설 속 학습 내용
읽기				며 의미 알기, 여러 가지 구체물을 활용하여 글자 모양을 만들고 읽기		서 볼 수 있는 안내판, 광고지의 글과 영상 매체 자료에서 자주 볼 수 있는 단어의 의미 알기 등				
	[2국어02-C3] 일상생활에서 자주 볼 수 있는 실물, 그림, 상징, 기호에 관심을 가진다.	의미 파악과 의사소통을 위해 똑같거나 유사한 실물, 그림, 상징, 기호를 살펴보고 의미를 파악하기	[4국어02-03] 상징, 글자, 그림 단서를 활용하여 인물과 장면을 파악한다.	그림, 동화책이나 이야기의 장면을 보고 인물이나 장면 알기, 내용 추측하기, 연관된 단어 읽기, 흉내 내는 말 읽기	[6국어02-03] 그림을 단서로 문장의 내용을 이해한다.	다양한 매체 자료에서 그림을 보고 내용 이해하기, 단어와 그림을 보고 문장의 전후 내용 이해하기 등	[9국어02-03] 문장을 읽고 인물의 생각이나 마음을 이해한다.	짧은 글에서 인물의 처지와 상황 짐작하기, 인물의 마음이나 생각을 나타내는 표현 찾기, 자기 경험과 연관 지어 생각하기 등	[12국어02-03] 글쓴이와 등장인물의 생각을 파악하고 경험과 관련짓는다.	이야기 글과 시, 일기, 편지, 수필, 기행문과 같은 생활문 읽기, 단어와 표현 알아보기, 글쓴이의 생각 파악하기, 등장인물의 감정 파악하기, 경험과 관련지어 읽기, 공감하며 읽기 등
	[2국어02-04] 실물, 그림, 상징이 소리로 표현되는 것을 알고, 읽는 활동에 관심을 가진다.	자신과 주변의 정보를 파악하기 위하여 그림, 상징, 기호에 관심 갖기, 일상생활에서 자주 접하는 간판이나 표지판의 그림, 상징, 기호에 관심 갖기, 실물, 그림, 상징, 기호에 나타나는 의미 파악하여 읽기	[4국어02-04] 그림책, 환경 인쇄물, 책 등 다양한 읽을거리에 관심을 가진다.	책(그림책, 만화, 뉴스, 광고, 웹툰, 애니메이션, 영화 등) 속에서 상징과 글자에 주목하여 그림과 글자를 구별하고, 의미를 파악하는 읽기 활동하기	[6국어02-04] 일상생활에서 접하는 동시, 노랫말, 이야기 등에 재미를 느끼며 읽는다.	동시·노랫말·이야기에서 재미있는 말이나 반복되는 말 찾기, 다양한 말놀이, 소리·모양·모습 흉내 내는 말 알아보기 등	[9국어02-04] 다양한 읽을거리를 스스로 찾아 즐겨 읽는 태도를 기른다.	시, 시나리오, 희곡, 이야기 글, 영화, 드라마, 만화, 책 등을 읽거나 보고 난 후 마음에 드는 내용과 표현 찾기, 재미나 감동을 주는 부분 찾아 바꾸어 보기, 스스로 좋아하는 작품을 선택하여 읽고 좋아하는 이유나 느낌 나타내기, 인상적인 부분 찾기	[12국어02-04] 글과 매체 자료의 유형에 따라 다양한 읽기 방법을 적용하여 읽는다.	읽기 목적 확인하기, 목적에 맞는 매체 자료와 읽기 자료 선택하기, 인터넷, 사전, 신문 등에서 필요한 정보 찾기, 적어 두고 읽기, 필요한 정보를 찾아 읽기, 재미나 감동을 느끼며 읽기 등

영역	초등학교						중학교 (1~3학년)		고등학교 (1~3학년)	
	1~2학년		3~4학년		5~6학년					
	성취기준	해설 속 학습 내용	성취기준	해설 속 학습 내용	성취기준	해설 속 학습 내용	성취기준	해설 속 학습 내용	성취기준	해설 속 학습 내용
읽기					[6국어02-05] 다양한 매체 자료와 글에 흥미를 느끼고, 올바른 읽기 습관을 기른다.	글을 읽을 때 바른 자세로 읽기, 장소에 알맞게 소리 내어 읽기, 좋아하는 매체 자료 선택하여 읽기, 다양한 글 자료에 관심 표현하기, 도서관이나 서점 방문하여 책 고르기, 시간을 정해서 책 읽기, 그림책의 전체 내용 읽기 등	[9국어02-05] 글을 읽고 글에 대한 느낌과 경험을 다른 사람과 나눈다.	매체 광고나 안내문에서 본 단어와 문장, 영상 자막, 매체 자료 등과 같은 글을 읽은 경험과 느낌 주고받기, 서로의 감상 비교하기, 재미있게 읽은 글이나 매체 자료 소개하기	[12국어02-05] 일상생활에서 다양한 글과 책, 매체 자료를 즐겨 읽는다.	간단한 메모나 알림장, 안내문, 광고 전단, 생활 정보지, 책, 매체 자료 등 다양한 읽을거리 읽기, 내용 파악하여 정리하기, 글의 의미 파악하기, 읽은 후 얻은 지식과 정보 활용하기
쓰기	[2국어03-01] 끼적이기에 재미를 느끼며 자유롭게 끼적인다.	떠오르는 생각과 느낌을 마음껏 끼적이기, 여러 가지 도구를 사용해서 끼적이기, 재미있는 활동을 찾아 자유롭게 끼적이기	[4국어03-01] 다양한 방법으로 글자 모양을 만든다.	생활용품으로 글자의 형태 만들기, 그림이나 꾸미기를 통해 글자 모양 완성하기, 내 주변의 글자를 찾아 다양한 재료로 같은 글자 만들기	[6국어03-01] 글자의 짜임을 알고 획순에 따라 한글 자모를 쓴다.	자음과 모음을 조합하여 글자 만들기, 글자에서 자음과 모음 찾아 쓰기, 글자의 모양과 획순을 알고 순서에 맞게 쓰기 등	[9국어03-01] 사물의 이름, 존재, 상태, 동작을 나타내는 단어를 바르게 쓴다.	사물의 이름, 존재, 상태, 동작을 나타내는 단어를 비롯한 여러 단어를 점선 따라 쓰기, 보고 쓰기, 스스로 쓰기, 받아쓰기 등 다양한 방법으로 쓰기	[12국어03-01] 문장 부호의 이름과 쓰임을 알고 문장에 사용한다.	마침표, 물음표, 느낌표, 쉼표, 따옴표의 이름과 쓰임 알기, 어법과 내용에 어울리는 문장 부호를 사용하기
	[2국어03-02] 글자의 기초가 되는 선과 모양을 알고 다양한 방법으로 표현한다.	글자의 형태 탐색하기, 글자의 기초가 되는 여러 가지 선과 모양 그리기 등	[4국어03-02] 쓰기 도구를 바르게 잡고 글자 모양을 따라 쓴다.	여러 가지 쓰기 도구 알기, 쓰기 도구 바르게 잡기, 그림글자 그리기, 글자 모양 따라 쓰기. 매직펜이나 칠판펜	[6국어03-02] 단어가 가진 의미를 알고 일상생활에서 자주 사용하는 단어를 쓴다.	음식이나 동물의 이름 알기, 장소를 나타내는 단어의 의미 알기, 단어와 그림 연결하기, 그림 보고 어울리는 단어 쓰기 등	[9국어03-02] 기록의 필요성을 알고 일상생활에 필요한 내용과 정보를 메모한다.	메모가 필요한 상황을 살펴보고, 준비물 쓰기, 구매할 물건 목록 적기, 일정 정리하기	[12국어03-02] 주제와 내용이 자연스럽게 연결되는 짧은 글을 쓴다.	중심 문장 찾기, 뒷받침 문장 찾기, 중심 문장과 뒷받침 문장으로 짧은 글쓰기 등

영역	초등학교						중학교 (1~3학년)		고등학교 (1~3학년)	
	1~2학년		3~4학년		5~6학년					
	성취기준	해설 속 학습 내용	성취기준	해설 속 학습 내용	성취기준	해설 속 학습 내용	성취기준	해설 속 학습 내용	성취기준	해설 속 학습 내용
쓰기				과 같이 몸통이 굵고, 큰 글씨를 쓰기에 적절한 쓰기 도구를 사용하고, 점차 색연필, 연필처럼 몸통이 가늘고 작은 글씨를 쓰는 데 적절한 쓰기 도구를 사용						
			[4국어03-03] 나와 관련 있는 친숙한 글자를 보고 쓰면서 쓰기 활동에 관심을 가진다.	자기 이름 쓰기, 가족과 친구 이름 쓰기, 자기 물건에 이름 쓰기, 학교와 집에서 자주 사용하는 친숙한 글자 쓰기	[6국어03-03] 쓰기에 흥미를 느끼고 바른 자세와 태도로 글자를 쓴다.	관심 있는 주제와 관련 있는 단어 쓰기, 좋아하는 대상의 명칭이나 특징 쓰기, 바른 자세와 태도로 글자 쓰기 등	[9국어03-03] 문장의 기본 구조를 알고 문장을 쓴다.	주어에 맞게 서술어 쓰기, 어순에 맞게 문장 쓰기 등	[12국어03-03] 쓰기 매체를 활용하여 일상생활과 관련된 내용을 쓴다.	쓰기 매체를 활용한 표현 방법, 매체를 활용하여 맥락에 맞게 의사소통하기
							[9국어03-04] 쓰기에 자신감을 가지고 단어나 문장으로 쓰려는 태도를 기른다.	쓰기 특성과 단계에 따라 기초적 쓰기, 단어 쓰기, 문장 쓰기	[12국어03-04] 쓰기로 소통하는 즐거움을 느끼고, 언어 예절을 지켜 글 쓰는 태도를 기른다.	일상생활에서 사용하는 바른 언어, 언어 예절, 쓰기 윤리 등

공통 **국어**

영역	초등학교					
	1~2학년		3~4학년		5~6학년	
	성취기준	해설 속 학습 내용	성취기준	해설 속 학습 내용	성취기준	해설 속 학습 내용
듣기·말하기	[2국01-01] 중요한 내용이나 일이 일어난 순서를 고려하며 듣고 말한다.	제시하지 않음	[4국01-01] 중요한 내용과 주제를 파악하며 듣고 그 내용을 요약한다.	제시하지 않음	[6국01-01] 대화에서 생략된 내용을 추론하며 듣는다.	제시하지 않음
	[2국01-02] 바르고 고운 말로 서로의 감정을 나누며 듣고 말한다.	기쁨, 슬픔, 사랑, 미움 등 다양한 감정과 관련된 표현 알기, 감정을 표현하는 과정에서 바르고 고운 말을 사용하기, 상대의 감정을 이해하고 수용하기 등	[4국01-02] 원인과 결과의 관계를 고려하여 내용을 예측하며 듣고 말한다.	제시하지 않음	[6국01-02] 주장을 파악하고 이유나 근거가 타당한지 평가하며 듣는다.	제시하지 않음
	[2국01-03] 상대의 말을 집중하여 듣고 말차례를 지키며 대화한다.	상대의 말을 집중하여 듣기, 다음 말할 사람을 선택하여 다음 말할 사람을 선택하여 부르거나, 고갯짓, 시선, 억양 등의 말차례 교환 신호를 활용하여 다음 사람이 말차례를 알아차릴 수 있도록 하기, 말차례 교환 신호를 확인하여 자신의 말차례 지키기 등	[4국01-03] 상황에 적절한 준언어·비언어적 표현을 활용하여 듣고 말한다.	다양한 상황에 알맞은 준언어·비언어적 표현의 중요성 이해하기, 준언어·비언어적 표현의 의미와 효과 파악하기, 준언어·비언어적 표현의 적절성 점검하기, 상황에 적절한 준언어·비언어적 표현 활용하기 등	[6국01-03] 주제와 관련하여 궁금한 내용을 질문하며 적극적으로 듣고 말한다.	들은 내용을 확인하거나 명료하게 이해하기 위한 질문, 생략된 내용을 추론하기 위한 질문, 상대의 의도를 파악하기 위한 질문, 다른 사람의 생각과 자신의 생각을 연결하기 위한 질문, 자료에서 제시되지 않은 대안이나 더 많은 정보를 찾기 위한 질문 등 다양한 목적으로 질문 생성하기, 분명한 표현으로 질문하기, 예절을 지켜 질문하기 등

영역	초등학교					
	1~2학년		3~4학년		5~6학년	
	성취기준	해설 속 학습 내용	성취기준	해설 속 학습 내용	성취기준	해설 속 학습 내용
듣기·말하기	[2국01-04] 자신의 경험이나 생각을 바른 자세로 발표한다.	자신의 경험이나 생각을 동료 학습자들 앞에서 간단히 말하기, 자신의 경험이나 배경지식을 바탕으로 말하기, 수업 시간에 바른 자세로 서서 말하기, 듣는 사람을 바라보며 말하기, 적절한 크기의 소리로 말하기 등	[4국01-04] 상황과 상대의 입장을 이해하고 예의를 지키며 대화한다.	제시하지 않음	[6국01-04] 면담의 절차를 이해하고 상대와 매체를 고려하여 면담한다.	면담 준비·진행·결과 정리 등 면담의 절차 이해하기, 면담의 목적·대상·주제 등 설정하기, 사전 정보 수집하기, 면담 대상 섭외하기, 목적·대상·주제에 알맞은 질문 준비하기, 녹음기나 기록용 노트 등 면담에 필요한 매체 준비하기, 준비한 질문을 바탕으로 면담하기, 면담 결과를 발표하거나 글로 써서 보고하기 등
	[2국01-05] 듣기와 말하기에 관심과 흥미를 가진다.	듣기·말하기가 다양한 생각과 감정을 나누며 의사소통하기 위한 기본적인 도구임을 인식하기, 듣기·말하기의 역할과 중요성을 직접 경험해 보기, 다양한 놀이를 통해 듣기·말하기에 흥미 가지기 등	[4국01-05] 목적과 주제에 알맞게 자료를 정리하여 자신감 있게 발표한다.	주어진 자료에서 발표 목적과 주제에 알맞은 내용을 중심으로 발표 내용 정리하기, 준비한 내용이 명확하게 전달되는지를 점검하며 발표 연습하기, 준언어·비언어적 표현을 효과적으로 사용하는지 점검하며 발표 연습하기, 연습 과정에서 부족했던 부분을 조정하여 자신감을 가지고 발표하기 등	[6국01-05] 자료를 선별하여 핵심 정보를 중심으로 내용을 구성하고 매체를 활용하여 발표한다.	제시하지 않음
			[4국01-06] 주제에 적절한 의견과 이유를 제시하고 서로의 생각을 교환하며 토의한다.	주제에 적절한 의견을 이유와 함께 제시하기, 상대의 의견을 구체적으로 파악하거나 의견과 이유의 적절성을 점검하기 위해 서로 묻고 답하기, 다른 사람의 생각 존중하기 등	[6국01-06] 토의에 협력적으로 참여하며 서로의 의견을 비교하고 조정한다.	제시하지 않음

영역	초등학교					
	1~2학년		3~4학년		5~6학년	
	성취기준	해설 속 학습 내용	성취기준	해설 속 학습 내용	성취기준	해설 속 학습 내용
듣기 · 말하기					[6국01-07] 절차와 규칙을 지키고 타당한 이유와 근거를 제시하며 토론한다.	찬성 또는 반대의 입장에서 주장하는 바에 대한 이유 마련하기, 이유를 뒷받침할 수 있는 객관적인 사실 또는 정보를 활용하여 근거 마련하기, 주장이 가치 있고 실천 가능한지 검토하기, 이유가 주장과 관련이 있는지 검토하기, 이유가 상대에게 받아들여질 수 있는지 검토하기, 근거가 이유와 관련이 있는지 검토하기, 근거로 제시한 자료의 출처가 명확하고 믿을 만한지 검토하기, 상대의 의견을 존중하며 토론하기, 절차와 규칙에 따라 합리적으로 소통하는 태도 형성하기 등
읽기	[2국02-01] 글자, 단어, 문장, 짧은 글을 정확하게 소리 내어 읽는다.	제시하지 않음	[4국02-01] 글의 의미를 파악하며 유창하게 글을 읽는다.	글의 유형에 따라 글의 분위기, 장면, 인물의 특성 등을 파악하고 이를 고려하되, 어조, 억양, 속도, 강세 등의 표현 요소를 활용하여 글을 읽으면서 글의 의미를 효과적으로 표현하기 등	[6국02-01] 글의 구조를 고려하며 주제나 주장을 파악하고 글 내용을 요약한다.	요약하기의 일반 원리를 이해하기, 글의 구조를 시각화한 도해 조직자를 활용하여 글의 구조와 내용 파악하기, 주제나 주장을 파악하기, 글의 중심 내용을 자신의 언어로 재구성하여 요약하기 등

영역	초등학교					
	1~2학년		3~4학년		5~6학년	
	성취기준	해설 속 학습 내용	성취기준	해설 속 학습 내용	성취기준	해설 속 학습 내용
읽기	[2국02-02] 의미가 잘 드러나도록 문장과 짧은 글을 알맞게 띄어 읽는다.	글의 의미를 이해하기 위해 의미 단위에 따른 어구나 어절 단위 등으로 띄어 읽기, 주어부와 서술어부 등을 단위로 하여 띄어 읽기, 문장 부호에 따라 문장 단위를 인식하면서 띄어 읽기, 쉬는 지점, 쉼의 길이에 유의하며 띄어 읽기 등	[4국02-02] 문단과 글에서 중심 생각을 파악하고 내용을 간추린다.	제시하지 않음	[6국02-02] 글에서 생략된 내용이나 함축된 표현을 문맥을 고려하여 추론한다.	중요 단어나 문장, 문단 등의 수준에서 의미 추론하기, 글의 전체적인 흐름을 고려할 때 글에서 빠진 세부 내용이나 이어질 내용 추론하기, 학습자의 배경지식을 이용하여 함축적 표현이 암시하거나 내포하는 의미 추측하기 등
	[2국02-03] 글을 읽고 중심 내용을 확인한다.	제시하지 않음	[4국02-03] 질문을 활용하여 글을 예측하며 읽고 자신의 읽기 과정을 점검한다.	읽기 전이나 읽기 중에 이루어지는 질문을 통해 자신의 배경지식이나 경험을 글과 관련짓기, 배경지식이나 경험을 활성화하여 글의 의미 추론하기, 제목이나 글의 차례, 사진이나 그림 등의 자료를 통해 글의 의미 추론하기, 질문을 통해 단어의 의미, 이어질 내용이나 사건의 전후를 예측하기, 질문을 통해 글을 이해한 정도를 점검하거나 읽기 과정에서 겪는 어려움을 점검하기 등	[6국02-03] 글이나 자료를 읽고 내용의 타당성과 표현의 적절성을 평가한다.	제시하지 않음
	[2국02-04] 인물의 마음이나 생각을 짐작하고 이를 자신과 비교하며 글을 읽는다.	인물의 처지나 상황을 파악하기, 자신의 경험에 비추어 인물의 마음이나 생각 짐작하기, 감정을 드러내는 다양한 어휘를 활용	[4국02-04] 글에 나타난 사실과 의견을 구분하고 필자와 자신의 의견을 비교한다.	글을 읽고 필자의 의견과 객관적 사실을 구별하기, 필자의 의견과 자신의 의견을 비교하기, 필자의 의견에 대한 타당성을 평가	[6국02-04] 문제 상황과 관련된 다양한 관점의 글을 읽고 이를 문제 해결에 활용한다.	문제 상황과 관련한 읽기 목적 명료화하기, 문제 상황 해결에 도움을 줄 수 있는 다양한 관점의 글 선정하기, 다양한 관점의 글을

영역	초등학교					
	1~2학년		3~4학년		5~6학년	
	성취기준	해설 속 학습 내용	성취기준	해설 속 학습 내용	성취기준	해설 속 학습 내용
읽기		하여 인물의 마음이나 생각을 표현하기, 인물의 마음이나 생각과 관련된 자신의 경험이나 생각을 떠올리며 비교하기 등		하기, 동일한 주제나 상황에 대한 서로 다른 의견 비교하기 등		읽고 내용의 타당성과 유용성 평가하기, 문제 해결을 위한 자신만의 창의적인 해결 방안 마련하기 등
	[2국02-05] 읽기에 흥미를 가지고 즐겨 읽는 태도를 지닌다.	제시하지 않음	[4국02-05] 글이나 자료의 출처가 믿을 만한지 판단한다.	글이나 자료의 출처 확인 방법이나 필요성 이해하기, 다양한 매체를 활용하여 글이나 자료 탐색하기, 글이나 자료의 정보 출처 파악하기, 정보 출처의 유형이나 정보의 최신성 확인하기, 권위나 공신력 등을 고려한 신뢰성 평가하기, 여러 정보를 비교하며 내용의 신뢰성 평가하기 등	[6국02-05] 긍정적인 읽기 동기를 형성하고 적극적으로 읽기에 참여하는 태도를 기른다.	제시하지 않음
			[4국02-06] 바람직한 읽기 습관을 형성하고 읽기에 대한 자신감을 기른다.	제시하지 않음		
쓰기	[2국03-01] 글자와 단어를 바르게 쓴다.	제시하지 않음	[4국03-01] 중심 문장과 뒷받침 문장을 갖추어 문단을 쓰고, 문장과 문단을 중심으로 고쳐 쓴다.	문단의 개념, 문단의 기능과 역할, 중심 문장과 뒷받침 문장의 관계, 중심 문장과 뒷받침 문장을 쓰는 방법, 중심 문장과 뒷받침 문장을 갖추어 문단을 쓰는 방법, 문장과 문단을 중심으로 글을 고쳐 쓰는 방법 등	[6국03-01] 알맞은 내용을 선정하여 대상의 특성이 나타나게 설명하는 글을 쓴다.	설명하고자 하는 대상의 특성을 드러낼 수 있는 내용을 선정하는 방법, 개념 정의, 부연 상술, 예시, 열거, 인용, 비교와 대조 등을 활용하여 독자가 대상의 특성을 이해하기 쉽게 내용을 구성하고 표현하는 방법, 설명 대상과 설명 방법의 관련성 등 학습하기

영역	초등학교					
	1~2학년		3~4학년		5~6학년	
	성취기준	해설 속 학습 내용	성취기준	해설 속 학습 내용	성취기준	해설 속 학습 내용
쓰기	[2국03-02] 쓰기에 흥미를 가지며 자신의 생각이나 느낌을 문장으로 표현한다.	자신의 생각이나 느낌을 문장으로 구성하는 방법, 꾸며 주는 말을 넣어 자신의 생각이나 느낌을 표현하는 방법, 자신이 쓰고 싶은 화제나 주제를 찾아 다양한 문장으로 표현하기	[4국03-02] 절차와 결과가 드러나게 정확한 표현으로 보고하는 글을 쓴다.	보고하는 글의 개념, 보고하는 글에 들어가야 할 내용 요소, 절차와 결과가 드러나게 글의 내용을 조직하는 방법, 절차와 결과를 정확하게 표현해야 하는 이유, 정확한 표현으로 보고하는 글 쓰기 등	[6국03-02] 적절한 근거를 사용하고 인용의 출처를 밝히며 주장하는 글을 쓴다.	주장하는 글쓰기의 중요성과 특성, 주장과 이유 및 근거의 개념과 관계, 주장하는 글에 적절한 근거가 필요한 까닭, 역사적 사실, 실험 및 조사 결과, 통계 수치, 전문가의 견해 등을 활용하여 근거 생성하기, 이유와 근거를 활용하여 주장하는 글 쓰기, 인용의 출처를 밝혀야 하는 이유와 기본적인 인용 방법 등
	[2국03-03] 주변 소재에 대해 소개하는 글을 쓴다.	제시하지 않음	[4국03-03] 대상에 대한 자신의 의견과 그렇게 생각한 이유가 드러나게 글을 쓴다.	의견의 개념, 의견을 제시하는 것이 필요한 이유와 상황, 주제를 고려하여 자신의 의견을 제시하는 방법, 의견에 대한 이유를 드는 방법 등	[6국03-03] 체험한 일에 대한 감상을 나타내는 글을 쓴다.	제시하지 않음
	[2국03-04] 겪은 일을 표현하는 글을 자유롭게 쓰고, 쓴 글을 함께 읽고 생각이나 느낌을 나눈다.	자신이 겪은 일 중 글로 쓰고 싶은 경험 떠올리기, 경험에 대한 자신의 생각이나 느낌 떠올리기, 자유롭게 표현하기, 쓴 글을 함께 읽고 반응하기 등	[4국03-04] 목적과 주제를 고려하여 독자에게 마음을 전하는 글을 쓴다.	제시하지 않음	[6국03-04] 독자와 매체를 고려하여 내용을 생성하고 표현하며 글을 쓴다.	예상 독자의 개념 이해하기, 독자 고려의 필요성 인식하기, 온라인 대화, 인터넷 게시판 댓글, 전자 우편, 블로그, 휴대전화 문자 메시지 등 다양한 매체의 특성 이해하기, 글의 목적이나 주제에 따라 알맞은 매체와 예상 독자 선정하기, 독자와 매체의 특성을 고

영역	초등학교					
	1~2학년		3~4학년		5~6학년	
	성취기준	해설 속 학습 내용	성취기준	해설 속 학습 내용	성취기준	해설 속 학습 내용
쓰기						려하여 계획 및 내용 생성하기, 독자와 매체의 특성을 고려하여 표현하기 등
			[4국03-05] 자신의 쓰기 과정을 점검하며 쓰기에 자신감을 갖는다.	제시하지 않음	[6국03-05] 쓰기 과정을 점검·조정하며 글을 쓰고, 글 전체를 대상으로 통일성 있게 고쳐 쓴다.	글쓰기에서 통일성의 개념과 중요성, 쓰기 과정에 대한 점검과 조정의 필요성, 쓰기 과정의 회귀적 특성, 글에 대한 독자의 반응을 생각하며 고쳐쓰기, 글의 주제와 목적, 예상 독자 등을 고려하여 글의 통일성 점검하기 등
					[6국03-06] 쓰기에 적극적으로 참여하며 자신의 글을 독자와 공유하는 태도를 지닌다.	제시하지 않음
문법	[2국04-01] 한글 자모의 이름과 소릿값을 알고 정확하게 발음하고 쓴다.	제시하지 않음	[4국04-01] 단어와 단어 간의 의미 관계를 파악한다.	제시하지 않음	[6국04-01] 음성 언어 및 문자 언어의 특성을 이해하고 다양한 매체 자료에서 표현 효과를 평가한다.	음성 언어 및 문자 언어의 특성을 비교하되, 복합양식적 특성을 지니는 다양한 매체 자료에 사용된 언어 양식의 표현 효과를 학습하고, 표현하고자 하는 목적이나 핵심 주제가 같더라도 언어 양식이 다르면 전달되는 내용과 표현 효과가 다를 수 있음을 분석

영역	초등학교					
	1~2학년		3~4학년		5~6학년	
	성취기준	해설 속 학습 내용	성취기준	해설 속 학습 내용	성취기준	해설 속 학습 내용
문법						적, 비판적 시각으로 이해하고 평가하기
	[2국04-02] 소리와 표기가 다를 수 있음을 알고 단어를 바르게 읽고 쓴다.	제시하지 않음	[4국04-02] 단어를 분류하고 국어사전을 활용하여 능동적인 국어 활동을 한다.	상황에 따라 다양하게 해석되는 단어의 의미를 국어사전에서 찾을 수 있도록 동형이의어와 다의어가 국어사전에 수록된 방식을 이해하고, 동사와 형용사의 기본형과 활용형을 구분하기, 국어사전을 통해 단어의 표기, 발음, 품사, 의미, 용례 등 다양한 정보를 확인하기 등	[6국04-02] 표준어와 방언의 기능을 파악하고 언어 공동체와 국어생활과의 관계를 이해한다.	의사소통의 공적·사적 상황에 따라, 상대방과의 거리감 조절 등 화자의 의도에 따라 표준어와 방언을 선택함으로써 다양한 의사소통 기능 알기
	[2국04-03] 문장과 문장 부호를 알맞게 쓰고 한글에 호기심을 가진다.	문장 부호의 이름과 쓰임, 평서문·의문문·감탄문 등 다양한 종류의 문장 쓰기와 그에 따른 문장 부호 사용하기	[4국04-03] 기본적인 문장의 짜임을 이해하고 적절하게 사용한다.	제시하지 않음	[6국04-03] 고유어와 관용 표현의 쓰임과 가치를 이해하고 상황에 맞게 표현한다.	한자어, 외래어와 함께 국어 어휘의 일부를 이루는 고유어의 특성과 가치, 고유어에 다양하게 발달해 있는 관용 표현의 특성과 쓰임에 대한 이해에 중점을 두되, 상황과 표현 의도에 따라 어휘를 적절하게 사용하고 외래어의 오·남용 방지 등 국어 순화의 필요성을 자각하며 실천하기

영역	초등학교					
	1~2학년		3~4학년		5~6학년	
	성취기준	해설 속 학습 내용	성취기준	해설 속 학습 내용	성취기준	해설 속 학습 내용
문법			[4국04-04] 글과 담화에 쓰인 높임 표현과 지시·접속 표현을 이해하고 상황에 맞게 표현한다.	글이나 담화에서 높임 표현과 지시·접속 표현을 적절히 사용하기, 높임 표현의 기능과 적절한 사용 방식, 앞에 나온 말을 가리키는 지시 표현 및 문장과 문장 등을 연결하는 다양한 접속 표현의 기능과 이러한 표현들 적절히 사용하기	[6국04-04] 문장 성분을 이해하고 호응 관계가 올바른 문장을 구성한다.	문장에서 주어, 목적어, 서술어의 역할, 성분 간의 호응 관계(주어와 서술어의 호응, 목적어와 서술어의 호응)에 대해 학습하고, 이전 학년군의 높임 표현 및 동일 학년군의 시간 표현 성취기준과 연계하여 높임이나 시제의 일치를 함께 학습하기
			[4국04-05] 언어가 의사소통과 관계 형성의 수단임을 이해하고 국어를 소중히 여기는 태도를 지닌다.	제시하지 않음	[6국04-05] 글과 담화에 쓰인 시간 표현을 이해하고 상황에 맞게 표현한다.	'-았-/-었-, -는-/-ㄴ-, -겠-, -(으)ㄹ 것이-'나 시간 부사 등 글이나 담화에서 과거, 현재, 미래를 표현하는 언어 형식 및 방법을 학습하고, 다양한 상황 맥락에서 시간 표현을 사용한 후 그 적절성을 평가하기
					[6국04-06] 글과 담화에 쓰인 단어 및 문장, 띄어쓰기를 민감하게 살펴 바르게 고치는 태도를 지닌다.	제시하지 않음
문학	[2국05-01] 말놀이, 낭송 등을 통해 말의 재미와 즐거움을 느낀다.	의성어와 의태어, 규칙적으로 반복되는 소리, 언어유희, 재치 있는 문답, 수수께끼, 끝말잇기 등	[4국05-01] 인물과 이야기의 흐름을 중심으로 작품을 감상한다.	이야기를 읽을 때 인물의 성격과 역할을 파악하고, 이를 고려하여 시간적 순서나 인과관계를 생각하며 이야기의 흐름을 파악하는	[6국05-01] 작가의 의도를 생각하며 작품을 읽는다.	작가가 작품을 쓰게 된 계기나 상황을 생각하고, 작가의 취지와 의도를 헤아리면서 작품을 더 깊고 넓게 이해하기

영역	초등학교					
	1~2학년		3~4학년		5~6학년	
	성취기준	해설 속 학습 내용	성취기준	해설 속 학습 내용	성취기준	해설 속 학습 내용
문학				활동하기, 작품 속 다양한 인물의 특성을 고려하면서 이어질 이야기를 상상하여 표현하기		
	[2국05-02] 작품을 듣거나 읽으면서 느끼거나 생각한 점을 말한다.	학습자의 발달과 정서적 측면을 고려하여 시, 노래, 이야기 등 다양한 갈래의 작품을 제시하기, 다양한 작품을 대상으로 자신의 생각이나 느낌을 표현하기	[4국05-02] 자신의 경험을 바탕으로 작품 속 세계와 현실 세계를 비교하여 작품을 감상한다.	작품속의 인물·정서·상황·배경·분위기·사건 등을 이해할 때 학습자 자신의 경험을 바탕으로 경험과 상상, 사실과 허구를 비교하며 생각하게 하고, 허구적으로 표현한 부분에 대한 의견을 나누며 작품을 감상하기	[6국05-02] 비유적 표현의 효과에 유의하여 작품을 감상한다.	제시하지 않음
	[2국05-03] 작품 속 인물의 모습, 행동, 마음을 상상하여 시, 노래, 이야기, 그림 등으로 표현한다.	제시하지 않음	[4국05-03] 작품을 듣거나 읽고 마음에 드는 작품을 소개한다.	제시하지 않음	[6국05-03] 소설이나 극을 읽고 인물, 사건, 배경을 파악한다.	인물의 성격과 사건의 전개 과정 간의 관계, 인물의 성격이 사건 전개 과정에 끼치는 영향, 사건의 전개 과정과 배경과의 관련, 배경의 변화에 따른 사건 전개 과정의 변화 등을 파악하기
	[2국05-04] 시나 노래, 이야기에 흥미를 가진다.	제시하지 않음	[4국05-04] 감각적 표현에 유의하여 작품을 감상하고, 감각적 표현을 활용하여 자신의 생각이나 감정을 표현한다.	감각적 표현을 통해 작품속에 형상화된 대상을 생동감 있게 체험하면서 문학의 즐거움을 느끼기, 자신의 생각과 감정을 효과적으로 전달할 수 있는 감	[6국05-04] 인상적인 부분을 중심으로 작품에 대한 의견을 나눈다.	인상적인 장면을 중심으로 작품에 대한 의견을 나누되, 인상적이라고 생각하는 이유나 근거를 작품과 연결 지어 설명하기

영역	초등학교					
	1~2학년		3~4학년		5~6학년	
	성취기준	해설 속 학습 내용	성취기준	해설 속 학습 내용	성취기준	해설 속 학습 내용
문학				각적 표현을 활용하여 말을 하거나 글을 써 보고 감각적 표현을 사용하였을 때와 그렇지 않을 때의 차이를 비교하기		
			[4국05-05] 재미나 감동을 느끼며 작품을 즐겨 감상하는 태도를 지닌다.	제시하지 않음	[6국05-05] 자신의 경험을 시, 소설, 극, 수필 등 적절한 갈래로 표현한다.	제시하지 않음
					[6국05-06] 작품을 읽고 자신의 삶과 연관 지어 성찰하는 태도를 지닌다.	작품을 적극적으로 수용하여 작품에 담긴 가치를 내면화하는 가운데 자신의 삶의 모습되돌보기
매체	[2국06-01] 일상의 다양한 매체와 매체 자료에 흥미와 관심을 가진다.	매체란 소통을 매개하는 도구, 기술, 환경으로, 책, TV, 스마트폰, 컴퓨터, 태블릿, 인터넷 등이 이에 속하며, 매체 자료에는 그림책, 만화, 뉴스, 광고, 웹툰, 애니메이션, 영화 등	[4국06-01] 인터넷에서 학습에 필요한 다양한 자료를 탐색하고 목적에 맞게 자료를 선택한다.	교사의 안내에 따라 디지털 매체를 통해 지정된 인터넷 공간에 접속하기, 다양한 자료 훑어보기, 자료의 내용 파악하기, 유용한 자료 선택하기 등을 수행하고, 이를 통해 인터넷 접속 방법, 비선형적 자료의 탐색 방법, 목적에 맞는 정보 선택 방법 등	[6국06-01] 정보 검색 도구를 활용하여 자신의 목적에 맞는 매체 자료를 찾는다.	정보 유형별로 검색 결과를 제시하는 정보 검색 도구의 기능 이해하기, 핵심 단어 중심으로 검색이 되는 정보 검색 도구의 특징을 이해하여 자신의 목적에 적합한 검색어만들기

영역	초등학교					
	1~2학년		3~4학년		5~6학년	
	성취기준	해설 속 학습 내용	성취기준	해설 속 학습 내용	성취기준	해설 속 학습 내용
매체	[2국06-02] 일상의 경험과 생각을 글과 그림으로 표현한다.	글, 그림(또는 사진, 이모티콘 등)을 활용하여 자신, 친구, 가족, 학교, 교실 등 친숙한 주제에 대해 표현하거나 그림일기를 작성해 보는 활동	[4국06-02] 매체를 활용하여 간단한 발표 자료를 만든다.	제시하지 않음	[6국06-02] 뉴스 및 각종 정보 매체 자료의 신뢰성을 평가한다.	매체 자료의 신뢰성은 제작자가 얼마나 해당 분야에 전문적이고 권위가 있는지, 실제 취재하거나 수집한 근거 자료를 기반으로 제작된 것인지, 근거 자료가 얼마나 정확하고 최신의 것이며 증빙 가능한 것인지 등의 측면에서 평가하기
			[4국06-03] 매체 소통 윤리를 고려하여 매체 자료를 활용하고 공유한다.	다양한 매체 자료를 활용하거나 공유하는 과정에서 저작권과 초상권 침해, 개인 정보 유출 등의 문제가 발생할 수 있음을 이해하기, 매체 이용자로서 소통 윤리를 지키려는 태도를 기르고, 매체 자료를 안전하고 올바르게 활용하고 공유할 수 있는 방법 알기	[6국06-03] 적합한 양식과 수용자의 반응을 고려하여 복합양식 매체 자료를 제작하고 공유한다.	의도나 주제를 드러내는 다양한 표현 양식을 이해하고 자신의 목적, 주제, 수용자 반응을 고려하여 이미지가 포함된 글, 카드 뉴스, 발표 자료, 동영상 등의 복합양식 매체 자료를 제작한 다음 이를 공유하여 그 효과성을 점검하기
					[6국06-04] 자신의 매체 이용 양상에 대해 성찰한다.	제시하지 않음

기본 수학

영역		초등학교						중학교 (1~3학년)		고등학교 (1~3학년)	
		1~2학년		3~4학년		5~6학년					
		성취기준	해설 속 학습 내용	성취기준	해설 속 학습 내용	성취기준	해설 속 학습 내용	성취기준	해설 속 학습 내용	성취기준	해설 속 학습 내용
수와 연산	수의 기초	[2수학01-01] 주변을 탐색하여 방금 전에 보았던 사물을 찾는다.	찾기는 시야에서 인지된 사물을 가림막, 천, 상자 등으로 가리고 다시 해당 사물을 찾게 하는 활동								
		[2수학01-02] 제시한 구체물과 같거나 다른 구체물을 찾는다.	구체물의 색상, 모양, 크기 등을 관찰하고 특징을 파악하여 다른 구체물과 구별하게 하는 활동								
		[2수학01-03] 구체물을 보고 많은 것과 적은 것을 비교한다.	비교하기는 여러 가지 구체물을 두 군데로 나누어 제시하여 학생들이 직관적으로 두 군데 중 어느 쪽이 더 많고 적음을 인지하는 활동								
		[2수학01-04] 서로 관계있는 구체물을 찾아 일대일로 짝짓는다.	구체물과 구체물을 서로 관계있는 것끼리 일대일로 대응하여 짝을 만드는 활동, 계있는 양말, 신발과 같이 짝이 있는 구체물								

영역		초등학교						중학교 (1~3학년)		고등학교 (1~3학년)	
		1~2학년		3~4학년		5~6학년					
		성취기준	해설 속 학습 내용	성취기준	해설 속 학습 내용	성취기준	해설 속 학습 내용	성취기준	해설 속 학습 내용	성취기준	해설 속 학습 내용
수와 연산	수의 기초		과 치약과 칫솔, 책상과 의자와 같이 사용할 때 짝이 되는 구체물 등을 활용하여 서로 연결하여 짝을 만들어 보는 활동								
		[2수학01-05] 구체물을 한 가지 기준에 따라 순서대로 배열한다.	하나의 기준을 가지고 세 가지의 구체물을 순서대로 배열하는 활동								
	수	[2수학01-06] 구체물이 있고 없음을 구별하고, 한 개와 여러 개를 구별한다.	'있다', '없다'의 개념을 반복적으로 경험	[4수학01-01] 열 개 이하의 구체물 개수를 센다.	개수와 구체물을 일대일로 대응하며 세고 마지막 구체물에 대응하는 개수의 이름이 전체의 개수라는 것을 인지	[6수학01-01] 10의 개념을 알고, 몇 십을 센다.	9보다 1 큰 수가 10임 알기, 구체물을 세어서 10이 되게 만드는 활동 반복하기, 0의 개념에 익숙해지기, 구체물과 반 구체물을 10씩 묶으며 몇 십으로 세는 활동하기, 십 모형의 수와 낱개의 수를 두 자리 수로 나타내고 자릿값 개념을 형성하여 두 자리 수의 크기를 '크다, 작다'로 비교하기 등	[9수학01-01] 100의 개념을 알고, 몇 백을 센다.	십 모형을 활용하여 십 모형 10개가 모여 백 모형 하나가 됨을 살펴보며 100 개념 도입하기, 세 자리 수를 읽고 쓸 때는 100과 10의 묶음과 낱개로 나타내고 위치적 기수법을 바탕으로 수를 이해하기	[12수학01-01] 1000의 개념을 알고, 몇 천을 센다.	백 모형 10묶음이 모여 천 모형 하나가 됨을 살펴보고 1000의 개념 도입하기, 천씩 묶어서 몇 천을 세고, 네 자리 수를 읽고 쓰기, 네 자리 수를 그림으로 나타내어 수의 크기를 비교하기
		[2수학01-07] 다섯 개 이하 구체물의 개수를 센다.	하나, 둘, 셋, 넷, 다섯으로 구체물의 개수를 직접 세어 보며 다섯 이하의 개수 세기를 반복적으로 학습	[4수학01-02] 두 모음의 구체물 개수를 비교하고 많고 적음을 표현한다.	열 개 이하인 두 집합을 보고 개수를 비교하여 어느 쪽이 많고 적음을 표현	[6수학01-02] 10개의 묶음과 낱개의 수를 두 자리 수로 나타낸다.		[9수학01-02] 일, 십, 백의 자릿값을 알고, 세 자리 수를 읽고 쓴다.		[12수학01-02] 일, 십, 백, 천의 자릿값을 알고, 네 자리 수를 읽고 쓴다.	
		[2수학01-08] 배열이 다른 구체물의 개수를 세어 비교한다.	다섯 개 이하의 구체물을 가로로 나란히 놓거나 세로로 나란히 놓아서 개수 세기	[4수학01-03] 9 이하의 수를 읽고 쓴다.	수를 읽고 쓰며 한 자리 수를 파악하고, 구체물의 개수와 수의	[6수학01-03] 두 자리 수의 크기를 비교한다.		[9수학01-03] 세 자리 수의 크기를 비교한다.		[12수학01-03] 네 자리 수의 계열을 이해하고, 수의 크기를 비교한다.	

<table>
<tr><th colspan="2" rowspan="2">영역</th><th colspan="6">초등학교</th><th colspan="2" rowspan="2">중학교
(1~3학년)</th><th colspan="2" rowspan="2">고등학교
(1~3학년)</th></tr>
<tr><th colspan="2">1~2학년</th><th colspan="2">3~4학년</th><th colspan="2">5~6학년</th></tr>
<tr><th colspan="2"></th><th>성취기준</th><th>해설 속 학습 내용</th><th>성취기준</th><th>해설 속 학습 내용</th><th>성취기준</th><th>해설 속 학습 내용</th><th>성취기준</th><th>해설 속 학습 내용</th><th>성취기준</th><th>해설 속 학습 내용</th></tr>
<tr><td rowspan="3">수와 연산</td><td rowspan="3">수</td><td></td><td></td><td>[4수학01-04] 0의 개념을 알고 0을 읽고 쓴다.</td><td rowspan="2">대응을 통해 수의 크기를 비교, 열 개 이하의 구체물을 하나씩 줄이며 구체물이 없을 때는 0으로 표현함을 알고, 생활 속 다양한 상황에서 0이 활용됨을 살펴봄</td><td></td><td></td><td></td><td></td><td>[12수학01-04] 생활 속의 다양한 명명수를 읽는다.</td><td>실생활에서 활용되는 우편 번호, 전화번호, 계좌 번호 등과 같은 다양한 명명수를 제시하고 각 명명수의 특징에 맞게 읽는 방법 살펴보기</td></tr>
<tr><td></td><td></td><td>[4수학01-05] 9 이하의 수 크기를 비교한다.</td><td></td><td></td><td></td><td></td><td>[12수학01-05] 생활 속에서 접하는 여러 가지 수를 찾아 읽는다.</td><td rowspan="2">분수, 소수, 음의 정수 등의 여러 가지 수를 개념적으로 접근하기보다는 생활 속에서 여러 가지 수가 상황에 따라 어떻게 활용되는지 파악하기, 피자 자르기, 색 종이띠 자르기 등의 조작 활동을 통해 간단한 분수 또는 소수를 표현하여 수의 크기 파악하기, 그 외 생활 속에서 분수, 소수, 음의 정수가 적힌 상품이나 상황을 다양하게 찾아보고 경험하기</td></tr>
<tr><td></td><td></td><td>[4수학01-06] 구체물의 배열을 순서수로 표현한다.</td><td>일과 시간 중에서 줄서기 등 순서수가 활용되는 여러 장면을 모의로 구성한 후 반복적인 경험을 통해 순서수에 익숙하게 함</td><td></td><td></td><td></td><td></td><td>[12수학01-06] 생활 속에서 접하는 여러 가지 수의 의미를 알고 활용한다.</td></tr>
</table>

영역		초등학교						중학교 (1~3학년)		고등학교 (1~3학년)	
		1~2학년		3~4학년		5~6학년					
		성취기준	해설 속 학습 내용	성취기준	해설 속 학습 내용	성취기준	해설 속 학습 내용	성취기준	해설 속 학습 내용	성취기준	해설 속 학습 내용
수와 연산	수의 연산	[2수학01-09] 다섯 개 이하의 구체물을 양쪽으로 가른다.	생활 주변의 친숙한 다섯 개 이하의 구체물을 활용한 가르기와 모으기 활동	[4수학01-07] 실생활에서 활용되는 한 자리 수의 덧셈과 뺄셈의 의미를 안다.	다양한 생활 속 장면에서 활용되는 한 자리 수의 덧셈과 뺄셈을 보고 덧셈과 뺄셈 상황을 파악	[6수학01-04] 합이 10이 되는 더하기를 하고 덧셈식으로 나타낸다.	합이 10이 되는 더하기로 10의 보수 관계 파악하기, 구체물 가르고 모으는 활동하기, 덧셈식으로 반복 학습하기, 10의 보수 개념을 활용하여 피감수가 10인 빼기 역시 구체물과 덧셈식을 통해 반복 학습하기	[9수학01-04] 실생활에서 활용되는 몇 백의 덧셈과 뺄셈의 의미를 안다.	생활 속에서 활용되는 몇 백의 덧셈과 뺄셈 연산의 다양한 상황을 살펴보기	[12수학01-07] 실생활에서 활용되는 몇 천의 덧셈과 뺄셈의 의미를 안다.	생활 속에서 활용되는 몇 천의 덧셈과 뺄셈의 다양한 상황을 살펴보기
		[2수학01-10] 양쪽의 구체물을 하나로 모은다.		[4수학01-08] 합이 9 이하인 더하기를 하고 덧셈식으로 나타낸다.	한 자리 수의 뺄셈 역시 피감수가 5 이하인 뺄셈을 충분히 학습한 뒤 피감수가 9 이하인 뺄셈을 경험 계산기의 필요성과 여러 가지 종류 살펴보기, 숫자와 기호 찾아보기, 계산기 창에 수 나타내기 등의 활동	[6수학01-05] 피감수가 10인 빼기를 하고 뺄셈식으로 나타낸다.		[9수학01-05] 받아올림(내림)이 없는 몇 백의 덧셈과 뺄셈을 한다.	실생활과 관련된 연산 활동 장면을 제시하고 구체물과 반 구체물을 조작하여 연산 문제 해결하기, 가로셈 및 세로셈을 사용하여 식 세워보기, 계산 도구를 활용하는 경우 덧셈, 뺄셈 연산의 기능적인 측면에 중점을 두어 지도	[12수학01-08] 받아올림(내림)이 없는 몇 천의 덧셈과 뺄셈을 한다.	받아올림(내림)이 없는 몇 천의 덧셈과 뺄셈은 실생활과 관련된 장면을 제시하고 천 모형 그림을 활용하여 더하거나 빼서 연산 문제를 해결하는 활동을 하며, 가로식과 세로식을 사용하여 계산하는 경험하기,. 계산 도구를 활용하는 경우 계산기를 사용하여 네 자리 수의 덧셈과 뺄셈을 연산하는 기능적인 측면에 중점을 두어 지도하기
				[4수학01-09] 피감수가 9 이하인 빼기를 하고 뺄셈식으로 나타낸다.		[6수학01-06] 실생활에서 활용되는 몇 십의 덧셈과 뺄셈의 의미를 안다.	생활 속에서 몇십의 덧셈과 뺄셈이 활용되는 다양한 상황을 살펴보고 받아올림이 없는 (몇 십)+(몇 십)과 받아내림이 없는 (몇 십)-(몇 십)에 대한 학생의 흥미와 관심을 높이기	[9수학01-06] 받아올림(내림)이 없는 몇 백의 덧셈, 뺄셈과 관련된 실생활 문제를 해결한다.		[12수학01-09] 받아올림(내림)이 없는 몇 천의 덧셈, 뺄셈과 관련된 실생활 문제를 해결한다.	

영역		초등학교						중학교 (1~3학년)		고등학교 (1~3학년)	
		1~2학년		3~4학년		5~6학년					
		성취기준	해설 속 학습 내용	성취기준	해설 속 학습 내용	성취기준	해설 속 학습 내용	성취기준	해설 속 학습 내용	성취기준	해설 속 학습 내용
수와 연산	수의 연산			[4수학01-10] 0이 있는 덧셈과 뺄셈을 한다.	구체물이 없는 상태가 0인 개념을 다시 복습하고 구체물과 반 구체물을 활용하여 수에 0을 더하거나 빼도 그 결과에 변화가 없음을 인지	[6수학01-07] 받아올림(내림)이 없는 몇십의 덧셈과 뺄셈을 한다.	받아올림(내림)이 없는 몇십의 덧셈과 뺄셈은 가로식과 세로식을 모두 지도하되 세로식은 자릿값을 맞추어 계산하는 데 특별히 주의함. 필요에 따라 계산 도구를 활용하여 연산을 체험하는 기능적인 측면에 중점을 두어 지도하기	[9수학01-07] 받아올림이 있는 한 자리 수의 덧셈을 한다.	받아올림이 있는 (몇)+(몇)은 10의 보수 개념을 바탕으로 10개의 칸이 그려진 그림 등을 활용하여 구체물과 반구체물을 조작하여 한 자리 수끼리의 덧셈 연산을 충분히 연습하도록 한 뒤 가로식과 세로식을 도입하여 지도하기	[12수학01-10] 받아내림이 있는 (십몇)-(몇)을 한다.	받아내림이 있는 (십몇)-(몇)의 뺄셈은 10의 보수 개념을 활용하여 10개 칸이 그려진 그림 등을 활용하여 반구체물로 연산을 연습한 뒤 연산이 익숙해지면 가로 및 세로식을 도입하여 연산 문제 해결하기
						[6수학01-08] 받아올림(내림)이 없는 몇 십의 덧셈, 뺄셈과 관련된 실생활 문제를 해결한다.		[9수학01-08] 실생활에서 활용되는 곱셈의 의미를 안다.	생활 속에서 곱셈이 활용되는 상황을 제시하고 곱셈에 대한 흥미와 관심을 가지는 데 중점을 둔다. 곱셈의 의미는 배의 개념과 동수누가를 통해 다룬다. 곱셈구구는 반복 학습으로 익히게 하되 노래나 놀이를 통해 학생의 흥미를 높인다. 계산 도구를 활용하는 경우 계산기를 조작하여 곱셈을 연산하기	[12수학01-11] 실생활에서 활용되는 나눗셈의 의미를 안다.	학생이 직접 물건을 똑같이 여러 명에게 나누어 주거나 여러 바구니에 똑같은 수로 나누어 넣는 활동 등을 반복하기, 이를 통해 나머지가 없는 나눗셈의 몫을 구해보는 활동을 경험하기, 계산 도구를 활용하는 경우 계산기를 통해 나눗셈을 연산하는 기능적인 측면에 중점 두기
								[9수학01-09] 곱셈구구의 원리를 알고 1단부터 9단까지 나타낸다.		[12수학01-12] 나머지가 없는 나눗셈의 몫을 구한다.	
								[9수학01-10] 곱셈구구를 활용하여 실생활 문제를 해결한다.		[12수학01-13] 나눗셈과 관련된 실생활 문제를 해결한다.	

영역		초등학교						중학교 (1~3학년)		고등학교 (1~3학년)	
		1~2학년		3~4학년		5~6학년					
		성취기준	해설 속 학습 내용	성취기준	해설 속 학습 내용	성취기준	해설 속 학습 내용	성취기준	해설 속 학습 내용	성취기준	해설 속 학습 내용
수와 연산	화폐	[2수학01-11] 화폐의 용도를 알고 구체물 중에서 화폐를 찾는다.	여러 가지 구체물 중에서 주어진 화폐와 모양, 색상, 크기가 같은 화폐를 찾는 활동	[4수학01-11] 동전의 액면가를 읽고 크기를 비교한다.	우리나라의 화폐 단위는 '원'임을 알고 몇 원으로 표현하게 한다. 백 원과 오백 원 동전의 모양, 크기, 그림, 숫자 등의 특징을 살펴보고 액면가를 파악	[6수학01-09] 지폐(천 원, 오천 원, 만 원)의 액면가를 읽고 크기를 비교한다.	천 원, 오천 원, 만 원권 지폐의 모양, 크기, 색깔, 그림, 수 등을 살펴보는 활동, 각 지폐의 액면가를 읽고 쓰며, 천원으로 교환할 수 있는 물건의 양보다 오천 원, 만 원이 더 많다는 것을 경험하게 하여 액면가의 차이 알기, 지폐를 액면가가 작거나 큰 지폐로 교환하는 활동하기	[9수학01-11] 지폐(오만 원)의 액면가를 읽고 크기를 비교한다.	지폐(오만 원)를 액면가가 작은 지폐로 교환하는 활동, 시장 놀이나 지역사회 현장 체험 활동을 통해 몇 만 몇 천 원짜리 상품 가격에 알맞은 지폐를 제시하여 상품과 지폐를 교환함으로써 화폐의 가치 인식, 오만 원권 지폐의 액면가는 고유 명칭이나 단위로 인식하기	[12수학01-14] 실생활의 다양한 상황에서 필요한 화폐를 활용한다.	여가 및 직업생활 등 생활 속 다양한 상황에서 필요한 화폐(예: 현금, 카드)를 활용하는 경험을 제공한다. 무인 상점이나 음식점 또는 극장 등에서 많이 활용되는 무인 안내기를 사용하여 화폐를 지불하는 방법을 영상이나 시각적인 안내를 통해 순서대로 체험하고 지역사회에서 무인 안내기를 통해 여러 가지 화폐를 직접 사용해 보기, 교사와 함께 인터넷 쇼핑을 체험하며 생활 속에 다양하게 화폐를 활용할 수 있음을 경험하기
				[4수학01-12] 몇백 원짜리 상품과 교환할 수 있는 동전을 찾는다.	시장 놀이 등의 활동을 통해 학생은 백 원 또는 오백 원으로 표시한 상품 가격을 확인하고 알맞은 동	[6수학01-10] 지폐(천 원, 오천 원, 만 원)를 다른 액면가의 지폐로 교환한다.		[9수학01-12] 지폐(오만 원)를 다른 액면가의 지폐로 교환한다.		[12수학01-15] 화폐를 관리하여 저축 및 소비생활을 한다.	용돈 관리장을 작성하여 들어온 용돈을 기입하고 해당 금액으로 정해진 기간 내에서 얼마를 저축하고 얼마를 소비에 사용할

영역		초등학교						중학교 (1~3학년)		고등학교 (1~3학년)	
		1~2학년		3~4학년		5~6학년					
		성취기준	해설 속 학습 내용	성취기준	해설 속 학습 내용	성취기준	해설 속 학습 내용	성취기준	해설 속 학습 내용	성취기준	해설 속 학습 내용
수와 연산	화폐				전을 제시하는 활동을 하고 이후 몇 백 원의 상품과 동전을 교환하는 활동을 반복함						것인지 결정한다. 소비에 사용할 금액으로 어떤 상품을 구입할 것인지 우선순위를 세워 지출하고 저축은 정해진 기간 내에 얼마를 모을 것인지 계획하여 화폐를 관리하는 경험하기
						[6수학01-11] 몇 천 원짜리 상품과 교환할 수 있는 지폐를 찾는다.	시장 놀이 등의 활동을 통해 천 원, 오천 원, 만 원의 상품 가격에 알맞은 지폐를 지불하여 물건과 지폐를 교환함으로써 화폐의 가치를 인식하기. 천 원이나 만 원과 같은 지폐의 액면가는 고유 명칭이나 단위로 이해하고 천 원 이상부터 2만 원 미만의 범위에서만 상품 가격 다루기	[9수학01-13] 몇 만 몇 천 원짜리 상품과 교환할 수 있는 지폐를 찾는다.			
						[6수학01-12] 만 몇 천 원짜리 상품과 교환할 수 있는 지폐를 찾는다.		[9수학01-14] 대용 화폐를 활용하여 상품을 교환한다.	동전과 지폐와 같은 전통적인 화폐뿐만 아니라 현대에 많이 활용되는 대용 화폐를 도입하기, 대표적으로 카드와 연결된 계좌 안에 일정 금액을 사전에 넣어두고 사용할 수 있는 현금 카드의 개념을 알아보고, 현금 카드의 사용 방법을 동영상, 사진, 또는 사용하는 순서도 등을 통		

영역		초등학교						중학교 (1~3학년)		고등학교 (1~3학년)	
		1~2학년		3~4학년		5~6학년					
		성취기준	해설 속 학습 내용	성취기준	해설 속 학습 내용	성취기준	해설 속 학습 내용	성취기준	해설 속 학습 내용	성취기준	해설 속 학습 내용
수와 연산	화폐								해 알아보기. 그 외 상품권이나 쿠폰(예: 바코드 및 QR코드 형태) 등 여러 가지 화폐의 종류와 사용 방법에 대해 살펴보기		
도형	모양과 도형	[2수학02-01] 생활 주변에서 볼 수 있는 사물의 모양을 관찰한다.	사물을 관찰하면서 크기, 색상, 질감, 모양 등의 속성 중 겉으로 나타나는 생김새나 형태에 초점을 두어 인식	[4수학02-01] 교실 및 생활 주변에서 볼 수 있는 사물에서 여러 가지 입체 모양을 찾는다.	생활 속 주변 사물의 관찰을 통해 직관적으로 입체 모양을 인식하고 그 특징을 파악하여 기본적인 입체 모양에 친숙한 경험 갖기	[6수학02-01] 교실 및 생활 주변의 사물을 관찰하여 여러 가지 평면 모양을 찾는다.	주변의 사물은 입체 모양이기 때문에 평면 모양을 찾기 위해서는 입체 모양을 구성하는 일부분인 평면에 초점을 맞추어 찾기	[9수학02-01] 사각형, 삼각형, 원을 탐색한다.	생활 주변의 사물에서 사각형, 삼각형, 원을 찾고 예시적 정의를 통하여 사각형, 삼각형, 원을 약속하고 명명하기		
		[2수학02-02] 여러 가지 사물의 모양의 기초적인 특성을 구별한다.	생활 주변에 있는 다양한 모양의 사물을 여러 가지 감각을 통해 탐색하면서 '뾰족하다', '둥글다', '반듯하다'와 같은 사물의 모양에서 찾아볼 수 있는 기초적인 특성을 직관적으로 파악	[4수학02-02] 상자 모양, 공 모양, 둥근 기둥 모양 등의 여러 가지 입체 모양을 탐색한다.	생활 속에 있는 여러 가지 친숙한 사물을 관찰하고 만져 보고 쌓아 보고 굴려 보는 등의 직접적인 조작 경험하기	[6수학02-02] 동그라미, 네모, 세모 등의 여러 가지 평면 모양을 탐색한다.	생활 주변 사물에 포함된 평면 모양을 통해 동그라미, 네모, 세모 모양의 특징을 관찰하고, 조작하는 과정을 통하여 각 모양의 특징 인식하기	[9수학02-02] 직관적 비교를 통하여 사각형, 삼각형, 원을 분류한다.	사각형, 삼각형, 원을 찾아 각 도형의 형태에 따라 분류하는 활동을 하면서 사각형, 삼각형, 원의 의미와 특징을 파악하기, 사각형, 삼각형, 원의 예인 것과 예가 아닌 것을 비교하며 여러 가지 도형을 직관적으로 이해하기, 도형의 종류를 명명하여 지		
		[2수학02-03] 직관적인 비교를 통하여 같은 모양과 다른 모양을 찾는다.	'뾰족하다', '둥글다', '반듯하다' 등 사물의 모양에서 찾아볼 수 있는 기초적인 특성을 바	[4수학02-03] 직관적인 비교를 통하여 상자 모양, 공 모양, 둥근 기둥 모양	실생활에서 여러 가지 모양을 찾아보며 상자 모양, 공 모양, 둥근 기둥 모양 등 기본	[6수학02-03] 직관적 비교를 통하여 동그라미, 네모, 세모 모양을 분류한다.	생활 주변의 사물에 포함된 평면 모양의 특징을 인식하고, 모양의 생김새나	[9수학02-03] 사각형, 삼각형, 원의 특성을 이해한다.			

영역		초등학교						중학교 (1~3학년)		고등학교 (1~3학년)	
		1~2학년		3~4학년		5~6학년					
		성취기준	해설 속 학습 내용	성취기준	해설 속 학습 내용	성취기준	해설 속 학습 내용	성취기준	해설 속 학습 내용	성취기준	해설 속 학습 내용
도형	모양과 도형		탕으로 여러 가지 사물의 모양을 직관적으로 비교	을 분류한다.	적인 입체 모양을 인식하게 하고, 여러 가지 공통된 특징을 직관적으로 파악하기		특징에 따라 공통점을 찾아 직관적으로 비교하여 비슷한 모양끼리 분류하기		도하는 것을 지양하고 직접적인 조작 활동을 통하여 여러 가지 도형의 형태를 구별하기		
	만들기와 꾸미기			[4수학02-04] 여러 가지 입체 모양을 활용하여 모양을 만들거나 꾸민다.	우유갑, 갑 티슈, 캔 등 다양한 입체 모양의 재활용품을 활용하여 디자인이나 활용도를 더해 새로운 모양이나 형태로 물건만들기	[6수학02-04] 동그라미, 네모, 세모 등의 평면 모양을 다양한 방법으로 만들거나 그린다.	동그라미, 네모, 세모 모양을 여러 가지 방법으로 만들거나 그리는 과정을 통하여 여러 가지 평면 모양의 형태를 직관적으로 이해하고 도형의 기초가 되는 모양이 우리 생활에 밀접하게 연관되어 있음을 알기	[9수학02-04] 다양한 방법으로 사각형, 삼각형, 원을 만들거나 그린다.	모양자나 컴퍼스 등과 같이 도형을 그리는 도구를 활용하여 사각형, 삼각형, 원을 그리거나 다양한 방법으로 사각형, 삼각형, 원 등의 평면도형을 완성하며 평면도형에 대한 인식과 감각 기르기	[12수학02-01] 주어진 도형으로 무늬를 꾸미거나 모양을 채운다.	실생활 속 다양한 벽지나 타일 등에 활용된 무늬나 모양을 찾게 하고, 칠교놀이, 테셀레이션 등 여러 가지 도형을 활용한 활동을 하면서 도형에 관심을 갖고 흥미 있게 참여하기
						[6수학02-05] 여러 가지 평면 모양을 활용하여 모양을 만들거나 꾸민다.	친구와 함께 여러 가지 평면 모양을 활용하여 작품을 만들거나 공간을 꾸미는 활동을 통해 함께 학습하는 즐거움을 느끼기	[9수학02-05] 여러 가지 도형을 활용하여 모양을 만들거나 꾸민다.	여러 가지 도형을 활용하여 아름다운 모양이나 형태를 만들거나 꾸미는 활동을 직접 경험하거나 컴퓨터 소프트웨어를 활용하여 도형을 만드는 활동, 친구와 함께 공동의 작품을 만드는 활동 등을 하면서 협동의 즐거움과 도형의 아름다움 느끼기	[12수학02-02] 여러 가지 도형을 활용하여 만들거나 꾸며 실생활에 활용한다.	형이 활용된 실생활 물건들을 찾아보거나 나만의 작품 만들기 등을 통해 도형의 아름다움과 실생활 유용성을 인식하기

영역		초등학교						중학교 (1~3학년)		고등학교 (1~3학년)	
		1~2학년		3~4학년		5~6학년					
		성취기준	해설 속 학습 내용	성취기준	해설 속 학습 내용	성취기준	해설 속 학습 내용	성취기준	해설 속 학습 내용	성취기준	해설 속 학습 내용
도형	공간 감각	[2수학02-04] 주변의 물건을 자유롭게 옮긴다.	학생에게 익숙한 위치와 장소에서 여러 가지 물건을 자유롭게 옮기면서 주변을 탐색하게 하고, 점진적으로 학생이 인식할 수 있는 범위를 확장해 나감	[4수학02-05] 주변의 물건을 찾거나 옮기면서 위치의 변화를 경험한다.	특정한 위치에 맞게 물건 옮기기를 지도하기보다 학생이 원하는 곳으로 자유롭게 물건을 옮기면서 기존의 위치에서 다른 곳으로 변화되었음을 인식	[6수학02-06] 사물의 위치, 방향, 거리를 파악하여 표현한다.	자신의 위치를 중심으로 떨어져 있는 여러 가지 사물의 위치, 방향, 거리를 알맞은 용어를 사용하여 표현하기	[9수학02-06] 쌓기나무를 이용하여 자유롭게 늘어놓거나 쌓는다.	쌓기나무를 한 줄로 늘어놓거나 높이 쌓아 보는 등 다양한 방식으로 자유롭게 조작하며 쌓기나무의 모양을 알아보고 공간에 대한 흥미와 관심을 가지기	[12수학02-03] 크기와 모양이 같은 물건을 늘어놓거나 쌓아 공간을 정리한다.	일상생활 속에서의 여러 가지 물건 쌓기 활동과 정리 활동을 찾아서 학생들이 스스로 공간을 구성하고 활용하도록 함
		[2수학02-05] 나를 중심으로 앞, 뒤, 옆, 위, 아래를 구별한다.	자신을 중심으로 앞, 뒤, 옆, 위, 아래 등을 경험하고 구별하면서 방위에 대한 기초적인 경험을 함	[4수학02-06] 주변의 물건을 찾거나 옮기면서 방향의 변화를 경험한다.	생활 주변의 사물 중에서 오른쪽, 왼쪽 등 방향이 표시되어 있는 사물들을 활용하는 모습을 직접 경험하거나 살펴보면서 방향이 생활 속 넓은 범위에 활용되고 있음알기	[6수학02-07] 위치, 방향, 거리에 맞게 물건을 옮긴다.	실제 생활의 맥락에서 지시에 따라 물건을 옮겨 보며 공간 감각을 실용적으로 활용하기	[9수학02-07] 입체 모양을 보고 똑같이 쌓기나무로 쌓는다.	쌓기나무로 만든 입체 모양을 보고, 똑같은 모양으로 쌓기나무를 쌓고 쌓기나무와 입체 모양 간의 위치, 방향 등의 관계와 같은 공간에 대한 경험을 통하여 실생활에서 접할 수 있는 공간 문제를 해결하기	[12수학02-04] 크기와 모양이 다른 물건을 늘어놓거나 쌓아 공간을 정리한다.	모양과 크기가 서로 다른 물건을 한정된 공간에 정리하면서 공간을 효율적으로 활용하는 방법을 익히고 실생활에 활용하기
								[9수학02-08] 쌓기나무로 만든 입체 모양에 사용된 쌓기나무의 개수를 센다.	입체 모양에 사용된 쌓기나무의 개수를 세어 보면서 생활 속 물건의 개수를 세고, 상황에 맞게 쌓고 옮기는 능력을 기르기, 단순히 쌓기나무	[12수학02-05] 공간을 활용하는 목적에 맞게 정리한다.	공간이라는 개념이 일상생활의 큰 축을 담당하고 있음을 알고 생활 속에서 공간을 효율적으로 활용하게 함. 크기와 모양에

영역		초등학교						중학교 (1~3학년)		고등학교 (1~3학년)	
		1~2학년		3~4학년		5~6학년					
		성취기준	해설 속 학습 내용	성취기준	해설 속 학습 내용	성취기준	해설 속 학습 내용	성취기준	해설 속 학습 내용	성취기준	해설 속 학습 내용
도형	공간 감각								개수를 세는 것에 그치지 말고 쌓기나무의 위치를 옮기며 다른 입체 모양을 만들면서 공간 감각을 익히기		관계없이 공간을 활용하는 목적에 따라 정리하게 함. 사용 목적에 맞게 공간을 효율적으로 정리하고 이를 실제 생활에 적용하여 공간을 활용하는 방법을 익히는 데 주안점 두어 지도
측정	양의 측정	[2수학03-01] 여러 가지 구체물의 크기, 길이, 무게를 감각적으로 경험한다.	여러 가지 구체물의 표면적인 크기를 관찰하고, 가로와 세로의 길이 차이를 알아보고, 손으로 물체를 들었을 때 서로 다른 느낌이 있다는 것을 경험	[4수학03-01] 구체물 두세 개의 크기, 길이를 직접 비교하고 용어로 나타낸다.	구체물을 직접 비교한 후 크기는 '가장 크다', '더 크다', '작다'로, 길이는 '가장 길다', '더 길다', '짧다'로 구분하여 표현하기	[6수학03-01] 길이(cm)의 단위를 알고 측정 도구(자 등)를 사용하여 길이를 측정한다.	길이를 나타내는 표준 단위 cm가 표시된 다양한 물건과 상황, 환경 등을 탐색하여 표준 단위 cm 알기, 자의 사용법을 익혀 여러 가지 생활 속 구체물의 길이를 측정하고 학생이 추측한 구체물의 길이와 실제 길이의 차이를 비교하며 길이에 대한 양적 감각을 익히기	[9수학03-01] 길이(m)의 단위를 알고 측정 도구(줄자 등)를 사용하여 길이를 측정한다.	표준 단위인 cm와 m가 사용되는 여러 가지 물건과 상황을 알아보고 표준 단위 m 알기, 표준 단위 m를 측정할 수 있는 줄자 등의 사용법을 익혀 주변 사물의 길이를 측정하되, 1m 구체물의 측정 활동을 충분히 실시하여 1m에 대한 감각을 익힌 후 '몇 m', '몇 m, 몇 cm' 등의 활동으로 확장하며 길이의 양감을 익히기	[12수학03-01] 길이의 단위를 활용하여 여러 가지 측정 활동에 참여한다.	길이의 표준 단위인 cm, m를 활용하여 직접 측정하기 어려운 두 장소 사이의 거리를 통해 표준 단위 km의 필요성 알기, 표준 단위 km는 척도 및 거리 측정 기기를 활용하여 간접 측정하며, 가정이나 학교를 기준으로 '몇 km' 거리에 있는 장소를 알아보고, 자주 이용하는 공공기관이나 시설 등의 거리를 측정하여 '몇 km 몇 m', '몇 m' 등으로 표현하기

영역		초등학교 1~2학년		초등학교 3~4학년		초등학교 5~6학년		중학교 (1~3학년)		고등학교 (1~3학년)	
		성취기준	해설 속 학습 내용	성취기준	해설 속 학습 내용	성취기준	해설 속 학습 내용	성취기준	해설 속 학습 내용	성취기준	해설 속 학습 내용
측정	양의 측정	[2수학03-02] 구체물 두 개의 크기, 길이를 직관적으로 비교하고 용어로 나타낸다.	직관적으로 변별하기 쉬운 같은 종류의 구체물을 활용하여 크기나 길이를 비교하게 하며, 비교한 구체물의 크기는 '크다'와 '작다'로, 길이는 '길다'와 '짧다'와 같은 비교 용어로 구분하여 표현	[4수학03-02] 구체물 두세 개의 무게를 직접 비교하고 용어로 나타낸다.	서로 다른 무게는 '가장 무겁다', '더 무겁다', '가볍다'로 구분하여 표현하기	[6수학03-02] 들이(L)의 단위를 알고 측정 도구(비커 등)를 사용하여 들이를 측정한다.	들이를 나타내는 표준 단위 L가 사용되는 다양한 물건과 환경 상황을 탐색하여 표준 단위 L 알기, 여러 가지 물체에 물을 가득 채워 보는 활동을 통해 들이 개념을 이해하고 들이의 측정 도구인 비커의 사용법을 익혀 여러 가지 물체의 들이를 측정하기	[9수학03-02] 무게(kg)의 단위를 알고 측정 도구(저울 등)를 사용하여 무게를 측정한다.	생활 속에서 무게를 나타내는 표준 단위 kg이 사용되는 다양한 물건과 상황을 탐색하여 표준 단위 kg 알기, 표준 단위 kg을 측정할 수 있는 저울의 사용법을 익혀 물체의 무게를 측정하되, 1kg 구체물의 측정 활동을 충분히 실시하여 1kg에 대한 감각을 익힌 후 '몇 kg' 등의 활동으로 확장하며 무게의 양감 익히기	[12수학03-02] 들이의 단위를 활용하여 여러 가지 측정 활동에 참여한다.	들이를 나타내는 표준 단위 'L'와 'mL'가 사용되는 다양한 물건과 환경 상황을 탐색하여 표준 단위 'mL'를 알게 하고 비커, 실린더, 계량형 측정 도구의 사용 방법을 익히고 측정하기, 똑같은 들이의 물건을 'L'와 'mL'단위로 각각 측정해 보며 표준 단위 사이의 관계를 파악하고, 다양한 용기에 들어있는 재료 및 음료수의 양을 측정하며 '몇 백 mL','몇 십 mL' 등으로 표현하기
		[2수학03-03] 구체물 두 개의 무게를 직관적으로 비교하고 용어로 나타낸다.	무게의 차이가 명확하게 다른 구체물을 활용하여 무게를 비교하며, 비교한 구체물의 무게는 '무겁다'와 '가볍다'와 같은 비교 용어로 구분하여 표현							[12수학03-03] 무게의 단위를 활용하여 여러 가지 측정 활동에 참여한다.	1kg보다 가벼운 무게를 나타내는 표준 단위 'g'이 사용되는 다양한 물건과 상황을 탐색하여 표준 단위 'g' 알기, 여러 가지 물건의 무게 측정 활동을 통해 'g'에 대한 양적

영역		초등학교						중학교 (1~3학년)		고등학교 (1~3학년)	
		1~2학년		3~4학년		5~6학년					
		성취기준	해설 속 학습 내용	성취기준	해설 속 학습 내용	성취기준	해설 속 학습 내용	성취기준	해설 속 학습 내용	성취기준	해설 속 학습 내용
측정	양의 측정										감각을 익히며 무게의 표준 단위를 활용한 요리, 공예 등의 여러 가지 활동에 참여하기
										[12수학03-04] 생활 속 활동에 필요한 양을 어림한다.	가정생활 및 직업 실습 활동 등에 필요한 여러 가지 물체의 양을 알아보고 같은 양의 물체를 찾거나 같은 양만큼 나타내는 활동 결과를 비교하며 어림에 대한 양적 감각을 경험을 통해 익히기
	시간	[2수학03-04] 생활 모습을 관찰하여 낮과 밤으로 나타낸다.	낮과 밤의 활동은 각각 주위 환경, 생활 모습 등의 차이를 통해 구분하고 낮에서 밤, 밤에서 낮으로 반복되며 이어지는 시간의 특성을 탐색	[4수학03-03] 하루의 주요 활동을 보고 아침, 점심, 저녁으로 구분한다.	하루의 일과 중 특정 장면이나 모습이 일정한 간격을 두고 반복해서 일어나고 있음을 인식하게 하고, 주요 활동이 아침, 점심, 저녁 중 언제 일어나는지 구분하기	[6수학03-03] 다양한 형태의 시계를 경험하고 시각을 '몇 시', '몇 시 30분'으로 나타낸다.	일상생활과 관련된 1시간, 30분 단위의 시각을 시계를 통해 확인하고 같은 시각이 나타난 시계를 찾아보거나 활동에 표시된 시각을 보고 시계를 조작하여 같은 시각으로 나타내는 등 다양한 방식으로 시각을 나타내고	[9수학03-03] 1시간은 60분임을 알고 시간을 '몇분', '몇시간'으로 나타낸다.	5분, 10분, 30분 단위 일정한 시간이 정해진 놀이 활동을 통해 분 단위 시간을 경험하게 하고, 시계를 보고 1시간은 60분임을 시침과 분침의 이동을 통해 알기, 생활 속 여러 가지 활동의 시작 시각과 끝 시각을 비교하여 활동한 시간을 파악하되, 시간 단위의 변화부터 분	[12수학03-05] 여러 가지 생활 내용을 일일, 주간 계획표에 나타낸다.	하루(평일, 주말)나 일주일 동안 내가 해야 하는 일, 중요한 일 등을 알아보고 시간 순서, 우선순위에 따라 기록하기, 일일, 주간 계획표를 작성하되, 내용은 개인의 일상적인 생활 내용뿐 아니라 직업생활, 환경 활동 등과 연계하여 범주 확장하기

영역		초등학교						중학교 (1~3학년)		고등학교 (1~3학년)	
		1~2학년		3~4학년		5~6학년					
		성취기준	해설 속 학습 내용	성취기준	해설 속 학습 내용	성취기준	해설 속 학습 내용	성취기준	해설 속 학습 내용	성취기준	해설 속 학습 내용
측정	시간						'몇 시', '몇 시 30분'으로 표현하기		단위의 변화 순서로 구성하고 시침과 분침의 변화를 다양한 방법으로 나타내기		
		[2수학03-05] 시간의 변화에 따른 일상생활의 모습을 관찰하여 전과 후로 구분한다.	일이 일어나기 전과 후의 다른 모습을 비교하고, 변화된 모습을 순차적으로 나타냄으로써 시간의 연속성을 인식	[4수학03-04] 하루의 주요 활동을 아침, 점심, 저녁의 시간 순서대로 나타낸다.	시간에 따라 먼저 일어난 일과 나중에 일어난 일로 구분하기, 구분된 일은 일정한 시간 간격을 기준으로 아침, 점심, 저녁의 시간 중 언제인지 파악하며 시간 순서에 따라 차례대로 나열하기	[6수학03-04] 1일, 1주일을 알고 날짜를 '며칠', '무슨 요일'로 나타낸다.	일정표의 가장 왼쪽부터 요일을 차례대로 세어보는 활동을 통해 1주일이 7일로 이루어져 있음을 알고, '일'과 '요일'의 연관성을 통해 일정표에 나타난 특정한 활동이 '며칠', '무슨 요일'에 일어났는지 표현하기	[9수학03-04] 다양한 형태의 달력을 경험하고 날짜를 '몇 월', '몇 월 며칠'로 나타낸다.	월별 달력을 관찰하여 1년은 12개월, 1개월은 30일(또는 28일, 31일)로 구성되어 있음을 알게 한다. 그리고 달력에 표시된 행사, 기념일, 공휴일 등의 날짜를 찾아 표시하게 하거나 '몇 월'이나 '몇 월 며칠' 등 다양한 방법으로 나타내기	[12수학03-06] 여러 가지 생활 계획표를 보고 필요한 일정을 나타낸다.	생활 속 여러 가지 계획표의 내용을 보고 알 수 있는 사실이나 필요한 정보를 찾게 하며 계획표에서 찾은 내용을 일의 순서, 시간, 시각에 따라 정리하고, 자신의 일정표에 기록하기
규칙성		[2수학04-01] 시각적, 청각적, 운동적 표현을 통해 생활 주변에서 반복되는 규칙을 경험한다.	시각적인 것으로는 옷이나 벽지의 무늬, 포장지의 그림 등이 있고, 청각적인 것으로는 규칙적인 요소가 포함되어 있는 동요, 의성어와 의태어 등	[4수학04-01] 반복되는 두 가지 물체 배열을 보고 똑같이 배열한다.	다음에 올 것이 무엇인지를 강조하여 지도하기보다는 "지우개와 연필이 반복되고 있어"와 같이 두 가지 물체가 'ABAB'의 형태로 반복되고 있다는 것을 알려주기	[6수학04-01] 생활 주변의 두세 가지 물체의 배열에서 규칙을 찾는다.	두세 가지 물체의 배열에서 규칙이 있는 것과 없는 것을 구분하기, 반복되는 배열의 일정한 부분을 보고 규칙을 찾고, 다음에 올 것을 예측해 보기	[09수학04-01] 대응 관계의 의미를 알고 생활 주변에서 대응 관계가 있는 것을 찾는다.	컵 하나에 컵 받침 하나가 필요한 일대일대응에서 시작하여 포장지 한 장에 여러 개의 물건을 넣는 일대다 대응, 농구 경기에서 우리 편의 수와 상대편의 수를 비교하는 다대다 대응 등의 예를 활용하기	[12수학04-01] 생활 주변의 물체, 무늬, 수 등의 배열에서 규칙을 찾고, 찾은 규칙을 표현한다.	생활 주변의 규칙적인 물체와 무늬의 배열, 엘리베이터의 숫자나 달력의 숫자와 같은 수 배열 등에서 규칙을 찾고, 찾은 규칙 표현하기, 학생은 물체, 무늬, 수 등의 배열에서 'ABAB'와 같이 반복되는 형태의 규칙뿐만 아니라 증가하는 형태의 규칙 찾기

영역	초등학교						중학교 (1~3학년)		고등학교 (1~3학년)	
	1~2학년		3~4학년		5~6학년					
	성취기준	해설 속 학습 내용	성취기준	해설 속 학습 내용	성취기준	해설 속 학습 내용	성취기준	해설 속 학습 내용	성취기준	해설 속 학습 내용
규칙성	[2수학04-02] 소리와 리듬, 동작 등을 통해 반복되는 규칙을 따라 한다.	노래 속에서 반복되는 리듬과 몸 움직임, 소리 등을 통해 자연스럽게 반복되는 규칙을 따라 하게 함	[4수학04-02] 반복되는 두 가지 물체 배열을 보고, 다음에 올 것을 추측하여 배열한다.	다음에 올 것을 추측하여 물체를 배열해 보는 활동은 수학에 대한 흥미를 높이면서 규칙을 찾고 사물의 관계를 파악하는 기초	[6수학04-02] 정해진 규칙에 따라 두세 가지 물체를 배열한다.	'ABAB' 형태와 같이 간단한 규칙에서 시작하여, 물체의 개수를 동일하게 늘려 'AABBAABB' 형태, 두 가지 물체의 개수를 서로 다르게 변화시켜 'AABAAB' 형태로 물체를 규칙에 따라 배열하기, 물체의 종류를 세 가지로 늘려 'ABCABC'와 같은 형태로 정해진 규칙에 맞게 물체를 배열하기	[09수학04-02] 두 양 사이의 대응 관계를 대응표에 나타내고, 규칙을 찾는다.	두 양 사이의 대응 관계를 간단한 그림을 통해 대응표에 나타내게 하고, 그림을 통한 대응표 활동 후에는 수를 대응표에 표시하게 한 후 대응하는 규칙 찾기, 이와 함께 주어진 규칙에 따라 하나의 양에 대응하는 다른 양을 찾아 대응표 완성하기	[12수학04-02] 규칙적인 물체, 무늬, 수 등을 활용하여 생활 속 문제를 해결한다.	학생에게 규칙적인 물체, 무늬, 수 등을 생활 속 문제 해결하기, 규칙을 정해 물체를 배열하거나 규칙적 무늬를 활용하여 주변 환경 꾸미기, 규칙적인 물체 배열에서 규칙을 파악하여 다음에 필요한 물건의 개수를 추측하여 준비하기, 스스로 만든 규칙을 통해 자신이 만든 규칙을 친구가 찾고 다음에 올 것이 무엇인지를 알아맞히기
			[4수학04-03] 생활 주변의 두 가지 물체 배열에서 규칙을 찾는다.	책상과 의자의 배열, 연필과 지우개의 배열, 흰색과 검정색 바둑돌의 배열 등 학생의 생활 주변에서 자주 볼 수 있는 친숙한 두 가지 물체의 반복되는 배열을 활용하여, 반복되는 일정한 부분을 보고 다음에 올 것을 예측하여 '규칙이 있다'는 것 알기	[6수학04-03] 생활 주변의 두 세 가지 무늬의 배열에서 규칙을 찾는다.	옷, 포장지, 타일의 무늬 등 생활 주변에서 자주 접하는 규칙적 무늬의 배열에서 규칙 찾기, 반 구체물인 무늬의 배열에서 규칙 찾기	[09수학04-03] 한 양이 변할 때 다른 양이 그에 종속하여 변화하는 대응 관계를 추측하고 확인한다.	한 양이 변할 때 다른 양이 그에 종속하여 변화하는 대응 관계를 추측하고 확인하기, 하나의 양이 변화하면 그에 따라 다른 양이 변한다는 것을 이해하게 하고, 이를 통해 하나의 변화하는 양의 값을 알면 주어진 규칙에 의해 대응하는 다른 양의 값을 구하기	[12수학04-03] 대응하는 규칙을 활용하여 생활 속 문제를 해결한다.	직업생활 장면에서 포장·조립을 반복하거나 일상생활에서 일정 개수의 물건을 반복해서 나누어 주는 것처럼 무언가를 만들거나 조작하는 상황 등에서 대응 관계에 따라 필요한 물건의 개수를 추측하여 준비하기 등

영역		초등학교						중학교 (1~3학년)		고등학교 (1~3학년)	
		1~2학년		3~4학년		5~6학년					
		성취기준	해설 속 학습 내용	성취기준	해설 속 학습 내용	성취기준	해설 속 학습 내용	성취기준	해설 속 학습 내용	성취기준	해설 속 학습 내용
규칙성						[6수학04-04] 여러 가지 모양과 색 등을 활용하여 규칙적인 무늬를 꾸민다.	포장지 꾸미기와 책 표지 꾸미기, 티셔츠 꾸미기와 벽지 꾸미기 등 규칙적인 무늬가 주는 아름다움과 수학의 유용성을 인식				
자료와 가능성	분류하기	[2수학05-01] 여러 가지 분류 상황을 경험한다.	여러 가지 구체물을 다양한 감각을 통해 탐색하고 크기, 색, 모양 등과 같은 명확한 특성에 따라 일정한 공간에 각각 모으는 활동을 통해 분류 활동을 충분히 경험	[4수학05-01] 두 개의 모음으로 분류된 자료를 보고 한 가지 기준을 찾는다.	분류의 기준은 분명하게 구별될 수 있는 크기, 색, 모양 등으로 하고 분류의 자료는 실생활 속 구체물로 시작하여 사진이나 그림 등으로 제시하기	[6수학05-01] 세 개 이상의 모음으로 분류된 자료를 보고 한 가지 기준을 찾는다.	분류의 기준은 분명하게 구별될 수 있는 것에서 종류, 쓰임 등으로 확장하고 분류의 자료는 여러 가지 실생활 물건부터 지역사회, 자연환경 소재 등으로 제시하기	[9수학05-01] 두 가지 기준에 따라 자료를 순차적으로 분류한다.	한 가지 기준으로 분류한 자료에 기준을 추가 제시하여 다시 분류하게 하고, 한 가지 기준으로 분류한 자료와 두 가지 기준으로 분류한 자료의 차이를 비교하게 한다. 분류 기준을 적용할 때는 크기, 색, 모양 등의 명확한 기준을 먼저 적용하고 종류, 쓰임, 용도 등으로 구성하기	[12수학05-01] 여러 가지 기준에 따라 자료를 분류한다.	일상생활 속 여러 가지 물건의 특징을 보고 색과 모양, 크기와 쓰임, 색과 용도 등 두 개 이상의 기준을 함께 고려하여 분류하기
				[4수학05-02] 자료를 한 가지 기준에 따라 두 개의 모음으로 분류한다.	명확한 한 가지 기준(예: 크기, 색, 모양)으로 자료를 두 개의 모음으로 분류하고, 각각의 모음에 들어있는 자료를 관찰하여 자료의 크기, 색, 모양 등의 공통	[6수학05-02] 자료를 한 가지 기준에 따라 세 개 이상의 모음으로 분류한다.	학생이 정한 한 가지 기준으로 자료를 세 개 이상의 모음으로 분류하고, 각각의 모음에 들어있는 자료를 탐색하여 자료의 쓰임, 용			[12수학05-02] 생활 속 분류된 자료를 보고 필요한 물건을 찾는다.	가정, 학교, 지역사회 영역으로 분류 상황을 확장하며 정리된 물건을 관찰하여 분류의 속성이나 특징을 파악하고 분류의 기준을 찾아보기

영역		초등학교						중학교 (1~3학년)		고등학교 (1~3학년)	
		1~2학년		3~4학년		5~6학년					
		성취기준	해설 속 학습 내용	성취기준	해설 속 학습 내용	성취기준	해설 속 학습 내용	성취기준	해설 속 학습 내용	성취기준	해설 속 학습 내용
자료와 가능성	분류하기				된 특성을 파악하기 두 개의 모음에 들어있는 자료의 수를 각각 세어보고 그 결과를 표현하기		도 등의 공통된 특성을 확인하기				
	표와 그래프					[6수학05-03] 분류한 자료를 표로 나타낸다.	표 양식을 정리하는 방법을 익혀 분류한 자료를 표로 정리하게 하되, 분류된 자료의 수가 늘어나 정리할 자료의 양이 증가하여도 표로 나타내는 방법이 같다는 것을 인식하기	[9수학05-02] 자료를 간단한 그래프로 나타낸다.	간단한 그래프의 소재는 학생들의 관심이나 선호, 요구 등을 고려하여 선정하고 간단한 그래프의 모양, 형태, 내용 등을 탐구하고 조작해 보며 그래프의 구성 요소 및 특징을 파악하기, 조사한 항목별 수량과 함께 상대적 크기를 비교하기	[12수학05-03] 여러 가지 그래프를 경험한다.	여러 가지 선, 띠, 원 모양 그래프의 형태, 내용 등을 탐구하여 그래프의 유형별 특징을 파악하고 그래프에 나타난 생활 정보 관련 디자인 요소를 활용하여 이미지로 전달하는 방식을 알아보기
								[9수학05-03] 간단한 그래프를 보고 필요한 내용을 찾는다.	여러 가지 그림그래프와 막대그래프를 보고 주제, 항목, 개수 등의 내용 정보를 파악하기	[12수학05-04] 생활 속 그래프를 보고 필요한 정보를 찾는다.	가정 및 지역사회 활동에 필요한 정보를 그래프에서 찾되, 정보의 내용이나 범주에 따라 두 개의 그래프 활용하기, 다양하게 제시된 여러 가지 그래프의 시각화 정보를 알아보는 충분한 경험을 통해 필요한 정보를 효율적으로 찾기

영역		초등학교						중학교 (1~3학년)		고등학교 (1~3학년)	
		1~2학년		3~4학년		5~6학년					
		성취기준	해설 속 학습 내용	성취기준	해설 속 학습 내용	성취기준	해설 속 학습 내용	성취기준	해설 속 학습 내용	성취기준	해설 속 학습 내용
자료와 가능성	가능성							[9수학05-04] 놀이로 가능성을 경험한다.	여러 가지 놀이 중 기대할 수 있는 결과의 경우의 수가 2개인 활동으로 시작하며, 어떤 결과가 일어날 것인지 추측해 보고, 일어난 결과와 비교해 보는 활동을 하며 가능성을 인식하기	[12수학05-05] 생활 속에서 여러 가지 가능성을 경험한다.	일상생활과 밀접하게 관련 있는 내용으로 구성하며 앞으로 일어날 일에 대해 예측하는 여러 가지 생활 및 환경 정보를 각종 매체를 통해 찾기, 예측된 정보 중 가능성이 높거나 낮은 경우에 따라 학생이 무엇을 선택하고 준비해야 하는지 알아보고 이후 나타난 결과를 비교하며 생활 속 가능성 정보가 우리에게 주는 실용성을 인식하기

공통 수학

영역	초등학교					
	1~2학년		3~4학년		5~6학년	
	성취기준	해설 속 학습 내용	성취기준	해설 속 학습 내용	성취기준	해설 속 학습 내용
수와 연산	[2수01-01] 수의 필요성을 인식하면서 0과 100까지의 수 개념을 이해하고, 수를 세고 읽고 쓸 수 있다.	제시하지 않음	[4수01-01] 큰 수의 필요성을 인식하면서 10000 이상의 큰 수에 대한 자릿값과 위치적 기수법을 이해하고, 수를 읽고 쓸 수 있다.	제시하지 않음	[6수01-01] 덧셈, 뺄셈, 곱셈, 나눗셈의 혼합 계산에서 계산하는 순서를 알고, 혼합 계산을 할 수 있다.	제시하지 않음
	[2수01-02] 일, 십, 백, 천의 자릿값과 위치적 기수법을 이해하고, 네 자리 이하의 수를 읽고 쓸 수 있다.	제시하지 않음	[4수01-02] 다섯 자리 이상의 수의 범위에서 수의 계열을 이해하고, 수의 크기를 비교하며 그 방법을 설명할 수 있다.	제시하지 않음	[6수01-02] 실생활과 연결하여 이상, 이하, 초과, 미만의 의미와 쓰임을 알고, 이를 활용하여 수의 범위를 나타낼 수 있다.	제시하지 않음
	[2수01-03] 네 자리 이하의 수의 범위에서 수의 계열을 이해하고, 수의 크기를 비교할 수 있다.	제시하지 않음	[4수01-03] 세 자리 수의 덧셈과 뺄셈의 계산 원리를 이해하고 그 계산을 할 수 있다.	덧셈은 세 자리 수의 범위에서 다루되, 합이 네 자리 수인 경우도 포함	[6수01-03] 어림값을 구하기 위한 방법으로 올림, 버림, 반올림의 의미와 필요성을 알고, 이를 실생활에 활용함으로써 수학의 유용성을 인식할 수 있다.	제시하지 않음
	[2수01-04] 하나의 수를 두 수로 분해하고 두 수를 하나의 수로 합성하는 활동을 통하여 수 감각을 기른다.	제시하지 않음	[4수01-04] 곱하는 수가 한 자리 수 또는 두 자리 수인 곱셈의 계산 원리를 이해하고 그 계산을 할 수 있다.	곱셈은 '(두 자리 수)×(한 자리 수)', '(세 자리 수)×(한 자리 수)', '(두 자리 수)×(두 자리 수)', '(세 자리 수)×(두 자리 수)'를 다루기	[6수01-04] 약수, 공약수, 최대공약수를 이해하고 구할 수 있다.	제시하지 않음
	[2수01-05] 덧셈과 뺄셈이 이루어지는 실생활 상황과 연결하여 덧셈과 뺄셈의 의미를 이해한다.	덧셈은 두 자리 수의 범위에서 다루되, 합이 세 자리 수인 경우도 포함	[4수01-05] 나눗셈이 이루어지는 실생활 상황과 연결하여 나눗셈의 의미를 알고, 곱셈과 나눗셈의 관계를 이해한다.	제시하지 않음	[6수01-05] 배수, 공배수, 최소공배수를 이해하고 구할 수 있다.	제시하지 않음

영역	초등학교					
	1~2학년		3~4학년		5~6학년	
	성취기준	해설 속 학습 내용	성취기준	해설 속 학습 내용	성취기준	해설 속 학습 내용
수와 연산	[2수01-06] 두 자리 수의 범위에서 덧셈과 뺄셈의 계산 원리를 이해하고 그 계산을 할 수 있다.	제시하지 않음	[4수01-06] 나누는 수가 한 자리 수인 나눗셈의 계산 원리를 이해하고 그 계산을 할 수 있으며, 나눗셈에서 몫과 나머지의 의미를 안다.	나눗셈에서 '(두 자리 수)÷(한 자리 수)'는 나누어떨어지는 경우와 나누어떨어지지 않는 경우를 포함하여 몫과 나머지를 이해하기	[6수01-06] 크기가 같은 분수를 만드는 방법을 이해하고, 분수를 약분, 통분할 수 있다.	제시하지 않음
	[2수01-07] 덧셈과 뺄셈의 관계를 이해한다.	제시하지 않음	[4수01-07] 나누는 수가 두 자리 수인 나눗셈의 계산 원리를 이해하고 그 계산을 할 수 있다.	나누는 수가 두 자리 수인 나눗셈에서는 '(두 자리 수)÷(두 자리 수)', '(세 자리 수)÷(두 자리 수)' 다루기	[6수01-07] 분모가 다른 분수의 크기를 비교하고 그 방법을 설명할 수 있다.	제시하지 않음
	[2수01-08] 두 자리 수의 범위에서 세 수의 덧셈과 뺄셈을 할 수 있다.	제시하지 않음	[4수01-08] 자연수의 덧셈, 뺄셈, 곱셈, 나눗셈과 관련한 여러 가지 상황에서 어림셈을 할 수 있다.	제시하지 않음	[6수01-08] 분모가 다른 분수의 덧셈과 뺄셈의 계산 원리를 탐구하고 그 계산을 할 수 있다.	제시하지 않음
	[2수01-09] □가 사용된 덧셈식과 뺄셈식을 만들고, □의 값을 구할 수 있다.	제시하지 않음	[4수01-09] 양의 등분할을 통하여 분수의 필요성을 인식하고, 분수를 이해하고 읽고 쓸 수 있다.	1보다 작은 양을 나타내는 경우를 통하여 분수의 필요성이나 그 표현의 편리함을 인식하기, 양의 등분할을 통하여 분수를 도입할 때 부분과 전체를 파악하게 하고, '분모', '분자'를 사용하기	[6수01-09] 분수의 곱셈의 계산 원리를 탐구하고 그 계산을 할 수 있다.	제시하지 않음
	[2수01-10] 곱셈이 이루어지는 실생활 상황과 연결하여 곱셈의 의미를 이해한다.	제시하지 않음	[4수01-10] 단위분수, 진분수, 가분수, 대분수를 알고, 그 관계를 이해한다.	제시하지 않음	[6수01-10] '(자연수)÷(자연수)'에서 나눗셈의 몫을 분수로 나타낼 수 있다.	제시하지 않음
	[2수01-11] 곱셈구구를 이해하고, 한 자리 수의 곱셈을 할 수 있다.	제시하지 않음	[4수01-11] 분모가 같은 분수끼리, 단위분수끼리 크기를 비교하고 그 방법을 설명할 수 있다.	제시하지 않음	[6수01-11] 분수의 나눗셈의 계산 원리를 탐구하고 그 계산을 할 수 있다.	분수의 나눗셈은 '(분수)÷(자연수)', '(자연수)÷(분수)', '(분수)÷(분수)'를 다룸

영역	초등학교					
	1~2학년		3~4학년		5~6학년	
	성취기준	해설 속 학습 내용	성취기준	해설 속 학습 내용	성취기준	해설 속 학습 내용
수와 연산			[4수01-12] 분모가 10인 진분수와 연결하여 소수 한 자리 수를 이해하고 읽고 쓸 수 있다.	제시하지 않음	[6수01-12] 분수와 소수의 관계를 이해하고 크기를 비교하며 그 방법을 설명할 수 있다.	제시하지 않음
			[4수01-13] 자릿값의 원리를 바탕으로 소수 두 자리 수와 소수 세 자리 수를 이해하고 읽고 쓸 수 있다.	제시하지 않음	[6수01-13] 소수의 곱셈의 계산 원리를 탐구하고 그 계산을 할 수 있다.	제시하지 않음
			[4수01-14] 소수의 크기를 비교하고 그 방법을 설명할 수 있다.	제시하지 않음	[6수01-14] '(자연수)÷(자연수)'에서 나눗셈의 몫을 소수로 나타낼 수 있다.	제시하지 않음
			[4수01-15] 분모가 같은 분수의 덧셈과 뺄셈의 계산 원리를 이해하고 그 계산을 할 수 있다.	제시하지 않음	[6수01-15] 소수의 나눗셈의 계산 원리를 탐구하고 그 계산을 할 수 있다.	소수의 나눗셈은 '(소수)÷(자연수)', '(자연수)÷(소수)', '(소수)÷(소수)'를 다룸
			[4수01-16] 소수 두 자리 수의 범위에서 소수의 덧셈과 뺄셈의 계산 원리를 이해하고 그 계산을 할 수 있다.	제시하지 않음		
변화와 관계	[2수02-01] 물체, 무늬, 수 등의 배열에서 규칙을 찾아 여러 가지 방법으로 표현할 수 있다.	물체, 무늬, 수 등의 배열을 관찰하여 일정하게 반복되거나 증가하는 규칙을 찾고 말, 수, 그림, 기호, 구체물, 행동 등의 다양한 방법으로 표현하기, 물체, 무늬, 수의 배열에서 다음에 올 것이나 중간에 빠진 것 추측하기	[4수02-01] 다양한 변화 규칙을 찾아 설명하고, 그 규칙을 수나 식으로 나타낼 수 있다.	제시하지 않음	[6수02-01] 한 양이 변할 때 다른 양이 그에 종속하여 변하는 대응 관계를 나타낸 표에서 규칙을 찾아 설명하고, □, △ 등을 사용하여 식으로 나타낼 수 있다.	제시하지 않음

영역	초등학교					
	1~2학년		3~4학년		5~6학년	
	성취기준	해설 속 학습 내용	성취기준	해설 속 학습 내용	성취기준	해설 속 학습 내용
변화와 관계	[2수02-02] 자신이 정한 규칙에 따라 물체, 무늬, 수 등을 배열할 수 있다.	제시하지 않음	[4수02-02] 계산식의 배열에서 규칙을 찾고, 계산 결과를 추측할 수 있다.	다양한 규칙을 찾을 수 있는 계산식의 배열, 수의 성질을 탐구할 수 있는 계산식의 배열 다루기	[6수02-02] 두 양의 크기를 비교하는 상황을 통해 비의 개념을 이해하고, 두 양의 관계를 비로 나타낼 수 있다.	두 양을 비교할 때는 한 양을 기준으로 다른 양이 몇 배가 되는지를 나타낼 필요성을 인식하면서 비의 개념하기
			[4수02-03] 등호를 사용하여 크기가 같은 두 양의 관계를 식으로 나타낼 수 있다.	등호(=)의 의미를 토대로 구체물, 그림 등을 사용하여 주어진 식이 옳은지 판단하는 활동, 크기가 같은 두 양을 찾는 활동 등을 통해 동치 관계 이해하기	[6수02-03] 비율을 이해하고, 비율을 분수, 소수, 백분율로 나타낼 수 있다.	제시하지 않음
					[6수02-04] 비례식을 알고, 그 성질을 이해하며, 이를 활용하여 간단한 비례식을 풀 수 있다.	제시하지 않음
					[6수02-05] 비례배분을 알고, 주어진 양을 비례배분 할 수 있다.	제시하지 않음
측정과 도형	[2수03-01] 교실 및 생활 주변에서 여러 가지 물건을 관찰하여 직육면체, 원기둥, 구의 모양을 찾고, 이를 이용하여 여러 가지 모양을 만들 수 있다.	제시하지 않음	[4수03-01] 직선, 선분, 반직선을 이해하고 구별할 수 있다.	제시하지 않음	[6수03-01] 도형의 합동을 이해하고, 합동인 도형의 성질을 탐구하고 설명할 수 있다.	합동인 두 도형에서 대응점, 대응변, 대응각을 각각 찾게 하고 대응변의 길이와 대응각의 크기를 비교하는 활동을 통해 합동인 도형의 성질을 탐구하고 설명하기
	[2수03-02] 쌓기나무를 이용하여 여러 가지 입체도형의 모양을 만들고, 그 모양에 대해 위치나 방향을 이용하여 말할 수 있다.	쌓기나무로 만든 입체도형의 모양에 대해서 '~의 앞', '~의 오른쪽', '~의 위', '2층' 등을 사용하여 말하기	[4수03-02] 각과 직각을 이해하고, 직각과 비교하는 활동을 통하여 예각과 둔각을 구별할 수 있다.	제시하지 않음	[6수03-02] 실생활과 연결하여 선대칭도형과 점대칭도형을 이해하고 그릴 수 있다.	제시하지 않음

영역	초등학교					
	1~2학년		3~4학년		5~6학년	
	성취기준	해설 속 학습 내용	성취기준	해설 속 학습 내용	성취기준	해설 속 학습 내용
측정과 도형	[2수03-03] 교실 및 생활 주변에서 여러 가지 물건을 관찰하여 삼각형, 사각형, 원의 모양을 찾고, 이를 이용하여 여러 가지 모양을 만들 수 있다.	제시하지 않음	[4수03-03] 직선의 수직 관계와 평행 관계를 이해한다.	제시하지 않음	[6수03-03] 직육면체와 정육면체를 이해하고, 구성 요소와 성질을 탐구하고 설명할 수 있다.	제시하지 않음
	[2수03-04] 삼각형, 사각형, 원을 직관적으로 이해하고, 그 모양을 그릴 수 있다.	삼각형, 사각형, 원은 예인 것과 예가 아닌 것을 분류하는 활동을 통하여 직관적으로 이해하기, 본뜨기, 도형판을 이용한 활동 등을 통해 삼각형, 사각형, 원의 모양 그리기	[4수03-04] 구체물이나 평면도형의 밀기, 뒤집기, 돌리기 활동을 통하여 그 변화를 이해한다.	실생활에서 평면도형의 이동을 활용한 사례를 찾아서 이동에 따른 변화를 추론하고 위치나 방향이 어떻게 변화했는지 설명하기	[6수03-04] 직육면체와 정육면체의 겨냥도와 전개도를 그릴 수 있다.	제시하지 않음
	[2수03-05] 삼각형, 사각형에서 각각의 공통점을 찾아 말할 수 있다.	제시하지 않음	[4수03-05] 평면에서 점의 이동에 대해 위치와 방향을 이용하여 설명할 수 있다.	평면에서 점의 이동은 격자를 따라 위, 아래, 오른쪽, 왼쪽으로 '~칸', '~cm'를 이동하는 수준에서 다루기, 한 점의 이동에 대해 위치와 방향을 설명하는 데 초점을 두고, 꼭짓점의 이동을 이용하여 평면도형의 이동을 설명하는 활동은 다루지 않음	[6수03-05] 각기둥과 각뿔을 이해하고, 구성요소와 성질을 탐구하고 설명할 수 있다.	제시하지 않음
	[2수03-06] 구체물의 길이, 들이, 무게, 넓이를 비교하여 각각 '길다, 짧다', '많다, 적다', '무겁다, 가볍다', '넓다, 좁다' 등을 구별하여 말할 수 있다.	제시하지 않음	[4수03-06] 원의 중심, 반지름, 지름을 이해하고, 그 성질을 안다.	제시하지 않음	[6수03-06] 각기둥의 전개도를 그릴 수 있다.	제시하지 않음
	[2수03-07] 시계를 보고 시각을 '몇 시 몇 분'까지 읽을 수 있다.	제시하지 않음	[4수03-07] 컴퍼스를 이용하여 여러 가지 크기의 원을 그릴 수 있다.	컴퍼스를 사용하여 다양한 크기의 원을 그리는 방법을 원의 성질과 연결하여 이해하기	[6수03-07] 원기둥, 원뿔, 구를 이해하고, 구성 요소와 성질을 탐구하고 설명할 수 있다.	제시하지 않음

영역	초등학교					
	1~2학년		3~4학년		5~6학년	
	성취기준	해설 속 학습 내용	성취기준	해설 속 학습 내용	성취기준	해설 속 학습 내용
측정과 도형	[2수03-08] 1시간과 1분의 관계를 이해하고, 시간을 '시간', '분'으로 표현할 수 있다.	제시하지 않음	[4수03-08] 여러 가지 모양의 삼각형에 대한 분류 활동을 통하여 이등변삼각형, 정삼각형을 이해하고, 그 성질을 탐구하고 설명할 수 있다.	제시하지 않음	[6수03-08] 원기둥의 전개도를 그릴 수 있다.	제시하지 않음
	[2수03-09] 실생활 문제 상황과 연결하여 1분, 1시간, 1일, 1주일, 1개월, 1년 사이의 관계를 이해한다.	제시하지 않음	[4수03-09] 여러 가지 모양의 삼각형에 대한 분류 활동을 통하여 직각삼각형, 예각삼각형, 둔각삼각형을 이해한다.	제시하지 않음	[6수03-09] 쌓기나무로 만든 입체도형을 보고 사용된 쌓기나무의 개수를 구할 수 있다.	제시하지 않음
	[2수03-10] 길이 단위 1cm와 1m를 알고, 이를 이용하여 주변 사물의 길이를 측정할 수 있다.	길이의 표준 단위를 도입하기 전에 구체물을 직접 비교해 보거나 여러 가지 임의 단위를 사용하여 구체물의 길이를 재어보는 활동을 통해 표준 단위의 필요성 알기	[4수03-10] 여러 가지 모양의 사각형에 대한 분류 활동을 통하여 직사각형, 정사각형, 사다리꼴, 평행사변형, 마름모를 이해하고, 그 성질을 탐구하고 설명할 수 있다.	제시하지 않음	[6수03-10] 쌓기나무로 만든 입체도형의 위, 앞, 옆에서 본 모양을 표현할 수 있고, 이러한 표현을 보고 입체도형의 모양을 추측할 수 있다.	여러 가지 물체, 건축물, 예술품, 쌓기나무로 만든 입체도형 등의 위, 앞, 옆에서 본 모양을 이용해서 전체 모양을 추측하게 하고, 이에 대해 자신의 추론 과정을 설명하기
	[2수03-11] 1m와 1cm의 관계를 이해하고, 길이를 '몇 m 몇 cm'와 '몇 cm'로 표현할 수 있다.	제시하지 않음	[4수03-11] 다각형과 정다각형을 이해한다.	도형판, 모양 조각 등의 교구를 이용한 구체적인 조작 활동을 통해 다각형과 정다각형을 이해하기	[6수03-11] 평면도형의 둘레를 이해하고, 기본적인 평면도형의 둘레를 구할 수 있다.	제시하지 않음
	[2수03-12] 여러 가지 물건의 길이를 어림하고, 길이에 대한 양감을 기른다.	생활 주변의 여러 가지 물건들의 길이를 어림해 보고 자로 측정하여 확인하는 활동과 주어진 길이에 해당하는 선분을 그려 보는 활동을 통해 길이에 대한 양감 기르기	[4수03-12] 주어진 도형을 이용하여 여러 가지 모양을 만들거나 채우고 설명할 수 있다.	다양한 교구와 공학 도구 등을 이용한 구체적인 활동을 통해 주어진 도형으로 여러 가지 모양을 다양하게 만들거나 채우기	[6수03-12] 넓이 단위 $1cm^2$, $1m^2$, $1km^2$를 알며, 그 관계를 이해한다.	제시하지 않음

영역	초등학교					
	1~2학년		3~4학년		5~6학년	
	성취기준	해설 속 학습 내용	성취기준	해설 속 학습 내용	성취기준	해설 속 학습 내용
측정과 도형	[2수03-13] 실생활 문제 상황과 연결하여 길이의 덧셈과 뺄셈을 할 수 있다.	제시하지 않음	[4수03-13] 1분과 1초의 관계를 이해하고, 초 단위까지 시각을 읽을 수 있다.	제시하지 않음	[6수03-13] 직사각형과 정사각형의 넓이를 구하는 방법을 이해하고, 이를 구할 수 있다.	제시하지 않음
			[4수03-14] 실생활 문제 상황과 연결하여 초 단위까지의 시간의 덧셈과 뺄셈을 할 수 있다.	제시하지 않음	[6수03-14] 평행사변형, 삼각형, 사다리꼴, 마름모의 넓이를 구하는 방법을 다양하게 추론하고, 이와 관련된 문제를 해결할 수 있다.	제시하지 않음
			[4수03-15] 길이 단위 1mm와 1km를 알고, 이를 이용하여 길이를 측정하고 어림하며 수학의 유용성을 인식할 수 있다.	제시하지 않음	[6수03-15] 여러 가지 원 모양 물체의 원주와 지름을 측정하는 활동을 통하여, 원주율이 일정한 값임을 알고 그 근삿값을 사용할 수 있다.	여러 가지 원에서 (원주)÷(지름)의 값을 구하여 모든 원에서 원주율이 일정함을 이해하게 하고, 원주율의 근삿값으로 3.14를 사용하기
			[4수03-16] 1cm와 1mm, 1km와 1m의 관계를 이해하고, 길이를 '몇 cm 몇 mm'와 '몇 mm', '몇 km 몇 m'와 '몇 m'로 다양하게 표현할 수 있다.	제시하지 않음	[6수03-16] 원주와 원의 넓이를 구하는 방법을 이해하고, 이를 구할 수 있다.	지름과 원주율을 이용하면 원주를 직접 측정하지 않고도 구할 수 있음을 알게 하고, 직사각형의 넓이를 구하는 방법을 이용하여 원의 넓이를 구하는 방법 알기
			[4수03-17] 들이 단위 1L와 1mL를 알고, 이를 이용하여 들이를 측정하고 어림하며 수학의 유용성을 인식할 수 있다.	제시하지 않음	[6수03-17] 직육면체와 정육면체의 겉넓이를 구하는 방법을 이해하고, 이를 구할 수 있다.	제시하지 않음
			[4수03-18] 1L와 1mL의 관계를 이해하고, 들이를 '몇 L 몇 mL'와 '몇 mL'로 표현할 수 있다.	제시하지 않음	[6수03-18] 부피 단위 $1cm^3$, $1m^3$를 알며, 그 관계를 이해한다.	제시하지 않음

영역	초등학교					
	1~2학년		3~4학년		5~6학년	
	성취기준	해설 속 학습 내용	성취기준	해설 속 학습 내용	성취기준	해설 속 학습 내용
측정과 도형			[4수03-19] 실생활 문제 상황과 연결하여 들이의 덧셈과 뺄셈을 할 수 있다.	제시하지 않음	[6수03-19] 직육면체와 정육면체의 부피를 구하는 방법을 이해하고, 이를 구할 수 있다.	제시하지 않음
			[4수03-20] 실생활에서 무게를 나타낼 때 사용하는 단위 1g과 1kg을 알고, 이를 이용하여 무게를 측정하고 어림하며 수학의 유용성을 인식할 수 있다.	초등학교에서는 무게와 질량의 개념을 엄밀하게 구분하지 않으며, 무게를 비교하고 측정하는 데에 g, kg의 단위 사용하기		
			[4수03-21] 1kg과 1g의 관계를 이해하고, 무게를 '몇 kg 몇 g'과 '몇 g'으로 표현할 수 있다.	제시하지 않음		
			[4수03-22] 실생활에서 무게를 나타낼 때 사용하는 단위 1t을 알고, 1t과 1kg의 관계를 이해한다.	제시하지 않음		
			[4수03-23] 실생활 문제 상황과 연결하여 무게의 덧셈과 뺄셈을 할 수 있다.	제시하지 않음		
			[4수03-24] 각의 크기의 단위인 1도(°)를 알고, 각도기를 이용하여 각의 크기를 측정하고 어림할 수 있다.	제시하지 않음		

영역	초등학교					
	1~2학년		3~4학년		5~6학년	
	성취기준	해설 속 학습 내용	성취기준	해설 속 학습 내용	성취기준	해설 속 학습 내용
측정과 도형			[4수03-25] 여러 가지 방법으로 삼각형과 사각형의 내각의 크기의 합을 추론하고, 자신의 추론 과정을 설명할 수 있다.	제시하지 않음		
자료와 가능성	[2수04-01] 여러 가지 사물을 정해진 기준 또는 자신이 정한 기준으로 분류하여 개수를 세어 보고, 기준에 따른 결과를 말할 수 있다.	제시하지 않음	[4수04-01] 자료를 수집하여 그림그래프나 막대그래프로 나타내고 해석할 수 있다.	제시하지 않음	[6수04-01] 평균의 의미를 알고, 자료를 수집하여 평균을 구하고 해석할 수 있다.	평균은 집단의 자료를 대표하는 값임을 이해하고, 여러 집단의 평균을 비교하는 활동을 통해 수학의 유용성 인식하기
	[2수04-02] 자료를 분류하여 표로 나타내고, 자료를 표로 나타내면 편리한 점을 말할 수 있다.	표를 이용하여 자료의 크기를 수로 정리하면, 자료의 크기를 나타내고 비교하는 데 편리하다는 점을 통해 수학의 유용성 인식하기	[4수04-02] 자료를 수집하여 꺾은선그래프로 나타내고 해석할 수 있다.		[6수04-02] 자료를 수집하여 띠그래프나 원그래프로 나타내고 해석할 수 있다.	제시하지 않음
	[2수04-03] 자료를 분류하여 ○, ×, / 등을 이용한 그래프로 나타내고, 자료를 그래프로 나타내면 편리한 점을 말할 수 있다.	그래프를 이용하여 자료의 크기를 시각적으로 나타내면, 자료의 크기를 한눈에 비교하는 데 편리하다는 점을 통해 수학의 유용성 인식하기	[4수04-03] 탐구 문제를 해결하기 위해 자료를 수집, 정리하여 막대그래프나 꺾은선그래프로 나타내고 해석할 수 있다.	여러 가지 문제를 해결하기 위해 자료를 수집, 정리하고 그래프로 나타내어 해석하는 일련의 과정을 직접 경험하기, 자료의 크기를 비교할 때는 막대그래프로, 시간에 따른 변화의 경향을 알아볼 때는 꺾은선그래프로 나타내는 것이 편리함을 알고, 자료의 특성에 따라 목적에 맞는 적절한 그래프 선택하기	[6수04-03] 탐구 문제를 설정하고, 그에 맞는 자료를 수집, 정리하여 적절한 그래프로 나타내고 해석할 수 있다.	해결하고자 하는 문제를 설정하고 그에 맞는 자료를 수집, 정리하여, 막대그래프, 꺾은선그래프, 띠그래프와 원그래프 중 적절한 그래프로 나타내고 해석하는 일련의 과정을 직접 경험하기

영역	초등학교					
	1~2학년		3~4학년		5~6학년	
	성취기준	해설 속 학습 내용	성취기준	해설 속 학습 내용	성취기준	해설 속 학습 내용
자료와 가능성					[6수04-04] 사건이 일어날 가능성을 말로 표현하고 비교할 수 있다.	'확실하다', '불가능하다', '~일 것 같다', '~아닐 것 같다', '반반이다' 등 일상에서 사건이 일어날 가능성을 나타내는 다양한 표현을 이해하고, 가능성의 크기를 비교하기
					[6수04-05] 사건이 일어날 가능성을 수로 나타낼 수 있다.	가능성이 직관적으로 파악되는 생활 속의 간단한 사건에 대하여 그 가능성을 0, $\frac{1}{2}$, 1 등과 같은 수로 표현하게 한다. 사건이 일어날 가능성과 일어나지 않을 가능성이 같은 경우에 사건이 일어날 가능성을 $\frac{1}{2}$로 표현할 수 있음을 이해하기
					[6수04-06] 자료를 이용하여 가능성을 예상하고, 가능성에 근거하여 적절한 판단을 내릴 수 있다.	제비뽑기, 동전 던지기, 주사위 던지기, 회전판 돌리기 등과 같은 간단한 실험 결과를 나타낸 표나 그래프를 보고 사건이 일어날 가능성을 비교하고 대략적으로 예상하기

기본 사회

영역	초등학교 3~4학년 성취기준	초등학교 3~4학년 해설 속 학습 내용	초등학교 5~6학년 성취기준	초등학교 5~6학년 해설 속 학습 내용	중학교 (1~3학년) 성취기준	중학교 (1~3학년) 해설 속 학습 내용	고등학교 (1~3학년) 성취기준	고등학교 (1~3학년) 해설 속 학습 내용
나의 삶	[4사회01-01] 나의 여러 모습을 살펴보고 나를 좋아하는 마음을 가진다.	거울 속 나의 모습(예: 생김새, 차림새) 살펴보기, 가정, 학교, 지역사회에서 내가 하는 일 찾기, 내가 좋아하는 것 나열하기, 나에 대하여 여러 가지 방법으로 표현하기, 나를 아끼는 마음을 담아 소중한 나의 사진첩 만들기 등 나를 구체적으로 인식할 수 있는 활동하기	[6사회01-01] 나의 특징을 다양한 방법으로 표현하고 나를 소중히 여긴다.	자신의 성격, 취미, 재능, 흥미, 선호하는 것(예: 음식, 연예인, 운동팀)을 확인하고 발표하는 등의 내용, 평상시 자신이 아끼고 좋아하는 물건이나 활동, 잘하는 일 등을 그림, 사진 등으로 표현하고 말할 수 있게 하며 가족이나 친구 등 나와 가까운 주변 사람들이 알고 있는 나의 모습을 다양한 방식으로 확인하기	[9사회01-01] 나의 특성을 파악하고 자신을 존중하는 태도를 기른다.	나의 성격, 강점과 약점 살펴보기, 나의 개성과 취향 발표하기, 다른 사람이 생각하는 나의 모습과 내가 생각하는 나의 모습 비교하기, 나를 존중하는 방법 실천하기 등	[12사회01-01] 자신의 소중함과 가치를 발견하여 자신을 긍정적으로 인식한다.	타인의 다양한 가치를 존중하는 표현하기, 나의 소중함과 가치를 발견하는 칭찬 일기 쓰기, 자기 발전을 위한 실천하기 등
			[6사회01-02] 일상생활에서 활동이나 물건을 선택하고 나의 선택을 중요하게 여기는 태도를 기른다.	의식주와 여가 등 다양한 일상생활 장면에서 활동이나 물건을 선택할 기회 조사하기, 좋아하거나 필요한 물건이나 활동 선택하기 등	[9사회01-02] 일상에서 여러 가지를 선택하고 결정하여 자기 결정력을 기른다.	스스로 선택하고 결정하는 것의 중요성 알아보기, 여러 가지를 비교하고 선택하는 이유 확인하기, 다양한 상황에서 의사 표현하기, 가정, 학교(예: 개별화교육지원팀 협의회) 등의 일상에서 나의 의견에 따라 결정하기 등	[12사회01-02] 자신의 요구와 권리를 상황에 맞게 표현하며 자기 결정을 생활화한다.	나의 요구와 권리 주장하기, 권리를 지키는 표현과 태도 연습하기, 나에 대해 스스로 결정하기 등
관계의 삶	[4사회02-01] 우리 가족의 화목한 모습을 살펴보며 우리 가족을 소중히 여기는 마음을 가진다.	가족사진을 보며 화목한 우리 가족의 모습 관찰하기, 가족 구성원을 부르는 호칭 바르게 사용하기, 나와 가족 구성원 간 관계 파악하기, 우리 가족의 반려동물 소개하기, 역할	[6사회02-01] 가족과 이웃들이 사이좋게 지내는 모습을 살펴보며 가족과 이웃을 소중히 여긴다.	소중한 우리 가족 발표하기, 가족과 함께 다양한 경험하기, 우리 동네 다양한 이웃 조사하기, 이웃이 서로 사이좋게 지내는 모습 관찰하기, 함께 사는 가족뿐만 아니라 방계가	[9사회02-01] 일상에서 자신에게 주어진 역할을 성실한 태도로 실천한다.	가족 구성원과 학교 구성원의 역할 목록 만들기, 역할에 책임을 다하는 행동과 그렇지 않은 행동 구분하기, 가정과 학교, 지역사회에서 나의 역할 실천하기 등	[12사회02-01] 정직하고 성실하게 살아가는 태도를 실천한다.	정직하고 성실한 삶의 모습 찾기, 모범 사례와 인물 탐구하기, 정직하고 성실한 삶의 약속 실천하기에 관한 내용 등

영역	초등학교				중학교 (1~3학년)		고등학교 (1~3학년)	
	3~4학년		5~6학년					
	성취기준	해설 속 학습 내용	성취기준	해설 속 학습 내용	성취기준	해설 속 학습 내용	성취기준	해설 속 학습 내용
관계의 삶		놀이를 통해 가족 간에 사랑하며 살아가는 모습 묘사하기, 소중한 가족에게 고마운 마음을 담아 표현하기 등		족이나 가족처럼 지내는 이웃, 가족과 같은 반려동물 등 다양한 상황과 맥락에서 함께 지내는 모습				
	[4사회02-02] 가족 간에 서로 존중하는 모습을 보며 가족에게 예의 바르게 행동한다.	가족 구성원 간에 서로 존중하는 말투와 몸가짐(예: 옷차림, 자세) 살펴보기, 언어 예절, 인사 예절과 같이 가족 구성원 간에 지켜야 하는 예절 실천하기 등에 관한 내용을 다루는 과정에서 부모님에 대한 효, 부모님의 자식에 대한 사랑, 형제자매 간의 우애 느끼기	[6사회02-02] 친구와 사이좋게 지내며 친구와의 우정을 소중히 여긴다.	다양한 곳에서 만나는 친구 조사하기, 친구에 따라 서로 다른 대화법 및 행동 양식 적용하기, 자신의 감정을 조절하고 친구 사이의 믿음을 쌓는 경험하기, 아름다운 우정에 관한 이야기 듣기 등	[9사회02-02] 주변 사람을 소중히 여기는 마음을 가지고 존중하며 친절하게 대한다.	대상과 상황에 알맞은 친절한 태도 확인하기, 친절한 말씨와 행동 실천하기, 사회적으로 다른 사람의 권리를 존중한 사람의 사례 조사하기, 가정과 학교, 그리고 지역사회에서 만나는 사람을 존중하고 배려하기 등	[12사회02-02] 다른 사람을 존중하고 배려하며 생명을 소중히 여긴다.	생활 속 존중과 배려의 모습 찾기, 생활 속 작은 나눔 실천하기, 동물 학대 예방을 위한 생명 존중 캠페인 하기 등
	[4사회02-03] 학교에서 친구를 아끼고 사이좋게 생활한다.	친구와 대화하며 서로에 대해 알아가기, 다양한 상황에서 친구에게 적절한 말과 행동 사용하기, 친구와 함께 놀이하며 즐거운 마음 표현하기 등	[6사회02-03] 학교에서 만나는 사람들에게 예의 바른 행동을 한다.	다양한 사람들의 성실한 모습 조사하기, 학교에서 서로 존중하는 태도 실천하기, 교실에서 서로 배려하는 모습 관찰하기 등	[9사회02-03] 주변 사람들의 사회적 상호 작용 모습을 조사하고 사회적 관계를 형성하려는 마음을 가진다.	사례를 통해 가족의 소중함 살펴보기, 여러 사회적 장면(예: 가정, 학교, 지역사회)에서 사람들이 상호 작용하는 모습 조사하기, 사회적 상호 작용 상황에 알맞은 말과 행동 익히기, 다양한 도구(예: 스마트폰, 컴퓨터)를 사용하여 사회적 상호 작용하기 등	[12사회02-03] 다양한 사회적 관계유형에 따른 역할 행동을 일상에서 실천한다.	친구, 직장, 동호회 등 다양한 사회적 관계 조사하기, 상황에 따른 적절한 역할 행동 실천하기, 다양한 사회적 역할 체험하기, 사회 관계망 서비스(SNS)나 온라인 게임 등에서 적절한 역할 행동 실천하기 등
			[6사회02-04] 이웃에서 만나는 사람들	이웃과 생활 속에서 지켜야 하는 행동 조사하기, 상황에 맞는 인사 실천	[9사회02-04] 사회적 상황에서 타인의	다양한 감정 알아보기, 상황에 알맞은 감정과 행동 찾아보기,	[12사회02-04] 사회적 관계에서의 갈	온라인 공간에서 발생할 수 있는 갈등 상황 조사하기, 갈등을 해결

영역	초등학교				중학교 (1~3학년)		고등학교 (1~3학년)	
	3~4학년		5~6학년					
	성취기준	해설 속 학습 내용	성취기준	해설 속 학습 내용	성취기준	해설 속 학습 내용	성취기준	해설 속 학습 내용
관계의 삶			에게 예의 바른 행동을 한다.	하기, 상황에 따른 예의 바른 태도 관찰하기 등	행동과 감정을 분석하고 공감한다.	다른 사람의 입장 되어보기, 다른 사람이 처한 상황에 적절한 말과 행동 표현하기 등	등 상황을 분석하고 서로의 입장을 존중한다.	하는 올바른 대화하기, 서로 존중하기 위한 교실 내 규칙 토의하기 등
시민의 삶	[4사회03-01] 우리 동네의 모습을 살펴보고 이웃들이 살아가는 모습에 관심을 가진다.	우리 집 또는 학교의 위치와 모습 살펴보기, 우리 동네의 자연환경과 인문환경 살펴보기, 동네 사람들이 이용하는 장소와 시설물 확인하기, 디지털 영상 지도를 활용하여 우리 동네의 여러 가지 모습 살펴보기, 우리 동네의 좋은 점 발표하기, 내가 살고 싶은 우리 동네 상상하기, 우리 동네와 그 속에서 살아가는 사람들의 모습(예: 직업, 여가, 일상생활 모습)에 관심 가지기 등	[6사회03-01] 우리 지역의 자연환경과 인문환경에 따라 사람들이 살아가는 모습을 살펴보며 우리 지역의 모습에 관심을 가진다.	우리 지역의 위치 설명하기, 우리 지역의 자연환경과 인문환경 조사하기, 우리 지역의 자연환경과 인문환경을 이용하며 살아가는 모습 관찰하기 등	[9사회03-01] 우리나라의 자연환경과 인문환경 특징을 파악하고 환경을 소중히 여긴다.	우리나라 동서남북의 생김새와 특징 확인하기, 농촌·어촌·산지촌의 자연환경 비교하기, 다양한 지역의 자연환경과 인문환경 특징 조사하기, 도시의 환경과 생활 모습 알아보기 등	[12사회03-01] 세계 곳곳의 사람들이 환경과 조화를 이루며 살아가는 모습을 파악하고 일상에서 환경친화적 생활 태도를 실천한다.	우리나라 및 세계 여러 나라의 지리적 특징 살펴보기, 지구 곳곳의 다양한 세계 지리 탐색하기, 자연환경과 조화를 이루며 살아가는 모습 조사하기, 기후변화와 환경 위기의 사례 조사하기, 생태환경을 지키기 위한 사람들의 노력 조사하기 , 과학과나 창의적 체험활동 등과 연계한 생태체험 활동, 학교 숲 체험, 천연제품 만들기, 친환경 에너지 체험 등
	[4사회03-02] 우리 이웃 사람들의 다양한 경제활동을 살펴보고 이웃들의 경제활동에 관심을 가진다.	가족 및 이웃이 하는 일과 직업에 대한 자료 수집하기, 이웃 사람들이 일하는 곳을 살펴보며 구매할 수 있는 재화와 서비스 연결하기, 가게 놀이를 통해 물건 구매 경험하기 등	[6사회03-02] 우리 지역의 사람들이 다양한 경제활동에 참여하는 것을 살펴보며 우리 지역의 경제활동에 관심을 가진다.	다양한 경제활동 관찰하기, 우리 지역 특산품 조사하기, 지역사회 상점에서 물건 사기, 지역 특성에 따른 직업 조사하기, 우리 지역의 경제생활 경험하기, 화폐 활용하기 등	[9사회03-02] 여러 지역 사람들의 다양한 경제활동 모습을 조사하며 나라의 경제활동에 관심을 가진다.	다양한 상품의 원산지 살펴보기, 각 지역의 관광 산업 조사하기, 여러 지역 사람들이 상품과 인적 교류를 통해 상호 의존하는 이유 알아보기 등	[12사회03-02] 사람들의 다양한 경제 활동 모습을 분석하며 경제생활 주체로서의 삶의 태도를 지닌다.	무역을 통해 다른 나라와 사고파는 물건 조사하기, 나의 미래 경제생활 계획하기, 필요한 물건 합리적으로 선택하고 소비하기 등
	[4사회03-03] 나와 우리 가족 구성원이 변화해온 모습을 살펴보며 가족의 변화 모습에 관심을 가진다.	성장앨범을 보며 나의 변화 모습 살펴보기, 가족이 살아온 모습을 담은 우리 가족 이야기 만들기, 나 또는 친구 가족의 변화 모습에 관심을 가지고 가족사진	[6사회03-03] 우리 지역의 문화 유적을 살펴보며 옛사람들의 생활 모습에 관심을 가진다.	옛사람들의 의식주 모습 살펴보기, 신분에 따른 생활 문화 체험하기, 계절에 따른 명절 조사하기 등	[9사회03-03] 우리나라의 문화 유적을 살펴보고 우리 역사를 아끼는 마음을 가진다.	우리나라 대표 문화 유적 조사하기, 지역의 문화 유적 답사하기, 시대별 대표 문화 유적 살펴보기, 문화 유적을 통한 옛사람들의 생활 모습 조사하기, 문화 유적과	[12사회03-03] 우리나라의 문화유산을 조사하고 우리 역사에 자부심을 느낀다.	고조선부터 현대까지의 대표적 문화유산 조사하기, 아름다운 문화유산 체험하기(예: 도자기 만들기, 탈춤 추기), 무형문화유산으로서의 음식 문화 조사하

영역	초등학교				중학교 (1~3학년)		고등학교 (1~3학년)	
	3~4학년		5~6학년					
	성취기준	해설 속 학습 내용	성취기준	해설 속 학습 내용	성취기준	해설 속 학습 내용	성취기준	해설 속 학습 내용
시민의 삶		전시 관람하기 등				관련된 역사적 사건이나 인물 살펴보기 등		기, 증강현실(AR)로 과학 유산 살펴보기 등
	[4사회03-04] 가족, 친구와 여러 가지 문화 활동에 즐겁게 참여한다.	가족 또는 친구와 함께 한 일 발표하기, 즐거운 문화 활동 추천하고 함께 즐기기, 문화 활동의 종류 조사하기, 우리 동네의 문화 시설 찾아보기 등	[6사회03-04] 가족, 친구와 여러 지역의 문화 활동에 관심을 가지고 참여한다.	우리 문화의 소중함을 알 수 있는 사례 탐색하기, 우리 지역의 대표적인 문화유산 관찰하기, 박물관 관람하기, 역사 문화 현장 탐방하기 등	[9사회03-04] 가족, 친구와 함께 여러 가지 문화 활동을 계획하며 참여한다.	우리 전통이 깃든 문화 활동 체험하기, 가족 및 친구와 함께할 수 있는 문화 활동 알아보기, 우리 지역의 문화 시설 조사하기, 문화 활동 체험 계획하기 등	[12사회03-04] 여러 사람과 다양한 문화 활동을 하며 문화적 소양을 기른다.	스포츠 경기 관람하기, 국내 여행 계획 세우기, 지역의 문화 시설 조사하기, 가상현실(VR) 기기로 산악 등반 체험하기, 문화공연 및 행사 참여하기 등
	[4사회03-05] 학교생활에서 지켜야 하는 규칙을 살펴보고 이를 지킨다.	규칙은 학교와 학급에서의 안전, 질서(예: 시간표, 교칙)와 더불어 교사, 또래, 기타 성인 등을 포함하는 사람들과의 관계에서 지켜야 하는 배려, 존중 등의 예의를 포함. 규칙을 지켰을 때와 지키지 않았을 때 일어날 수 있는 일 예상하기, 규칙을 지키는 바른 행동 고르기, 규칙을 지키는 나의 모습 기록하고 스스로 칭찬하기 등	[6사회03-05] 사람들이 지키는 생활 규범에 관심을 갖고 나의 일상 속에서 지킨다.	생활 속 관습 조사하기, 공중도덕 실천하기, 생활 속의 법(예: 교통안전, 학교폭력 대처) 지키기 등	[9사회03-05] 일상에서 민주적 생활 태도를 기르고 실천한다.	가정과 학교 속 사례에서 민주적 생활 모습 살펴보기, 민주적 의사 결정 방법 조사하기, 주체적으로 우리 학교와 지역의 문제 해결에 참여하기 등	[12사회03-05] 일상에서 사회 규범을 지키며 인권 존중을 실천한다.	내가 지켜야 할 사회 규범(예: 관습, 종교, 도덕, 법) 알아보기, 인권의 의미와 특성 알아보기, 청소년의 인권 살펴보기, 소수자에 대한 차별이나 혐오 표현 조사하기, 인권을 지키는 법률(예: 장애인차별 금지 및 권리구제 등에 관한 법률, 발달장애인 권리보장 및 지원에 관한 법률) 조사하기 등
	[4사회03-06] 우리나라를 상징하는 것들을 살펴보고 나라 사랑하는 마음을 기른다.	우리나라의 상징(예: 우리나라의 이름, 태극기, 애국가, 무궁화) 확인하기, 우리나라 자랑거리(예: 한글, 한옥, 고유문화)의 아름다움을 나만의 방법으로 표현하기 등	[6사회03-06] 독도의 여러 모습을 살펴보고 우리나라 영토를 아끼는 마음을 가진다.	독도의 다양한 명칭 발표하기, 독도의 위치 관찰하기, 독도의 동·식물 정보 수집하기, 독도의 해양자원 조사하기 등	[9사회03-06] 우리 영토를 지켜온 노력을 조사하고 영토와 평화를 소중히 여기는 마음을 가진다.	독도의 모습과 역사, 독도를 지켜온 노력 알아보기, 고조선 건국 살펴보기, 우리나라 4대 대첩 조사하기, 6·25 전쟁과 평화 통일의 필요성 알아보기 등	[12사회03-06] 민주주의의 원리를 존중하고 실천하며 민주시민의 소양을 기른다.	일상 속 시민의 권리와 의무 조사하기, 투표 등 민주적 의사 결정 과정 참여하기, 다양한 미디어에서 표현의 자유 살펴보기, 미디어에 자유롭게 의사 표현하기 등
					[9사회03-07] 우리 사회가 변화하는 모습을 조사하고 사회 변	사회 변화에 따른 생활 모습의 차이 비교하기, 저출산과 고령화로	[12사회03-07] 영토 주권과 평화와 통일을 위한 우리의	외침을 막아낸 역사 조사하기, 독도의 역사와 영유권 분쟁 조사하기, 평화로운 미래를

영역	초등학교				중학교 (1~3학년)		고등학교 (1~3학년)	
	3~4학년		5~6학년					
	성취기준	해설 속 학습 내용	성취기준	해설 속 학습 내용	성취기준	해설 속 학습 내용	성취기준	해설 속 학습 내용
시민의 삶					화에 관심을 가진다.	인한 미래 모습 예측하기, 정보화 및 세계화의 긍정적, 부정적인 영향 알아보기, 인공지능의 발달로 편리해진 생활 모습 살펴보기 등	노력을 조사하고 세계 평화를 소중히 여긴다.	위한 통일 관련 활동하기(예: 남북한의 다름을 살펴보고 서로 존중하기, 북한 전통 놀이 체험하기, 남북한의 협력 사례 찾아보기, 통일 후 평화로운 세계 상상하기) 등
							[12사회03-08] 세계인이 함께 살아가는 모습을 조사하고 세계시민으로서의 삶의 태도를 가진다.	인공지능이 바꿔 가는 삶의 모습 살펴보기, 세계 평화와 인권 수호를 위한 캠페인 참여하기, 혐오와 차별에 대처하기, 세계의 빈곤 및 불평등 문제 조사하기 등

영역	초등학교				중학교 (1~3학년)		고등학교 (1~3학년)	
	3~4학년		5~6학년					
	성취기준	해설 속 학습 내용	성취기준	해설 속 학습 내용	성취기준	해설 속 학습 내용	성취기준	해설 속 학습 내용
운동과 에너지	[4과학01-01] 자석과 여러 가지 물체를 가까이했을 때 나타나는 현상을 관찰하고, 자석에 붙는 물체와 붙지 않는 물체를 분류한다.	교실에서 자석에 붙는 또는 붙지 않는 물체를 찾아보고, 자석과 철로 된 물체 사이에 당기는 힘을 자연스럽게 관찰하기, 이때 자석은 극 표시가 없는 것을 사용하고, 만약 자석에 극 표시가 있다면, 미리 색 테이프나 종이로 감싸기	[6과학01-01] 전기가 통하는 물질과 통하지 않는 물질을 분류하고, 그 특성을 이해한다.	교사가 전기회로를 구성한 뒤 여러 가지 물질(예: 금속류, 고무, 플라스틱)을 연결하여 봄으로써 전기가 통하는 물질과 통하지 않는 물질을 분류하도록 지도	[9과학01-01] 전기로 작동되는 여러 가지 전기기구를 관찰하여 에너지 변환을 이해하고, 전기기구의 편리함을 안다.	가정, 학교와 같이 학생이 실제로 생활하는 환경에서 이용되는 전기기구만을 대상으로 하고, 전기기구를 관찰함으로써 전기 에너지가 빛 에너지, 소리 에너지, 열 에너지, 운동 에너지 등으로 바뀌어 다양한 전기기구로 사용되는 것을 이해하는 데 중점	[12과학01-01] 전기기구를 안전하게 사용하는 방법과 전기를 절약하는 방법을 조사하고 실천한다.	전기기구의 안전한 사용법은 위험한 상황과 안전한 상황을 분류하는 활동을 통해 지도하여 전기사고 예방
	[4과학01-02] 자석과 자석을 가까이 했을 때 나타나는 현상을 관찰하고, 자석의 성질에 흥미를 갖는다.	두 개의 막대자석을 다양하게 인접시켜 보는 놀이 활동을 반복하여 자석은 같은 극끼리는 밀어내는 힘, 다른 극끼리는 끌어당기는 힘이 작용한다는 것 관찰하기	[6과학01-02] 물체의 차가운 정도와 따뜻한 정도를 온도로 표현함을 알고, 온도계를 이용하여 물체의 온도를 정확하게 측정한다.	차가운 정도와 따뜻한 정도를 '차갑다'와 '따뜻하다' 등으로 표현할 때의 불편함을 알고 차가운 정도와 따뜻한 정도를 온도로 표현하는 것이 중요함 알기, 온도를 측정할 때는 소수나 자릿값 등의 어려운 수학 개념을 강조하지 않고 후속 학습 내용인 열의 이동 개념을 설명하지 않도록 유의, 냉장고, 오븐, 에어컨 등의 전자 기기나 조리, 재배, 사육 등의 일상생활에서 온도와 온도 측정이 다양하게 활용함을 알기	[9과학01-02] 고체, 액체, 기체에서의 열의 이동을 알고, 열의 이동이 나타나는 일상생활 사례를 관찰한다.	다리미로 다림질하는 의복, 주전자에 가열하는 물, 냉방과 난방 등과 같은 실생활의 다양한 사례를 통하여 고체에서의 열의 이동, 액체에서의 열의 이동, 기체에서의 열의 이동 이해	[12과학01-02] 열의 이동을 막는 단열의 원리를 알고, 단열을 이용하는 일상생활 사례를 관찰한다.	생활 주변에서 쉽게 볼 수 있는 쇠, 나무, 유리, 플라스틱 등을 이용하여 금속과 금속이 아닌 것에서 열의 이동 속도가 다름을 이해, 리 도구의 손잡이, 컵 홀더, 냄비 받침, 아이스박스, 뚝배기, 아이스크림 은박 포장재 등이 금속인지 금속이 아닌지 탐색하고 안전한 생활을 누리거나 따뜻한 것을 따뜻하게, 차가운 것을 차갑게 유지하기 위해 열의 이동을 줄이는 단열이 실생활에 다양하게 활용되고 있음을 이해, 감기에 걸리지 않게 체온을 유지하는 방법, 수도가 동파되지 않도록 하는 방법, 방을 따뜻하게 유지하는 방법 등 다양한 문제 상황을 제시하여 효과적인 단열 방법을 생각하고 문제 해결

영역	초등학교				중학교 (1~3학년)		고등학교 (1~3학년)	
	3~4학년		5~6학년					
	성취기준	해설 속 학습 내용	성취기준	해설 속 학습 내용	성취기준	해설 속 학습 내용	성취기준	해설 속 학습 내용
운동과 에너지	[4과학01-03] 물체의 차가운 정도와 따뜻한 정도를 다양하게 표현하고, 차갑거나 뜨거운 물체를 다룰 때 주의할 점을 실천한다.	감각을 통하여 물체의 차가운 정도와 따뜻한 정도를 느끼고 이를 '차갑다', '미지근하다', '따뜻하다', '뜨겁다' 등의 언어로 표현하고 일상생활에서 차가운 정도와 따뜻한 정도를 나타내기 위해 파란색, 빨간색 등의 색깔도 활용되고 있음을 이해하기, 차가운 물체와 뜨거운 물체를 다룰 때 주의해야 점을 알고 안전사고를 예방하며 화상과 같은 안전사고에도 적절히 대처하기 등	[6과학01-03] 물체를 보기 위해서 빛이 있어야 함을 알고 빛이 직진하는 성질을 관찰하여 흥미를 갖는다.	그림자 만들기 놀이나 그림자 연극 등으로 흥미를 유발하고, 생활 주변에서 그림자가 생기는 곳과 생기지 않는 곳을 관찰하는 활동 중심으로 구성	[9과학01-03] 실험을 통하여 소리의 발생과 전달 그리고 반사 현상을 관찰한다.	실 전화기 실험을 통해 소리가 전달됨을 인식하고, 고체, 액체, 기체의 물질 상태에 따라 소리가 전달되는 현상 관찰, 소리 반사판을 이용하여 소리가 장애물을 만나면 반사되는 현상을 관찰하며, 우리 생활에서 소리가 반사되는 현상을 조사	[12과학01-03] 볼록렌즈와 오목렌즈로 물체를 관찰하고, 생활에서 렌즈가 이용되는 예를 조사한다.	볼록렌즈와 오목렌즈로 물체를 관찰하고, 돋보기, 사진기의 렌즈, 안경, 현미경 등 일상생활에서 사용하는 볼록렌즈와 오목렌즈의 다양한 쓰임새에 중점
	[4과학01-04] 소리가 나는 물체는 떨림이 있음을 알고, 생활 주변의 소리를 듣고 큰 소리와 작은 소리, 높은 소리와 낮은 소리로 구분한다.	소리가 발생할 때 나타나는 공통점을 눈으로 직접 볼 수 있는 콘텐츠나 스마트 기기, 실험 등 다양한 활동을 통해 인식하기, 소리가 '크다', '작다'를 구분하기 위해 스피커의 음량 조절, 소음측정기나 스마트 기기, 소리의 세기를 나타내는 그림 자료나 표 등을 활용하여 직관적으로 이해하고, 소리가 '높다', '낮다'를 구분하기 위해 성악가의 노래를 듣거나 악기를 직접 연주하여 소리의 높낮이 이해하기	[6과학01-04] 거울에 비친 모습과 실제 모습을 비교하고, 생활 속 여러 가지 거울의 특징을 관찰한다.	교통안전을 위해 사용되는 거울, 치과용 거울, 편의점이나 상점 내 보안 거울 등 가정이나 생활 주변에서 이용되는 평면거울과 오목거울, 볼록거울의 예와 쓰임새에 관심 두기	[9과학01-04] 수평잡기 활동을 통해 물체의 무게를 비교하고, 여러 가지 무게 측정 방법에 흥미를 갖는다.	물체의 무게 측정이 필요한 생활 속 사례를 소개하여 학생에게 무게에 대한 호기심과 흥미를 유발하고 주변의 물체를 들어보고 무게를 어림잡아 보는 활동으로 무게 개념 익히기	[12과학01-04] 물체에 중력과 마찰력이 작용하여 나타나는 현상을 관찰하고 그 특성을 이해한다.	빗면 마찰력 비교 실험과 낙하 실험 등 힘과 관련된 여러 가지 조작 활동을 바탕으로 중력과 마찰력이 작용하여 나타나는 현상 탐구
	[4과학01-05] 물체를 밀거나 당겼을 때 나타나는 현	책상 또는 의자를 밀거나 당기면 책상 또는 의자의 위치가 변화되는 것 관찰하기, 그네	[6과학01-05] 여러 가지 물체의 운동을 관찰하여 속력	물체의 운동을 관찰할 때 이동 거리가 같고 걸린 시간이 다른 경우, 걸린 시간이 같고	[9과학01-05] 무게를 정확히 측정하려면 저울이 필요함을	물체의 무게를 정확하게 측정하기 위해서는 저울이 필요함을 인식하고 실생활에서 사용되는 체		

영역	초등학교				중학교 (1~3학년)		고등학교 (1~3학년)	
	3~4학년		5~6학년					
	성취기준	해설 속 학습 내용	성취기준	해설 속 학습 내용	성취기준	해설 속 학습 내용	성취기준	해설 속 학습 내용
운동과 에너지	상을 관찰하여 힘을 이해한다.	타기, 공 던지기 등 활동을 통해 힘과 관련된 현상에 흥미느끼기	을 비교하고, 속력과 관련된 안전 수칙을 알고 교통안전을 실천한다.	이동 거리가 다른 경우를 관찰하여 물체의 빠르기 비교하기, 속력과 관련된 안전 사항에 관해서는 실천적 습관 형성을 위하여 빠른 물체의 위험성을 인식하고 안전띠 착용하기, 횡단보도 안전하게 건너기 등 교통안전에 중점	알고, 저울을 사용해 무게를 측정하고 비교한다.	중계, 전자저울 등을 이용하여 쓰임새에 따라 적합한 저울을 선택하여 사용하는 데 중점		
	[4과학01-06] 힘을 받은 물체의 위치 변화를 관찰하여 운동을 이해한다.	물체의 이동 거리를 통한 운동만을 다루고, 물체의 속력, 속도, 가속도 등은 다루지 않음. 일상생활의 다양한 도구를 통해 운동의 종류가 직선 운동, 회전 운동, 왕복 운동, 진동 운동이 있다는 것을 지도하기						
물질	[4과학02-01] 여러 가지 물질로 이루어진 물체를 감각기관을 통해 관찰한다.	일상생활에서 볼 수 있는 여러 가지 물체를 시각, 청각, 촉각, 후각을 통하여 직접 느껴보고 조작하는 활동을 충분히 하여 생활 주변의 물체에 관심을 가지는 데 중점	[6과학02-01] 생활 주변의 물체를 물질의 종류에 따라 분류한다.	물체의 재료 수준에서 금속, 플라스틱, 나무, 고무, 유리, 종이, 가죽 등을 중심으로 물질을 제시하며, 생활 속 다양한 물체를 자유롭게 찾는 활동을 통하여 물체와 물질을 인식하기	[9과학02-01] 물질의 성질을 이용하여 여러 가지 혼합물을 분리한다.	간이 정수기를 사용하거나, 물에 뜨는 성질, 증발, 거름 장치를 이용해 액체 혼합물 분리하기, 크기, 무게, 자석에 붙는 성질에 따라 고체 혼합물 분리하기, 밀도, 끓는점, 용해도 등 물질의 성질에 따라 혼합물 분리하기 등	[12과학02-01] 여러 가지 기체의 성질을 관찰하고, 일상생활에서 기체가 활용되는 경우를 조사한다.	펌프를 이용해 튜브에 바람 넣기, 코끼리 나팔과 피스톤을 당겨 놓은 주사기를 비닐관으로 연결하고 주사기의 피스톤을 밀거나 당기기, 공기가 없는 풍선과 공기를 넣은 풍선의 무게 변화 비교하기 등
	[4과학02-02] 생활 주변의 물체를 형태나 종류 등에 따라 분류한다.	생활 속 물체를 적극적인 태도로 관찰하고 조작하는 활동을 통하여 다양한 물체가 우리 생활에서 사용되고 있음을 인지하고 물체를	[6과학02-02] 생활 주변의 물질을 고체, 액체, 기체로 분류한다.	일상생활에서 친숙한 고체, 액체, 기체를 찾아보고 물질의 상태에 따라 분류하는 데 중점	[9과학02-02] 일상생활에서 이용하는 액체의 성질을 조사한다.	액체의 색과 향을 관찰하기, 경사로에 액체 흘리기, 여러 가지 모양 틀에 액체 담기, 눈금실린더로 액체의 부피 측정하기 등	[12과학02-02] 여러 가지 용액의 상대적인 진하기를 비교한다.	용매에 녹이는 용질의 양을 조절하거나 용매의 양에 변화를 주며 여러 가지 용액의 진하기 관찰, 용액의 상대적인 진하기를 비교하

영역	초등학교				중학교 (1~3학년)		고등학교 (1~3학년)	
	3~4학년		5~6학년					
	성취기준	해설 속 학습 내용	성취기준	해설 속 학습 내용	성취기준	해설 속 학습 내용	성취기준	해설 속 학습 내용
물질		형태와 종류에 따라 분류하는 데 중점						기 위해 용액의 색 관찰하기, 용액에 물체를 띄워 물체가 뜨는 정도 관찰하기, 비중계, 염도 측정기와 같은 측정 도구 이용하기 등
	[4과학02-03] 생활 주변의 물체를 장소와 용도에 따라 분류한다.	생활 속 물체의 쓰임과 장소에 따라 물체를 분류하는 활동에 중점, 학교 영역의 교실, 운동장, 특별실, 집 영역의 방, 거실, 부엌, 마을 영역의 마트, 놀이터 등 일상생활의 여러 장소에서 물체의 용도를 인식하도록 충분히 관찰하고 조작 활동하기	[6과학02-03] 생활 주변의 고체 물질을 녹여 여러 가지 용액을 만든다.	소금, 설탕, 주스 가루 등 다양한 가루를 물에 녹였을 때의 실험 결과를 간단히 예상하여 보고 실험의 결과를 비교하는 활동을 통하여 용해와 용액에 대한 기본 개념 이해	[9과학02-03] 용질의 종류와 물의 온도에 따라 물에 녹는 용질의 양이 달라짐을 비교한다.	물의 양과 온도가 같을 때, 용질의 종류에 따라 용질의 녹는 양 비교하기, 물의 양과 용질의 종류가 같을 때, 물의 온도에 따라 용질의 녹는 양 비교하기 등	[12과학02-03] 물이 얼 때, 얼음이 녹을 때의 변화에 따른 무게와 부피를 비교한다.	물이 얼 때의 무게와 부피 변화 관찰하기, 얼음이 녹을 때의 무게와 부피 변화 관찰하기 등
	[4과학02-04] 생활 주변의 물체를 질감의 특성에 따라 분류한다.	여러 가지 물질의 특징 중 질감에 따른 느낌을 자유롭게 표현하고 분류하는 것에 중점, 딱딱한 물체, 물렁물렁한 물체, 거친 물체, 부드러운 물체 등 유사한 질감을 가진 물체를 활용한 놀이나 만들기 활동을 통하여 물질의 질감을 인식하고 관찰 결과 표현하기	[6과학02-04] 물에 녹는 물질과 녹지 않는 물질을 분류한다.	설탕, 소금, 스티로폼 조각, 멸치 가루 등 다양한 물질을 물에 녹여 보는 과정을 관찰하고 비교하여 용해의 여부에 따라 물에 녹는 물질과 녹지 않는 물질 분류	[9과학02-04] 우리 주변에서 물의 세 가지 상태와 상태 변화의 예를 찾는다.	물이 얼 때와 녹을 때의 무게와 부피 변화 관찰하기, 물이 증발할 때와 끓을 때의 변화 관찰하기, 물 끓여 수증기 만들기, 수증기가 응결할 때의 변화 관찰하기 등	[12과학02-04] 물질이 연소하기 전과 후의 상태를 비교한다.	물질이 산소와 만나 빛과 열을 내면서 타는 현상인 연소 현상을 관찰하기 위해 촛불을 관찰하거나, 종이, 나뭇조각 등 여러 가지 물질을 철판 위에 놓고 가열하여 불꽃 관찰하기
							[12과학02-05] 연소와 소화 조건을 알고, 소화 방법에 따른 화재 안전을 실천한다.	연소와 소화의 조건, 화재의 원인과 예방 방법, 화재 발생 시 안전 대책, 소화기 사용 방법 등

영역	초등학교				중학교 (1~3학년)		고등학교 (1~3학년)	
	3~4학년		5~6학년					
	성취기준	해설 속 학습 내용	성취기준	해설 속 학습 내용	성취기준	해설 속 학습 내용	성취기준	해설 속 학습 내용
생명	[4과학03-01] 우리 몸 각 부위의 생김새와 움직임을 관찰한다.	얼굴 및 각 부위의 위치와 생김새 관찰하기, 팔다리의 위치와 생김새 관찰하기, 신체 각 부위의 움직임 관찰하기,	[6과학03-01] 새끼를 낳는 동물과 알을 낳는 동물의 한살이를 다양하게 표현한다.	동물들이 어떠한 모습으로 태어나는지, 성장에 따라 겉모습은 어떻게 변화하고 암수의 모습은 어떻게 다른지 분류하고 다양한 방법으로 한살이 표현하기	[9과학03-01] 감각기관의 구조와 기능을 관찰한다.	외부 자극을 인식하는 감각기관의 구조를 관찰하고 기능을 확인하는 활동, 외부로 드러나는 감각기관뿐만 아니라 기관 내부의 구조를 관찰하고, 역할 확인	[12과학03-01] 소화·배설 기관의 구조와 기능을 관찰한다.	우리 몸의 건강 유지에 필요한 영양소의 종류 알기, 음식물과 영양소와의 관계 알기, 영양분을 흡수하기 위한 소화 기관, 노폐물을 배출하는 배설 기관의 구조 관찰 및 기능 조사하기 등
	[4과학03-02] 여러 가지 동물을 관찰하고 특징을 표현한다.	여러 가지 동물의 생김새를 살펴보고 동물의 움직임과 동물이 내는 소리를 모방하는 놀이 활동 등으로 동물의 특징 파악하기	[6과학03-02] 식물의 한살이를 다양하게 표현한다.	물이 씨앗에서 싹을 틔워 자라고 꽃을 피우며 열매를 맺어 다시 씨앗을 만드는 한살이 과정을 살펴보는 데 중점	[9과학03-02] 우리 몸을 구성하는 뼈와 근육의 생김새와 기능을 관찰한다.	우리 몸을 지탱하는 뼈와 근육의 생김새와 명칭을 익히고 움직임과 기능 관찰하기, 뼈와 근육의 역할 확인하기 등의 내용을 다루며, 이를 통해 건강을 유지하는 생활 방식을 실천	[12과학03-02] 순환·호흡 기관의 구조와 기능을 관찰한다.	혈액이 심장에서 혈관을 통해 인체 각 부위에 영양분과 공기를 전달하고 다시 심장으로 가는 순환 기관 및 폐로 공기를 전달하는 호흡 기관의 구조를 관찰하고 기능을 조사하는 등
	[4과학03-03] 여러 가지 식물을 관찰하고 특징을 표현한다.	다양한 놀이와 관찰을 통하여 잎의 모양, 꽃의 색과 같은 식물의 생김새와 특징을 다양하게 관찰하고 그 특징을 자유롭게 표현하기	[6과학03-03] 여러 가지 동물의 생활 모습을 분류하고 동물을 소중히 여기는 방법을 실천한다.	여러 가지 동물의 특징과 생활 모습을 관찰하여 이들을 다양한 기준(예: 생김새, 먹이)으로 분류하는 활동에 중점	[9과학03-03] 다양한 환경에 서식하는 동물을 관찰하고, 동물의 생김새와 생활 방식이 환경과 관련되어 있음을 인식한다.	땅, 물, 나무 위, 사막 등과 같이 다양한 환경에 서식하는 동물의 생김새와 생활 방식 관찰하기, 서식지의 환경이 같은 동물들의 공통적인 특징 조사하기	[12과학03-03] 인간의 탄생과 성장 과정에서 나타나는 신체 변화를 구분한다.	태아기 및 유아기·아동기·청소년기·성인기 신체의 변화 모습 구분하기, 성별에 따른 신체 변화 구분하기, 청소년기 특징적인 신체 및 심리적 변화 확인하기 등
	[4과학03-04] 생물의 특징을 관찰하고 생물을 소중하게 여기는 태도	생물과 무생물의 차이점을 관찰하기 위해 생활 주변 환경 속에서 볼 수 있는 것들을 살	[6과학03-04] 여러 가지 식물을 뿌리, 줄기, 잎, 꽃과 열매의 특징에 따라 분	식물의 기본 구조인 뿌리, 줄기, 잎, 꽃과 열매를 관찰하여 생김새에 관심을 가지고, 생	[9과학03-04] 다양한 환경에 서식하는 식물을 관찰하고, 식물의 생김새와 생	들이나 산, 강이나 연못, 사막 등 다양한 환경에 서식하는 식물의 생김새와 생활 방식	[12과학03-04] 인간의 유전 현상을 관찰하고 가계도를 이용하여 표현한다.	인간의 유전 현상을 이해하기 위해 가족의 닮은 곳 찾기, 인간의 여러 가지 유전 형질

영역	초등학교				중학교 (1~3학년)		고등학교 (1~3학년)	
	3~4학년		5~6학년					
	성취기준	해설 속 학습 내용	성취기준	해설 속 학습 내용	성취기준	해설 속 학습 내용	성취기준	해설 속 학습 내용
생명	를 기른다.	아있는 것과 살아있지 않는 것으로 분류하기	류하고 식물을 소중히 여기는 방법을 실천한다.	김새와 특징에 따라 분류하는 데 주안점을 둔다. 특히, 식물은 성장함에 따라 잎이 커지고 많아지며, 줄기는 굵고 길어진다는 현상에 중점	활 방식이 환경과 관련되어 있음을 인식한다.	관찰하기, 서식지의 환경이 같은 식물들의 공통적인 특징 조사하기 등		조사하기, 유전 현상을 가계도로 표현하기 등
					[9과학03-05] 식물의 생장에 환경이 중요함을 알고, 실험을 통해 식물의 생장 조건을 찾는다.	변인 통제 실험을 통해 환경 조건이 식물의 생장에 미치는 영향을 관찰함으로써 씨가 싹트는 데 필요한 조건, 식물이 자라는 데 필요한 조건 등을 찾는 내용	[12과학03-05] 식물 각 기관의 구조와 기능을 관찰한다.	구 등을 활용하여 식물 각 기관(예: 뿌리, 줄기, 잎, 꽃)의 구조 관찰하기, 실험을 통해 식물 각 기관의 기능 관찰하기 등
					[9과학03-06] 생태계를 생물 요소와 비생물 요소로 분류한다.	생태계를 구성하는 동물, 식물 등 다양한 생물 요소 인식하기, 생물 요소 중 생산자, 소비자와 분해자의 개념 및 역할 구분하기, 빛·온도·물 등으로 구성된 비생물 환경요소 인식하기, 생물 요소와 비생물 요소 분류하기	[12과학03-06] 우리 생활에서 동물과 식물의 특징을 활용한 사례를 조사한다.	우리 생활에서 동물과 식물이 가진 구조나 기능 등 특징을 활용한 사례 조사하기, 동물과 식물의 특징을 이용한 생활용품 설계하기 등
							[12과학03-07] 생태계 구성요소가 서로 영향을 미침을 알고, 생태계 보전을 위해 우리가 할 수 있는 일을 조사하여 실천한다.	중학교 1~3학년에서 다루는 생물 요소와 비생물 환경 요소의 개념을 확장하여 먹이사슬 및 먹이그물을 이루는 생물 요소 구분하기, 비생물 요소인 빛, 물, 온도 등이 생물에 미치는 영향 확인하기, 생물 요소와 비생물 환경

영역	초등학교				중학교 (1~3학년)		고등학교 (1~3학년)	
	3~4학년		5~6학년					
	성취기준	해설 속 학습 내용	성취기준	해설 속 학습 내용	성취기준	해설 속 학습 내용	성취기준	해설 속 학습 내용
								요소의 상호 관계 탐구하기 등
지구	[4과학04-01] 생활 주변 자연환경의 다양한 모습을 관찰하고, 지구의 자연환경에 흥미를 갖는다.	생활 주변 자연환경의 모습을 지도할 때 들판, 산, 강, 바다 등의 시청각 자료를 제시하되 학생 주변에서 쉽게 볼 수 있는 자연환경에서 점차 그 범위를 확장해 사막, 밀림 등 지구의 여러 가지 자연환경에 흥미를 갖고 관찰하기	[6과학04-01] 여러 가지 흙의 종류를 관찰하고, 흙의 형성과정을 모형 실험을 통해 이해한다.	모래, 참흙, 진흙 관찰, 풍화 작용으로 암석이 흙이 되는 과정을 관찰하되, '풍화'라는 용어는 도입하지 않음	[9과학04-01] 육지의 물과 비교하여 바닷물의 특징을 알고, 밀물과 썰물에 따른 바닷가의 모습을 관찰한다.	육지의 물과 바닷물을 여러 가지 방법으로 관찰하여 서로 비교하고, 바닷물에서 바람이 세게 불 때와 약하게 불 때 파도의 모습을 시청각 자료 및 모형을 이용한 실험으로 알아보기	[12과학04-01] 지층의 여러 가지 모양을 관찰한다.	모형을 이용한 실험을 통하여 지층이 쌓이는 과정 관찰, 겹겹이 쌓인 지층의 두께나 색을 관찰하고, 지층 모형에 힘을 가해 휘어지거나 끊어지는 현상 관찰,
	[4과학04-02] 지구 모양이 둥글다는 것을 알고, 지구 표면을 구성하는 육지와 바다를 구분한다.	지구의, 우주에서 본 지구의 사진 등 여러 자료를 감각기관을 이용해 관찰하여 지구의 모양이 둥글다는 것 인식하기 지구 표면은 육지와 바다로 이루어져 있음을 알고 지구의와 지도에서 구분하기	[6과학04-02] 지표가 물과 바람에 의해 변화함을 알고, 지표가 변화하는 여러 모습을 관찰한다.	흐르는 물이나 바람에 의해 지표가 침식, 운반, 퇴적되는 과정을 모형이나 관련 영상자료를 통해 관찰	[9과학04-02] 바닷물의 작용으로 만들어진 바닷가 주변 지형을 관찰한다.	바닷가 주변 지형의 모습을 관찰하는 활동이다. 파도에 의한 침식, 운반과 퇴적을 중심으로 한 지표의 느린 변화에 관한 내용	[12과학04-02] 모형을 통하여 화석 생성과정을 관찰하고, 지구의 과거 생물과 환경을 추리한다.	화석의 표본으로 생물의 생김새의 특징이 분명히 드러나는 것을 제시하며 공룡 박물관이나 자연사 박물관의 체험 학습과 연계하기
	[4과학04-03] 날씨와 이에 따른 생활 모습을 관찰하고, 날씨가 우리 생활에 중요함을 인식한다.	바람 부는 날, 구름의 양에 따라 맑은 날과 흐린 날, 비 또는 눈 오는 날 등의 날씨 구분하기, 날씨에 따른 적절한 생활 모습을 알고, 날씨가 우리 생활에 중요함 인식하기	[6과학04-03] 날씨에 영향을 미치는 여러 가지 기상요소를 관찰하고, 우리 생활에 미치는 영향을 안다.	구체적인 기상 요소를 배우기 전 이슬, 안개와 같은 기상 현상을 생활 주변에서 찾는 활동을 통해 살펴본다. 이를 바탕으로 여러 가지 기상요소를 알고 습도, 기온과 같은 기상요소는 우리 생활에 어떠한 영향을 주는지 생활 모습에서 찾아보며 이해하는 데 주안점	[9과학04-03] 계절별로 달라지는 날씨의 특징을 알고, 날씨에 따른 생활 모습을 비교한다.	계절별로 달라지는 날씨의 특징을 알아보고, 계절별 자연 모습, 옷차림 등 학생들의 생활 속에서 쉽게 발견할 수 있는 내용으로 비교하기	[12과학04-03] 화산 활동과 지진으로 인한 지각의 변화를 관찰한다.	화산과 지진의 발생은 판구조론과 관련되나, 학생들에게는 어려운 개념이므로 지구 내부에서 발생하는 힘에 의해 발생한다는 정도로 설명

영역	초등학교				중학교 (1~3학년)		고등학교 (1~3학년)	
	3~4학년		5~6학년					
	성취기준	해설 속 학습 내용	성취기준	해설 속 학습 내용	성취기준	해설 속 학습 내용	성취기준	해설 속 학습 내용
지구	[4과학04-04] 태양, 달, 별을 관찰하여 낮과 밤하늘의 특징을 구분하고, 하늘 관찰에 흥미를 갖는다.	낮 하늘의 태양, 밤하늘의 달과 별의 관찰을 통해 낮과 밤하늘의 특징을 구분하는 데 중점	[6과학04-04] 기온, 강수량, 습도, 바람의 측정을 통해 기상요소의 변화를 이해한다.	간이 우량계, 간이 풍향 풍속계 만들기 활동을 통해 강우량과 바람 측정, 구름, 비, 눈이 내리는 과정과 원리에 대한 세부적인 내용은 다루지 않음	[9과학04-04] 기후변화 현상의 예를 알고, 생활 속에서 대응 방법을 조사한다.	기후변화 현상 중 지구 온난화를 중심으로 다룬다. 기후변화 현상의 사례(예: 오존층 파괴, 해수면 상승, 폭염, 집중호우)를 알아보고, 기후변화가 생활에 어떤 영향을 미치는지 조사하기	[12과학04-04] 화산 활동과 지진이 우리 생활에 미치는 영향을 알고, 대처 방법을 조사하여 실천한다.	화산과 지진의 피해 사례에 대한 조사는 인터넷 기사 검색 등을 활용하고 모의 지진 체험 활동을 통해 지진의 위험성을 인식하고 지진이 발생했을 때 피해를 줄일 수 있는 방법 탐구하기
			[6과학04-05] 일기예보를 통해 날씨를 예상하고, 생활 속에서 대응 방법을 조사한다.	일기 예보를 통해 날씨의 정보를 찾는 방법을 익히도록 함. 일기 예보를 통해 날씨를 예상하고, 우리 생활에 적절히 대응하는 방법을 조사하고 실천하는 데 주안점	[9과학04-05] 자연재해의 피해 사례를 조사하고, 자연재해에 대한 생활 속 대응 방법을 실천한다.	기상 재해와 지질 재해 중에서 태풍, 집중호우, 홍수, 폭설, 가뭄 등 기상 재해만 다루기, 연재해 피해를 줄이기 위해 일반 가정, 학교, 야외에서 주의해야 할 내용	[12과학04-05] 달의 특징과 별자리의 여러 모양을 알고, 밤하늘 관찰에 호기심과 즐거움을 느낀다.	스마트 기기를 통해 달은 둥근 공 모양이며, 달의 표면은 매끈매끈한 면과 울퉁불퉁한 면이 있다는 특징이해, 다양한 별과 별자리, 북극성, 계절별 별자리와 관련된 스토리텔링 포함
			[6과학04-06] 인간 활동이 지구 환경에 미치는 영향을 알고, 환경보호를 위해 우리가 할 수 있는 일을 조사하여 실천한다.	인간의 활동으로 오염된 땅, 물, 공기가 인간에게 미치는 부정적인 영향을 인식하는 데 주안점, 의약품은 약국에 버리기, 건전지는 수거함에 따로 버리기와 같은 실생활에서 중요한 분리 배출을 직접 체험해 보도록 하는 등의 활동을 통해 지구의 땅과 물, 공기를 보호하는 활동을 일상 속에서 실천하기				

기본 실과 및 진로와 직업

영역	초등학교(실과) 5~6학년 성취기준	초등학교(실과) 5~6학년 해설 속 학습 내용	영역	진로와 직업 중학교(1~3학년) 성취기준	진로와 직업 중학교(1~3학년) 해설 속 학습 내용	진로와 직업 고등학교(1~3학년) 성취기준	진로와 직업 고등학교(1~3학년) 해설 속 학습 내용
기본 생활	[6실과01-01] 건강을 위한 식생활의 중요성을 알고, 올바른 식습관을 실천한다.	균형 잡힌 식사, 건강에 이로운 음식, 바른 식사 예절 실천 등의 올바른 식습관과 관련된 내용	자기 인식	[9진로01-01] 자신의 기본 정보를 파악한다.	이름, 나이, 주소, 생년월일, 연락처, 소속 학교, 가족 사항 등 개인의 기본적 정보에 대한 내용	[12진로01-01] 자신의 신체적 특성을 파악한다.	자신의 신체적 특성과 함께 다양한 직군 및 직무에서 요구하는 신체적 능력을 이해하여 나에게 맞는 직업 알아보기
	[6실과01-02] 조리 도구를 바르게 사용하여 간단한 음식을 만든다.	국자, 주걱 등과 같은 조리 도구의 사용, 간단한 음식 만들기, 뒷정리하기 등 음식 만들기와 관련된 내용		[9진로01-02] 흥미, 적성, 장점과 단점, 성격 등 자신의 특성을 파악하여 자신을 소개한다.	내가 좋아하는 것과 싫어하는 것, 장점과 단점, 흥미, 관심, 성격, 나의 표현 방식 등의 내용으로 다른 사람에게 나를 소개해 봄으로써 자신을 이해하고 긍정적 자아 개념 세우기	[12진로01-02] 자신의 심리·태도적 특성 등을 파악한다.	자신의 성격, 흥미, 적성, 태도, 사회성, 환경 적응 능력 등을 각종 검사 도구를 활용하여 파악하며, '진로 설계' 영역의 직업적 특성 평가와 연계하기
	[6실과01-03] 계절, 상황 등에 알맞은 옷차림을 알고, 단정한 의생활을 실천한다.	바른 의복 착용, 계절에 맞는 옷차림, 상황에 맞는 옷차림 등의 바른 의생활 실천과 관련된 내용		[9진로01-03] 자신의 장점을 부각시키는 방법을 실천하며, 나를 소중히 여기는 마음을 기른다.	나에게 있는 장점을 더욱 부각하고, 단점을 보완하는 방법에 대해 고민하고 실천 방법 알아보기	[12진로01-03] 자신의 특성을 직업과 연결하여 강점을 찾고 꿈을 표현한다.	내가 하고 싶은 직업 찾기, 나의 강점을 직업과 연결하기, 나에게 적합한 직무 찾아보기 등
	[6실과01-04] 세탁 과정을 알고, 간단한 의복을 세탁한다.	손세탁 방법과 세탁기를 활용한 세탁과정 알기, 양말, 손수건 등과 같은 간단한 의복 세탁하기 등의 청결한 의복 관리와 관련된 내용		[9진로01-04] 자신의 특성과 관련 있는 진로와 직업 성향을 탐색한다.	혼자 일하기나 함께 어울려 일하기, 동적인 일이나 정적인 일, 반복적으로 계획적인 처리나 자율적 처리 등에서 선호를 파악하고 희망하는 직업과 연결하여 자신의 직업 성향 확인	[12진로01-04] 자신의 강점을 발전시키는 방법을 찾아 실천하여 자기 개발에 주체적인 자세를 갖춘다.	내가 그려본 미래의 모습과 지금의 나, 현재 나의 직업적 강점을 강화하기 위해 가정과 학교에서 할 수 있는 방법 등 실천적 행동과 노력을 위한 내용
	[6실과01-05] 쾌적한 생활환경의 필요성을 알고, 생활공간을 정리 정돈하며 청소한다.	쾌적한 생활공간의 중요성 알기, 생활공간 정리, 생활공간 청소 등의 깨끗한 생활공간 관리와 관련된 내용		[9진로01-05] 삶이 변화하는 과정을 이해하고 나의 과거, 현재를 파악하여 미래 모습을 표현한다.	나의 외모, 환경, 생활 등이 변화할 수밖에 없음을 알고, 자신의 과거·현재 모습을 살펴보며 미래의 모습 예측하기	[12진로01-05] 졸업 후 삶의 모습을 구체적으로 구상하며 미래에 대한 긍정적 태도를 기른다.	졸업 후 나의 직업적 꿈과 희망, 가정생활의 형태, 여가생활 등 삶의 모습을 구체적으로 구상해 보고 이를 위한 실천 목록을 명확화하고 실제로 수행하는 과정에서 진로 결정 자기 효능감 높이기

영역	초등학교(실과)		영역	진로와 직업			
	5~6학년			중학교(1~3학년)		고등학교(1~3학년)	
	성취기준	해설 속 학습 내용		성취기준	해설 속 학습 내용	성취기준	해설 속 학습 내용
기본 생활	[6실과01-06] 환경 보호를 위해 바른 쓰레기 분리배출 습관을 갖는다.	쓰레기와 재활용품 구분, 올바른 쓰레기 분리배출 방법, 재활용과 환경 보호 등 자원순환을 통한 환경 보호 실천과 관련된 내용	직업 세계	[9진로02-01] 직업의 사회적·경제적 의미를 알고 일에 대한 소중한 마음을 갖는다.	직업의 사회적·경제적 의미, 일의 소중함 등 직업의 가치와 의미 알기	[12진로02-01] 직업을 통해 얻을 수 있는 기쁨과 보람을 찾는다.	개인, 가정, 사회적으로 가치가 있고 사람들은 자신의 일을 통해 기쁨과 보람을 찾기
	[6실과01-07] 이웃과 더불어 살아가기 위해 지켜야 하는 규칙과 예절을 실천한다.	나와 이웃의 관계, 이웃과 지켜야 할 예절 실천, 마을 공동체 등의 필수적인 주생활 예절과 관련된 내용		[9진로02-02] 직업의 세계에 관심을 가지고 가족, 이웃 등 주변 사람들의 직업에 대하여 탐색한다.	가족, 이웃이 종사하는 직업을 알아보고 지역사회의 다양한 직업 관련 정보를 조사하고 수집하는 활동을 통해 다양한 직업의 세계에 대한 관심을 가지기	[12진로02-02] 미래 사회에 적합한 새로운 직종의 정보를 수집하고 관심을 갖는 태도를 기른다.	새롭게 개발되는 직종에 관심을 가지고 정보를 수집 및 체험함으로써 새로운 직종에 대한 자신의 직업적 흥미를 발견하는 데 중점
	[6실과01-08] 다양한 여가활동을 탐색하고 나에게 맞는 여가생활을 즐긴다.	여가생활에 대한 개념을 이해하고 신체활동, 보드게임, 이(e)-스포츠 등 가정과 학교에서 즐길 수 있는 다양한 여가활동 탐색을 통해 여가활동의 즐거움을 경험하는 내용		[9진로02-03] 학교 및 지역사회의 직군을 탐색하여 각 직군의 정보를 수집한다.	학교 및 지역사회에서의 직군 탐색, 각 직군에서 하는 일, 직군별 정보 수집, 직군별 관련 직종 등의 내용, 학교 및 지역사회에서 접할 수 있는 제조, 청소, 음식, 농수산업, 사무지원, 대인서비스, 예술 · 스포츠 등의 직군을 찾아보고 정보를 수집하여 다양한 직군에 대한 이해를 높이는 데 중점	[12진로02-03] 학교 및 지역사회의 직종을 탐색하여 각 직종에 대한 정보를 수집한다.	학교 및 지역사회에서의 직종 탐색, 각 직종에서 하는 일 등을 다룬다. 자신의 주변에서 다양한 직종을 찾아보고 각 직종에서 하는 일에 대한 정보 수집하기
기술 정보	[6실과02-01] 공구의 올바른 사용 방법을 익혀 용도에 맞게 공구를 사용한다.	가위, 테이프 등 다양한 공구 알기, 용도에 맞게 적절한 공구 사용하기 등의 바른 공구 사용에 관련된 내용		[9진로02-04] 직군 체험을 통해 자신의 직업적 흥미나 관심이 있는 직군을 찾는다.	학교 및 지역사회에서 체험할 수 있는 직군을 찾아보고 다양한 직군에 대해 직·간접적으로 경험하여 자신의 직업적 흥미를 발견하기	[12진로02-04] 직종 체험을 통해 흥미나 관심이 있는 직종을 찾는다.	학교 및 지역사회에서 다양한 직종을 찾아 체험하고 직 · 간접 경험을 통해 자신이 흥미와 관심이 있는 직종 발견하기

영역	초등학교(실과)		영역	진로와 직업			
	5~6학년			중학교(1~3학년)		고등학교(1~3학년)	
	성취기준	해설 속 학습 내용		성취기준	해설 속 학습 내용	성취기준	해설 속 학습 내용
기술 정보	[6실과02-02] 생활용품을 만드는 활동을 통해 작업의 즐거움과 가치를 경험한다.	종이, 천, 나무 등 다양한 재료를 사용하여 생활용품 구상하기, 생활용품 만들기 등의 내용	작업 기초 능력	[9진로03-01] 직군별 작업 과정의 순서를 익힌다.	여러 가지 직군에서 작업을 수행할 때 필요한 작업 기초 능력을 기르기 위해서는 제조에서부터 청소, 음식, 농수산업, 사무지원, 대인서비스, 예술·스포츠까지 직군별 작업 과정의 순서확인하기, 직군별 작업 과정의 순서 익히기	[12진로03-01] 직종에 따라 작업 단계와 절차를 확인한다.	지역사회에서 여러 가지 직종을 수행하는 데 필요한 작업 기초 능력을 기르기 위해 조립에서부터 스포츠까지 직종별 작업 단계와 절차 확인하기, 직종별 작업 수행과 기기 활용하기
	[6실과02-03] 일상생활을 편리하게 하는 정보통신 기기의 기초적인 기능을 익혀 실생활에서 활용한다.	스마트폰, 태블릿 컴퓨터 등 정보통신 기기의 기초적인 기능과 사용, 편리한 애플리케이션 활용 등 정보통신 기기의 기초적인 사용 방법에 관한 내용		[9진로03-02] 직군에 따라 올바른 방법으로 작업에 참여한다.	직군에 따라 올바른 방법으로 작업함으로써 작업의 정확성과 지속성, 신속성을 향상시키고 직업인으로서 바른 작업 태도 함양하기	[12진로03-02] 직종에 따라 필요한 올바른 작업 기술을 익힌다.	직종별로 필요한 작업 기술을 익히고 실습하기
	[6실과02-04] 올바른 정보통신 기기 사용 습관을 기르고, 정보통신 예절을 실천한다.	인터넷·스마트폰 과의존 예방, 바른 사이버 언어 사용 등의 정보통신 예절 실천과 관련된 내용		[9진로03-03] 직군에 적합한 도구를 사용하여 작업의 효율을 높인다.	직군별로 적합한 작업 도구 활용하기, 직군별로 적합한 작업 도구를 효과적으로 사용하여 작업의 능률을 올리기	[12진로03-03] 직종에 적합한 기기를 활용하여 작업의 능률을 높인다.	직종에 적합한 작업 기기를 사용하고 관리하기, 직종에 따라 적합한 작업 기기를 효율적으로 활용하여 작업의 능률과 지속성 높이기
	[6실과02-05] 언플러그드 놀이 활동을 통해 일상생활 속 문제를 절차적 사고로 해결하는 태도를 갖는다.	숫자 정보로 그림 그리기, 규칙에 맞게 목걸이 만들기, 화살표를 놓아 목적지 가기 등 언플러그드 놀이 활동하기, 급식실 이용하기, 등교 준비하기 등 생활 속에서 절차적 사고를 통해 문제 해결하기 등 놀이 기반의 기초적인 알고리즘과 관련된 내용		[9진로03-04] 직군별 작업 과정에서 안전에 유의한다.	직군별 작업 과정에서 유의 사항을 알고 실천하기	[12진로03-04] 직종별 작업 수행 시 필요한 안전한 작업 습관을 기른다.	직종별 작업 과정에서의 유의 사항을 알고 지키기

영역	초등학교(실과) 5~6학년 성취기준	초등학교(실과) 5~6학년 해설 속 학습 내용
생명 안전	[6실과03-01] 생활 속 동물을 돌보는 방법을 익히고, 생명을 존중하는 태도를 기른다.	강아지, 고양이 등 생활 속 동물의 종류와 성장 과정, 돌보는 방법, 사람들을 도와주는 동물 등의 내용
	[6실과03-02] 생활 속 식물 가꾸기를 통해 자연 친화적 태도를 기른다.	식물이 갖는 중요성과 가치, 식물의 다양한 쓰임새, 식물을 가꾸는 과정과 방법, 식물 활용 방법 등의 내용
	[6실과03-03] 가정에서 일어나는 위험 상황을 인식하고, 대처하는 방법을 익혀 안전한 생활 태도를 갖는다.	가정에서 발생하는 안전사고 유형 및 종류, 생활 도구의 안전한 사용 방법, 가정에서의 안전사고 예방 및 대처 방법 등
	[6실과03-04] 학교에서 발생할 수 있는 안전사고의 대처 방법을 알고 실천한다.	학교에서 발생하는 안전사고의 유형 및 종류, 안전사고 대처 방법, 교육과정 내 체험 및 실습에서의 안전 등
	[6실과03-05] 지역사회에서 안전의 중요성을 인식하고 안전사고를 예방하는 습관을 기른다.	이동 수단에서의 안전, 놀이 및 체육 시설 이용에서의 안전, 승강기 및 계단에서의 안전 등의 내용

영역	진로와 직업 중학교(1~3학년) 성취기준	중학교(1~3학년) 해설 속 학습 내용	고등학교(1~3학년) 성취기준	고등학교(1~3학년) 해설 속 학습 내용
작업 태도	[9진로04-01] 용모, 복장, 위생, 금전 등에 대한 기본적인 자기 관리 능력을 기른다.	외출하기 전에 가정에서 씻고 준비하는 과정, 구체적으로 용모를 가꾸고 복장을 단정히 하며 위생에 유의하기, 적절한 옷차림하기, 몸단장하기, 금전 관리 등	[12진로04-01] 호칭, 역할, 책임, 급여 등에 대한 직업적인 자기 관리 능력을 기른다.	직업인의 역할과 책임, 급여 관리 등
	[9진로04-02] 등하교, 수업, 점심, 쉬는 시간 등 시간에 대한 관리 능력을 기른다.	약속 시간을 지키고 일의 중요성과 시급성을 구분·진단하여 시간을 효과적으로 관리하기, 등하교 시간 지키기, 수업 시간에 학습하기, 점심 시간에 식사하기, 쉬는 시간에 화장실 이용하기 등	[12진로04-02] 출퇴근, 근로, 점심, 휴게시간 등 시간에 대한 관리 능력을 기른다.	출퇴근 시간을 지키기, 근로 시간에 집중하기, 점심시간에 식사하기, 휴게 시간에 개인적인 용무 보기 등을 익혀 시간을 지키고 관리하는 능력을 길러 일의 우선순위를 정하고 시간을 효율적으로 활용하는 데 중점
	[9진로04-03] 집에서 학교까지 통학 수단을 활용하여 이동한다.	도보로 통학하기, 대중교통 이용하기 등의 내용을 다룬다. 가정과 학교 그리고 지역사회의 익숙한 곳들 사이를 반복적으로 이동하는 훈련	[12진로04-03] 집에서 직장까지 교통 수단을 활용하여 이동한다.	목적지까지 길 찾기, 대중교통 환승하기 등 다양한 교통수단을 효율적으로 이용하여 독립적으로 출퇴근하기
	[9진로04-04] 간단한 지시에 따라 과제를 수행한다.	구두와 서면 등의 간단한 지시에 따라 활동하기	[12진로04-04] 연속된 지시에 따라 과제를 수행한다.	연속된 작업 지시 수용하기, 연속된 지시 이행하기 등
	[9진로04-05] 인사를 하고 예절을 지키며 원만한 대인 관계를 형성한다.	대상과 상황에 적절한 인사하기, 예절 실천하기 등	[12진로04-05] 상대와 상황에 따라 적절한 소통을 하고 직장 예절을 지켜 원만한 대인 관계를 유지한다.	경청과 공감하기, 나의 의견 적절하게 표현하기 등 직장 예절 실천하기

영역	초등학교(실과)		영역	진로와 직업			
	5~6학년			중학교(1~3학년)		고등학교(1~3학년)	
	성취기준	해설 속 학습 내용		성취기준	해설 속 학습 내용	성취기준	해설 속 학습 내용
진로 인식	[6실과04-01] 나의 꿈, 좋아하는 것, 잘하는 것 등 자신의 특성을 탐색한다.	내가 좋아하는 것과 잘하는 것, 나의 능력과 흥미, 나의 꿈 등의 내용을 다룬다. 내가 좋아하는 것과 잘하는 것을 알아보고 자신의 꿈을 찾아볼 수 있도록 노력하는 데 중점		[9진로04-06] 학교에서 요구되는 안전 규칙을 지킨다.	진로와 직업 교육 및 교내 실습 시 안전 규칙 지키기 등	[12진로04-06] 직장에서 지켜야 할 안전 수칙을 이해하고 준수한다.	안전 수칙 준수하기, 여러 가지 유형의 사고 알아보기 등 직장에서 지켜야 할 안전 수칙 준수하기
	[6실과04-02] 자신의 흥미와 적성을 바탕으로 다양한 직업의 종류를 탐색한다.	다양한 직업의 종류, 주변 사람들이 하는 일, 내가 만나는 사람이 하는 일 등, 평소 생활 속에서 마주하게 되는 다양한 직업의 모습을 살펴보고 진로에 대한 흥미를 높여 자신에게 적합한 진로를 탐색하는 데 중점	진로 설계	[9진로05-01] 자신의 흥미·적성, 작업 기능, 전환 능력 등의 직업적 잠재력을 파악한다.	발달장애인용 직업흥미검사(NISE-VISIT), 전환능력검사(NISE-TEEMH) 등 다양한 직업평가를 활용하여 자신의 직업 흥미·적성, 작업 기능, 전환 능력 등의 직업적 잠재력 파악하기	[12진로05-01] 자신의 특성, 진로, 직업 등에 대한 평가 결과를 종합하여 직업 특성을 파악한다.	'자기 인식' 영역에서 평가한 내용을 바탕으로 국립특수교육원, 커리어넷, 워크넷에서 전환능력검사, 직업 평가 등을 실시하여 직업 흥미·적성, 작업 기능, 신체 능력 등을 평가한 후 모든 자료를 종합하여 자신의 직업 특성을 정리하기
	[6실과04-03] 일의 가치와 소중함을 알고 직업에 대한 긍정적인 태도를 기른다.	일과 직업의 의미 및 중요성, 자신의 꿈 실현을 위한 방법 등의 내용		[9진로05-02] 특수학교, 일반고, 특성화고 등에 대한 진학 정보를 수집한다.	교사와 함께 진학 관련 누리집, 학교 누리집 등에서 특수학교, 일반고, 특성화고 등의 위치, 교육과정, 졸업 후 진로 등의 정보를 수집하기	[12진로05-02] 자립생활, 직업생활, 계속교육 등 졸업 후 진로 정보를 수집한다.	장애인고용공단, 각 지자체의 누리집, 안내 책자 등 다양한 경로로 자립생활, 직업생활, 계속교육을 할 수 있는 기관명, 위치, 하는 일 등 수집하기
	[6실과04-04] 진학할 수 있는 중학교 유형을 살펴보고 중학교 선택 과정에 참여한다.	특수학교와 일반 중학교 내 특수학급의 비교, 내가 희망하는 중학교 등의 내용		[9진로05-03] 자신의 특성과 진학 정보를 연계하여 주요 관계자와 함께 진학 의사 결정에 참여한다.	고등학교를 선택할 때 고려할 사항을 알아보고 자신의 흥미, 적성, 능력 등 직업 특성과 연계하여 자신의 진로에 가장 적합한 학교를 선택하는 의사 결정에 부모, 교사 등 주요 관계자와 함께 참여하기	[12진로05-03] 자신의 직업 특성과 진로 정보를 연계한 진로 의사 결정에 참여한다.	자립생활, 직업생활, 계속교육을 하려면 필요한 능력이 무엇인지 확인하고 자신의 직업 관련 평가 결과와 연계하여 가장 적합한 진로 방향을 설정하는 데 참여하기
	[6실과04-05] 진학에 따른 교육 환경의 변화를 알아보고 진학을 준비한다.	초등학교 생활과 달라지는 점, 상급학교 생활에 대한 정보, 내가 배울 교과목, 교복 착용, 새로운		[9진로05-04] 진학 결정에 능동적으로 참여하고 진학 계획을 점검하는 태도를 갖춘다.	직업 체험, 직업인 면담 등 적극적인 진로 체험의 장애학생이 참여하도록 하고 다양한 교육 경로를 탐색하여 적절한 진학 기관을 선택했는지 교사와 함께 점검하기 등 진학 결정과	[12진로05-04] 지역사회에 적응하고 독립적으로 살아갈 수 있도록 자립생활 계획에 참여한다.	'직업 태도' 영역과 연계하고 자기 관리, 대중교통 이용, 지역사회 기관 이용 등 자립생활 기술을 어떻게 습득해야 할지 계획하기

영역	초등학교(실과)		영역	진로와 직업			
	5~6학년			중학교(1~3학년)		고등학교(1~3학년)	
	성취기준	해설 속 학습 내용		성취기준	해설 속 학습 내용	성취기준	해설 속 학습 내용
		친구와 선생님, 진학을 위한 준비 및 나의 태도 등의 내용	진로 설계		진학 계획 점검에 관한 내용		
			진로 설계			[12진로05-05] 취·창업 정보를 활용한 진로 계획에 참여한다.	취업을 희망하는 학생들은 인터넷이나 일자리 정보지 등을 이용하여 자신이 원하는 취업 관련 기관의 위치, 하는 일, 채용 정보 등의 구체적인 정보수집, 맞춤형 창업 교육 프로그램에 참여하거나 창업 계획서 작성하기
			진로 설계			[12진로05-06] 전공과, 대학, 평생교육 기관의 정보를 활용한 진로 계획에 참여한다.	진학 기관의 입시 정보, 교육과정, 위치 등의 정보를 바탕으로 학생의 적성과 소질에 맞는 교육 기관과 프로그램을 선택하고 준비해야 할 사항을 찾아 계획하기
			진로 설계			[12진로05-07] 진로 결정에 능동적으로 참여하고 진로 계획을 점검하는 태도를 기른다.	다양한 정보를 종합적으로 살펴보고 자신의 특성에 맞는 진로를 능동적인 자세로 신중하게 선택하여 계획하였는지 점검하기
			진로 준비	[9진로06-01] 자신이 선택한 고등학교에 대한 위치와 환경 등의 정보를 수집한다.	위성 지도, 거리 보기 등을 활용해 자신이 진학하고 싶은 고등학교의 위치와 거리, 등하교 방법 등을 확인하고 교사나 부모 등 주요 관계자의 도움을 받아 직접 학교를 방문하여 특별실이나 편의 시설과 같은 교육 환경에 대한 정보를 수집하는 등 고등학교 생활을 준비하는 과정에 참여하기	[12진로06-01]자신이 선택한 지역사회 전환 기관의 이용 정보를 다양한 방법으로 조사한다.	지역사회 전환 기관의 공고문 살펴보기, 전환을 위한 절차 조사하기 등 지역사회 전환 기관의 이용 정보 조사하기
			진로 준비	[9진로06-02] 자신이 선택한 고등학교 교육과정의 변화되는 점을 알	교사나 부모 등 주요 관계자의 도움을 받아 자신이 선택한 고등학교의 누리집, 입학 설명회, 선배와의 만남 등의 방법으로 진로와 직업을 포함한 교과,	[12진로06-02] 자신이 선택한 지역사회 전환 기관의 서류를 형식에	이력서, 주민등록등본 등 자신이 선택한 지역사회 전환 기관에서 요구하는 다양한 서류의 종류 알기, 형식에 맞게

영역	초등학교(실과)		영역	진로와 직업			
	5~6학년			중학교(1~3학년)		고등학교(1~3학년)	
	성취기준	해설 속 학습 내용		성취기준	해설 속 학습 내용	성취기준	해설 속 학습 내용
			진로 준비	아보고 준비하는 과정에 참여한다.	창의적 체험활동 등 진학 후 교육과정의 변화되는 점을 알아보고 고등학교 생활을 미리 준비하는 활동에 참여하기	맞게 작성하고 면접을 준비한다.	서류 준비하기, 모의 면접하기 등 서류 작성과 면접 준비하기
				[9진로06-03] 자신이 선택한 고등학교의 현장실습 유형과 방법을 알아보는 과정에 참여한다.	교내 직무체험형 현장실습, 산업체 직무체험형 현장실습, 정부 주도 취업연계형 현장실습 등 교내외 다양한 실습의 유형 중 자신이 선택한 학교에서 실시하는 현장실습을 교사나 부모 등 주요 관계자의 도움을 받아 알아보기	[12진로06-03] 교내외 현장실습 등으로 지역사회 전환 기관에서 필요한 생활 기능을 익혀 진로를 준비한다.	대중교통 이용하기, 금전 관리하기, 여가활동 계획하기 등을 교내외 현장실습으로 익히기
				[9진로06-04] 진로 관련 교내 체험 및 지역사회 기관 탐방 등에 능동적인 자세로 참여한다.	'직업의 세계' 영역에서 제시한 직군과 연계한 교내 진로 체험 활동을 하거나 지역사회의 다양한 기관을 탐방하면서 진로 정보를 파악하는 등 능동적인 자세로 진로 준비에 참여하기	[12진로06-04] 교내외 현장실습 등으로 지역사회 전환 기관에서 필요한 직무 기능을 익혀 능동적인 자세로 진로를 준비한다.	자립생활, 직업생활, 계속교육 중 자신이 선택한 전환 기관의 특성에 따라 필요한 직무 기능을 분석하고 교내 직무 체험형 현장실습이나 교외 장애 맞춤 기관 직무 체험형 현장실습 등 다양한 유형의 현장실습으로 직무 기능이 숙련될 수 있도록 학습하기

저자 소개

한 경 화

경력

현) 경상남도교육청 특수교육원 교육연구사

현) 국립공주대학교 특수교육종합연수원 '온통배움터' 직무연수 강사

현) 실천하는 특수교사 행동연구회 회장

현) 창원대학교 특수교육과 시간강사

전) 경상남도교육청 장학사

전) 2022 개정 특수교육 교육과정 각론조정위원

저서

특수교육 교육과정 재구성 2판(공저: 교육과학사, 2024)

베스트셀러 그림책으로 한글 떼기 모음편, 자음(상)편, 자음(하)편(공저: 교육과학사, 2024)

개념 기반 교사교육과정 실천편(공저: 교육과학사, 2023)

교사 수업을 요리하다 매체편(공저: 교육과학사, 2023)

특수교육 교・수・평 일체화를 위한 재구성카드 2판(교육과학사, 2023)

그림책으로 말해요, 그림책으로 읽어요(공저: 교육과학사, 2022)

특수교사 수업을 요리하다 학급경영편(공저: 교육과학사, 2021)

특수교사 수업을 요리하다 평가편(공저: 교육과학사, 2020)

특수교사 수업을 요리하다 방법편, 설계편(공저: 교육과학사, 2019) 외 다수

학위

창원대학교 대학원 특수교육학과 지체・중복장애 전공(교육학 박사)

「교사의 질이 곧 교육의 질이다」라는 교육철학으로 학교 및 교사 수준 교육과정과 IEP와 연계한 교육과정-수업-평가 일관성, 전문적 학습공동체 활성화 등에 관심이 많으며 이를 실천하기 위해 노력하고 있습니다.

김 동 인

경력

현) 나주교육지원청 특수교육지원센터 교사

현) 국립공주대학교 특수교육종합연수원 '온통배움터' 직무연수 강사

현) 실천하는 특수교사 행동연구회 운영진

현) 조선대학교 특수교육과 비전임 강사

전) 전라남도교육청 특수교육지원센터 교사

전) 광주여자대학교 중등특수교육과 겸임교수

저서

특수교육 교육과정 재구성 2판(공저: 교육과학사, 2024)

개념 기반 교사교육과정 실천편(공저: 교육과학사, 2023)

나는 어떤 특수교사인가(살림터, 2019)

연구

특수학교 고교학점제 최소 성취수준 보장 지도 가이드북(교육부, 2023)

특수교사의 교사 수준 교육과정 개발역량 평가도구 구성 및 타당화 연구 외 다수

학위

조선대학교 대학원 특수교육학과 언어 · 청각장애 전공(교육학 박사)

교사는 과거의 것을 배워 오늘을 살아가는 학생들을 가르치기에 「거침없이 배우고, 끊임없이 연구하는 교사」가 되어야 합니다. 이러한 철학을 가지고 그것을 증명하기 위해 실천과 행동으로 옮겨내고 있습니다.

하루에 한 장 뜯어 먹는 교육과정 기초 다지기

2024년 7월 20일 1판 1쇄 발행
2025년 1월 20일 1판 2쇄 발행

저 자 : 한경화 김동인
발행자 : 한 정 주
발행처 : 교 육 과 학 사

저자와의 협의하에 인지생략

경기도 파주시 광인사길 71
전화(031)955-6956~8/팩스(031)955-6037
Home-page : www.kyoyookbook.co.kr
E-mail : kyoyookbook@daum.net
등록 : 1970년 5월 18일 제2-73호

낙장·파본은 교환해 드립니다.
Printed in Korea.

정가 **17,000 원**
ISBN 978-89-254-1902-2